KB095959

삐끗한 인생 되돌리기

THE RICHEST MAN WHO EVER LIVED
Copyright ⓒ 2006 by Steven K. Scott
All rights reserved.

Korean translation copyright ⓒ 2021 by DREAM OF MONDAY
This translation published by arrangement with Currency, an imprint of
the Crown Publishing Group, a division of Penguin Random House LLC
through EYA(Eric Yang Agency)

이 책의 한국어판 저작권은 EYA(Eric Yang Agency)를 통해
The Crown Publishing Group과 독점계약한 월요일의꿈에 있습니다.
저작권법에 의하여 한국 내에서 보호를 받는 저작물이므로 무단전재 및 복제를 금합니다.

6년 동안 아홉 번 실직한 사람을 백만장자로 만든 새벽 습관

삐끗한 인생 되돌리기

스티븐 K. 스콧 지음
게리 스몰리 박사 서문
우진하 옮김

The Richest Man Who Ever Lived:
King Solomon's Secrets
to Success, Wealth, and Happiness

월요일의꿈

감사의 글

내 인생의 〈잠언〉인 아내 섀넌 로리 스콧, 밥 마시, 게리 스몰리, 그리고 짐 샤우네시에게. 이들의 삶은 나에게 솔로몬 왕의 〈잠언〉이 이야기하는 지혜와 영향력을 매일 훌륭하게 보여주었다.

내 아이들, 캐럴, 마크, 잭, 데빈, 라이언, 숀, 그리고 할리 로즈, 내 손주들인 매들린, 줄리아, 그리고 그레이시에게. 〈잠언〉의 지혜가 그 끝없는 기쁨과 충만함을 통해 너희들의 인생을 가득 채워 주기를.

내 사랑하는 여동생 샌디와 그 남편 데이비드 하인츠 박사에게. 또 사랑하는 조카 베타니와 팀, 네이선, 그리고 크리스천에게.

평생을 함께해준 고마운 친구, 톰 델노스와 마를린 델노스에게.

탁월한 재능을 지닌 내 담당 편집자 로저 스콜과 수석 편집자를 비롯한 모든 출판사 관계자들에게 무한한 감사의 마음을 전한다. 이들은 정말 최고의 사람들이다.

내 출판 대리인인 마이클 브루사드와 잔 밀러에게 깊은 감사를 전한다. 두 사람의 끝없는 격려와 믿음으로 이 책이 세상에 선을 보일 수 있었다.

10장. 최악의 적을 최고의 친구로 만들기:
"나에 대한 비판은 연인의 달콤한 속삭임보다 낫다!"

11장. 삐끗한 분노 다스리기:
"가장 치명적인 관계 파괴범은 분노입니다!"

15장. 인생 최고의 잠언:
"황금을 얻는 것보다 지혜를 얻는 것이
얼마나 더 나은 일인지!" 305

인생의 어딘가가 삐끗했을 때

1974년 어느 날 나는 애리조나주 피닉스에 있는 스티븐 스콧의 작은 집에서 저녁 시간을 보내고 있었다. 그날 밤 스티븐은 직장생활이 잘 풀리지 않는다고 털어놓았다. 그만큼 의기소침해 있었다. 4년 전 대학을 졸업한 후 이번에 막 여섯 번째 직장을 잃은 참이었다. 그는 아무리 노력을 해도 한 직장에서 단 몇 달조차 제대로 붙어 있지 못하는 것 같았다. 두어 번 직접 창업까지 해봤지만 그때마다 순식간에 문을 닫고 말았으니 상황은 더욱 좋지 않았다. 그래서 뭔가 나에게 조언이라도 받으려 했던 것이다. 나는 시간을 좀 달라고 했고, 우리는 내일 아침에 다시 이야기하기로 했다. 그날 밤 조용히 기도를 하는데 좋은 생각이 하나 떠올랐다. 다음 날 아침 식사 자리에서 나는 스티븐에게 과제를 하나 제안했다. "그동안 자네를 해고했던 상사들보다 더 똑똑해져 보는 건 어때?" 스티븐은 다소

빈정거리듯 대꾸했다. "뭐, 그럴 수만 있다면야……."

"아니, 농담이 아니야." 이거 한 가지만 제대로 실천할 수 있다면 2년 안에 지난 직장의 상사들보다 더 똑똑해질 거라고 약속할 수 있어. 그리고 5년 안에 틀림없이 백만장자가 될 거라고 장담하지."

아마 그때 스티븐은 내가 제정신이 아니라고 생각했을지 모른다. 그러다 결국 스티븐은 자기가 무슨 일을 하면 되냐고 물었다. "한 달은 보통 31일이고 《성경》의 〈잠언〉도 총 31장으로 되어 있지. 그러니까 매일 일찍 일어나, 하루를 시작하기 전에 〈잠언〉을 한 장씩 읽는 거야. 한 달이 30일뿐이면 마지막 날에 두 장을 읽고. 이 과제를 매일 쉬지 않고 한다면 분명 2년 안에 주변의 그 누구보다 큰 성공을 거둘 수 있을 거라 장담하지. 5년을 한다면 엄청난 부자가 되어 있을 거고 말이야." 그리고 〈잠언〉을 읽을 때는 꼭 종이와 펜을 곁에 두고 새롭게 깨닫게 된 지혜를 잊지 말고 적어두라는 말도 덧붙였다. 나는 스티븐이 〈잠언〉에서 배운 지혜로 자신의 인생을 완전히 바꾸게 될 것이라는 사실을 믿어 의심치 않았다. 그렇지만 그로 인해 내 인생까지 바뀌게 될 줄은 그때는 미처 알지 못했다.

스티븐은 내가 시키는 대로 매일 〈잠언〉을 한 장씩 읽었다. 2년이 채 지나지 않아 스티븐은 협력자를 구하라는 솔로몬 왕의 조언을 따랐고, 동업자와 함께 광고마케팅 회사를 창업했다. 그의 새로운 회사는 창업한 지 불과 몇 개월 만에 한 주 매출이 100만 달러가 넘어섰고 스티븐도 덩달아 큰 재산을 모을 수 있었다. 그렇지만 그의 이야기는 여기에서 끝나지 않는다.

그가 사업을 시작한 지 2년쯤 지난 어느 날, 스티븐이 내게 전화를 걸어왔다. 그리고 혹시 결혼 생활에 대한 책을 써볼 생각이 있는지 물었다. 그때까지 나는 책을 한 번도 써본 적이 없었지만, 사실 지난 10년 동안 결혼 생활에 관한 책을 집필할 기회가 오기를 기도해오던 참이었다. 그런데 때마침 그때 스티븐이 그 주제의 책을, 그것도 남자와 여자 입장에서 각각 한 권씩 써보지 않겠느냐고 제안해 온 것이다. 우리 두 사람은 거의 기적에 가까운 시간인 두 달 만에 책 두 권의 집필을 끝마쳤다. 스티븐은 가수였던 팻 분(Pat Boone)과, 그의 부인 셜리 분(Shirley Boone)을 모델로 하는 광고를 기획·제작했다. 광고 대본도 그가 직접 썼다. 그렇게 해서 두 권의 책,《남편이 바라는 아내(If Only He Knew)》와《아내가 바라는 남편(For Better or for Best)》이 세상에 선을 보일 수 있었고 두 권 모두 세계적으로 큰 화제가 되며 수많은 부부의 인생을 바꾸게 된다. 그렇지만 이야기는 여기서 끝나지 않는다. 그로부터 다시 몇 년 후, 스티븐은 영상물 모음집을 만들어 더 많은 사람에게 도움을 주는 것이 어떻겠느냐고 내게 권유했다. 우리 두 사람은 '행복한 관계를 위한 숨은 비결(Hidden Keys to Loving Relationships)'이라는 제목으로 여러 강연의 내용을 비디오테이프에 담았고 스티븐은 이번에도 연예인 부부인 존 테시(John Tesh)와 코니 셀레카(Connie Sellecca)를 등장시킨 광고를 제작해 수백만 가정에 영상물을 보급했다. 만일 그 두 권의 책과 영상물 모음집이 없었다면 오늘날 내가 운영하고 있는 스몰리 인간관계 연구소(Smalley Relationship Center)는 존재할 수 없었을 것이다.

스티븐 스콧은 내가 꿈을 이룰 수 있도록 해준 장본인이자 나의 가장 소중한 30년 지기 친구이다. 〈잠언〉의 지혜는 우리 두 사람의 삶뿐만 아니라 우리 두 사람이 작업한 책과 영상으로 재탄생해 전 세계 수백만 명의 삶에도 변화를 주었다. 스티븐이 제작한 CD 모음집인 〈세계 최고의 부자가 들려주는 지혜(Lessons from the Richest Man Who Ever Lived)〉를 처음 들었을 때 나는 넋을 잃고 말았는데, 그 즉시 우리 가족과 연구소 직원 전원을 위해 총 40세트를 주문해버렸다. 그 후 2년 동안 스티븐과 나는 이 CD에 담긴 내용을 다시 책으로 출간하기 위해 고민해왔다. 이제 전 세계가 솔로몬 왕이 알려주는 비할 데 없는 지혜와 놀랍도록 실용적인 통찰과 조언, 그리고 엄중한 경고까지 알게 될 거라고 생각하니 가슴이 벅차오른다. 이 책을 펼치는 순간 스티븐이 솔로몬 왕의 가르침 속에서 찾아낸 삶을 변화시키는 힘과 간명한 실용성이 그대로 전달될 것이다. 그 순간 독자들의 삶도 마법처럼 변하게 될 것이다. 나는 스티븐이 앞으로도 그와 나의 인생을 완전히 바꿔주었던 〈잠언〉에 대해 이 책을 시작으로 더 많은 책을 써주기를 진심으로 기대하고 바란다.

게리 스몰리(Gary Smalley)

옮긴이 일러두기

본문에 인용된 성경 내용은 대한성서공회의 한글 개역개정판을 참고하되, 저자의 의도에 맞춰 독자들이 이해하기 쉽도록 풀어 소개하였다.

1장

우주에
물리법칙이 있듯,
인간사에는
인생의 법칙이 있다

은을 구하는 것같이 그것을 구하며
감춰져 있는 보물을 찾는 것같이 그것을 찾으라.
[잠언 2:4]

평균 이하의 임금을 받다가 갑자기 한 달에 60만 달러 이상의 수입을 올리는 사람이 된다고 상상해보라! 대학을 졸업하고 6년 동안 아홉 곳이나 되는 일자리를 전전하다가 열 번째 직장에서 첫 시작부터 수백만 달러 규모의 사업을 수십 개를 세우고, 수십억 달러의 매출을 달성했다고 상상해보라. 그리고 이 모든 일이 〈잠언(Proverbs)〉에서 솔로몬이 알려준 특별한 길을 통해 이루어졌다면? 사실 이건 모두 나의 이야기다.

이전: 미국 근로자 평균 소득의 절반에도 미치지 못했던 수입

이후: 연수입 1만 8000달러가 700만 달러 이상으로!

이전: 사업 성공률 0퍼센트, 절망적인 기업 파산

이후: 평균 성공률이 1퍼센트 미만인 업계에서 29년을 일하며 성공률 60퍼센트 이상 달성

그리고 솔로몬의 조언과 정반대로 행동했을 때 일어난 일들 역시 나에게는 큰 교훈이 되었다. 나는 세 차례에 걸쳐 솔로몬의 경고를 무시했으며 결국 잘못된 투자 결정으로 수백만 달러의 손실을 보았다. 만일 내가 솔로몬의 조언을 그대로 따랐더라면 아마 한 푼도 잃지 않았을 것이다. 나는 관계에 대한 그의 조언을 무시하다가 미국에서 가장 행복한 결혼 생활 중 하나가 허물어지는 모습을 지켜봐야 했다. 하지만 다시 관계에 대한 솔로몬의 조언을 따르니 결혼 생

활은 회복되었고 지금은 그 어느 때보다 행복한 삶을 누리고 있다!

솔로몬의 조언이 내 인생에서 그저 몇 번 정도 들어맞았다면 그냥 우연의 일치라고 말할 수도 있을 것이다. 그의 조언과 경고를 무시한 결과 몇 차례의 사소한 실패를 경험했다면 그것 역시 그저 우연이라고 부를 수 있다. 그렇지만 나를 비롯한 수많은 사람이 솔로몬의 조언을 따름으로써 살아가는 내내 개인적으로, 사업적으로, 경제적으로 성공을 거두고, 반면에 그의 경고를 무시하다가 고통스러운 재앙을 겪었다면, 가장 회의적인 사람들조차도 온 세상의 지혜로운 자들과 왕과 여왕들이 그랬던 것처럼 솔로몬 왕은 지금까지 살았던 사람 중 가장 지혜로운 사람이라는 사실을 인정할 수밖에 없을 것이다.

물리적 우주를 지배하는 물리적 법칙이 있듯이, 솔로몬은 삶의 모든 측면을 보이지 않는 곳에서 지배하고 있는 '인생의 법칙'을 우리에게 알려준다

여객기에 올라탈 때마다 중력이나 공기 역학 같은 여러 가지 물리 법칙들이 우리의 최종 운명을 좌우한다. 조종사와 비행기가 이런 법칙들에 따라 움직일 때 우리는 목적지에 안전하게 도착할 수 있다. 어떤 이유에서든 그 법칙들에 따라 움직이지 않을 경우, 우리는 어떤 식으로든 지상으로 돌아갈 수밖에 없다. 우리가 그런 법칙들을 사랑하든 싫어하든, 또 무시하든 그렇지 않든 아무 상관이 없

다. 물리 법칙은 여전히 존재하며 우리의 비행을 지배할 것이다. 다행히도 조종사와 항공기 기술자, 그리고 항공기 설계자는 이러한 법칙을 완전히 이해하고 있기 때문에 얼마든지 이를 유용하게 이용할 수 있다. 그래서 사람들을 빠르고 안전하고 편안하게 목적지로 데려다주는 비행기를 만들어 하늘을 날 수 있는 것이다. 하지만 이 법칙을 알지 못한다면 우리는 결코 하늘로 날아오를 수 없다.

우주를 지배하는 물리 법칙이 있는 것처럼 확실하고 불변하는 인생의 법칙이 있다. 우리가 그런 법칙들을 사랑하든 싫어하든, 또 무시하든 그렇지 않든 아무 상관이 없다. 인생의 법칙은 '여전히' 존재하며 우리의 인생을 '지배할' 것이다. 솔로몬은 〈잠언〉에서 이 법칙들을 드러내고 있으며, 더욱이 우리에게 이 법칙을 어떻게 사용하는지 알려주고 있다. 중력이나 공기 역학 같은 법칙들은 항상 존재해 왔지만 그런 법칙들을 배우고 이해할 수 있게 된 후에야 인간은 비로소 지상을 떠날 수 있었다. 인간이 하늘을 날 수 있는 가장 중요한 기초가 되어준 것이다.

물리 법칙들이 그러하듯이 인생의 법칙 또한 우리들의 인생 그 자체만큼이나 오래되었다. 이 법칙들에 대해 무지하면 진정한 행복과 성취, 목적, 성공에 이르는 데 제한이 생긴다. 이 법칙을 제대로 알거나 이해하지 못한 채 우연히 그 일부를 따름으로써 일정 수준의 성공이나 행복에 도달하는 이들도 있다. 그렇지만 이러한 법칙들에 대해 잘 알지 못할 경우 지속적인 성취와 성공을 가로막는 도저히 넘을 수 없는 장벽이 눈앞에 만들어진다. 하지만 살아가는 동안 이러한 법칙들을 배우고 이용해 그 장벽을 넘을 수 있게 된 사람은 다른 이들이 그저 꿈으로만 여기는 목표와 성공, 행복에 도달하게 될 것이다. 목표를 '따라가는' 삶이 목표를 '이루는' 삶으로 바뀌는 것이다.

솔로몬의 남다른 기도

솔로몬 왕은 기원전 974년경에 태어났다. 아버지 다윗 왕은 세상을 떠나기 직전에 아들 솔로몬을 이스라엘의 국왕으로 선포했는데 당시 솔로몬의 나이는 겨우 스무 살이었다. 그는 이스라엘을 통치해야 한다는 책임감 때문에 큰 부담을 느꼈을 뿐만 아니라 자신에겐 그럴 만한 지혜가 없다는 두려움에 사로잡혔다. 성경에 따르면 그때 솔로몬의 꿈에 신이 나타나 무엇을 원하는지 묻자 솔로몬은 이스라엘을 공정하게 다스릴 수 있도록 지혜와 지식을 달라고 요청했다(열왕기상 3:9, 역대하 1:10). 그러자 신은 부귀나 영화도, 명예도, 또 적을 물리쳐 달라거나 무병장수를 바라지도 않은 솔로몬에게 이전에 어떤 왕도 가져본 적이 없으며 또한 앞으로도 가지지 못할 모든 지혜와 지식, 부귀와 영화, 그리고 명예까지 전부 주겠노라고 약속한다. 그 약속은 그대로 실현되어 솔로몬은 지혜를 얻었고, 상상조차 할 수 없을 엄청난 재산까지 얻게 된다. 누군가의 계산에 따르면 솔로몬 왕의 재산은 오늘날의 가치로 환산하면 '조만장자 (trillionaire)'가 되기에 충분하다고 한다. 그는 지금 돈으로 환산하면 수천억 달러는 충분히 넘을 금 보유고 외에도 말과 전차를 위한 역사 4000개를 소유하고 있었고 기병 1만 2000명을 고용하고 있었다. 주변 모든 국가의 왕들은 솔로몬 왕을 찾아와 그의 지혜를 구했고 그 대가로 많은 선물을 주고 갔다. 그렇지만 인생의 절정기에 들어서는 순간 솔로몬 왕은 자신이 〈잠언〉에 상세하게 기록해 두었던 모든 인생의 법칙과 규범들을 어기기 시작했고, 그 결과 그가 이루었던 모든 성공과 행복들은 다 거품처럼 사라져버렸다. 그러나 우리에게는 다행한 일이었을까. 그가 기록했던 수많은 인생의 법칙들은 〈잠언〉에 고스란히 남아 여전히 살아 숨 쉬고 있다.

잠언에 숨겨진 솔로몬의 비밀

각각의 잠언(proverb)은 하나하나 명쾌한 통찰을 보여주고 있지만, 사실 잠언의 진정한 보물은 그 표면 아래 깊숙한 곳에 묻혀 있다. 솔로몬은 〈잠언〉 2장 4절을 통해 사람들이 묻혀 있는 금은보화를 찾듯 간절하게 지식과 지혜를 구하라고 말한다. 그래서 가끔은 그 잠언의 배경과 맥락은 물론, 히브리어 원문 단어의 뉘앙스까지 깊이 살펴봐야 한다. 많은 경우 우리는 잠언의 정반대되는 의미를 살펴보면서 부가적인 보물을 찾을 수 있다. 또 거기에 더해 문자 그 대로의 좁은 의미뿐만 아니라 그 잠언이 품고 있는 더 넓은 정신까 지 파악해야 한다. 그렇게 함으로써 우리는 솔로몬의 인생의 법칙 뿐만 아니라 그가 말했던 묻혀 있는 금은보화, 즉 인생을 초월하는 영원한 보물까지 발견할 수 있다.

솔로몬이 제시한 전략에 따라 불가능해 보이는 꿈을 이뤄낸 사람 은 비단 나 한 사람뿐만이 아니다. 나는 현대와 과거의 역사를 넘나 들며 놀라운 성취를 이뤄낸 이들의 전기를 아주 좋아한다. 그런 사 람들의 삶을 연구하면서 발견한 것은, 비록 솔로몬의 글을 한 번도 접해보지 못한 이들이라 하더라도 그들 모두는 솔로몬의 가르침을 반영한 행동과 태도를 통해 그런 큰 성취를 실현할 수 있었다는 사 실이다. 조지 워싱턴, 토머스 제퍼슨, 에이브러햄 링컨, 헨리 포드, 토머스 에디슨 등은 모두 젊은 시절 〈잠언〉을 열심히 읽었다. 또한 빌 게이츠나 샘 월튼(Sam Walton, 월마트 창업자), 헬렌 켈러, 스티븐 스 필버그, 오프라 윈프리 같은 현대 아이콘들의 삶을 들여다봐도 그 들 역시 솔로몬이 이야기해주는 조언들을 실행함으로써 불가능한 꿈을 이루어 냈다는 것을 알 수 있다. 또한 나는 솔로몬의 가르침에 어긋나는 행동을 했을 때는 사람이건 기업이건 국가건 모두 어려움을 겪는 것을 목격했다. 나치의 독재자 아돌프 히틀러가 독일 국민의 마음을 사로잡을 수 있었던 건 그들이 솔로몬의 경고를 무시했기 때문이다. 미국은 1941년 일본의 진주만 공격으로 큰 피해를 입었다. 최근에는 미국에서 일곱 번째로 큰 기업의 경영진이 회사를 미국 역사상 최대 규모의 기업 파산으로 몰아갔다. 이 모든 사건은 다 솔로몬의 몇 가지 경고를 어겼기 때문에 일어난 것이다.

우리는 솔로몬의 지혜로부터 무엇을 얻을 수 있는가?

그렇다면 솔로몬의 통찰과 교훈은 우리의 일상생활과 직장, 인간관계에 어떤 변화를 불러올 수 있을까? 지금 우리가 무엇을 상상하든 우리는 그보다 훨씬 더 큰 변화를 경험할 수 있는데, 솔로몬이 약속한 몇 가지 보상을 한번 살펴보자.

솔로몬의 전략을 통해 얻을 수 있는 유익들

- 지식
- 신중함
- 올바른 판단력
- 나를 지킬 수 있는 힘
- 성공
- 더 나은 건강
- 더 늘어난 수명

- 명예
- 경제적 여유
- 권위 있는 자들의 호의
- 승진과 인정
- 경제적 독립
- 자신감
- 강인한 인격
- 용기
- 탁월한 성과
- 개인적인 충족감
- 만족스러운 관계
- 진정으로 의미 있는 삶
- 다른 사람들의 사랑과 존경
- 분별력
- 참다운 지혜

솔로몬은 놀라운 성취를 이루는 강력한 전략과 인생을 완전히 뒤바꾸는 비밀을 가르쳐 준다

무엇보다 〈잠언〉을 단순히 일반적인 원칙이나 그럴듯한 말을 모아놓은 것 정도로 치부하는 실수를 저질러서는 안 된다. 그렇게 큰 의미 없는 평범한 이야기로 자신은 물론 후세대들의 시간까지 낭비하게 만들기에는, 솔로몬은 너무나 지혜로웠던 인물이다. 그의 글은 놀라운 성취를 이루기 위해 우리가 개인 생활과 직장생활 등 삶 전반에서 실천할 수 있는 정확한 과정과 순서를 제공해준다. 나는 이 책을 통해 실제로 일상생활과 사업 등 내 인생의 모든 영역에서 적용했던 〈잠언〉의 전략과 단계에 초점을 맞추려 한다. 우선 각 장에서 솔로몬의 조언을 살펴본 후, 그의 조언을 일상생활에 적용하는 데 내가 사용했던 몇 가지 간단한 기술을 소개할 것이다.

각 장의 마지막 부분에는 '지식에서 지혜까지(knowledge to wisdom)'라는 코너를 추가해 솔로몬의 조언을 실용적이면서 강력하게 적용할 수 있는 구체적인 실행 과제를 제시했다. 이런 식으로 하면 상상하는 것보다 훨씬 더 높은 수준의 성공과 성취를 경험하게 될 것이다. 지금 아무리 놀라운 성취를 이루었다고 해도 미래는 그보다 훨씬 더 밝을 것이다. 그렇다면 이제 새로운 길을 찾아 나서보자!

2장

전 세계
0.1퍼센트만의 비밀,
성실함

자신의 일에 능숙한 사람을 보았는가?
왕 앞에 당당하게 설 수 있는 사람은 바로 이런 사람이다.
(잠언 22:29)

1000명중한명, 그들이 이기는 기술

우리는 노력하고 목표를 추구하는 모든 과정에서 믿을 수 없을 정도의 대단한 결과를 경험할 수도 있고 또 그와 정반대로 거의 재앙에 가까운 끔찍한 결과를 맛볼 수도 있다. 50년이 넘는 세월 동안 나는 개인적으로, 직업적으로, 또 경제적으로도 언급한 모든 결과를 경험했다. 나는 또한 역사상 가장 크게 성공했던 사람들의 인생을 연구하면서 그들 역시 인생의 다양한 영역에서 이런 여러 가지 결과들을 경험했다는 사실을 발견했다. 그렇지만 그들은 자신의 전문 영역에서는 예외 없이 놀라운 결과를 얻었다. 그들이 그렇게 놀라운 성취를 이룰 수 있었던 건 간단하지만 믿을 수 없을 정도로 강력한 기술을 배우고 활용했기 때문이다. 이 기술이야말로 불가능한 꿈을 이루는 열쇠였다. 조지 워싱턴, 토머스 제퍼슨, 벤저민 프랭클린, 토머스 에디슨, 클라라 바튼(Clara Barton, 미국 적십자사 설립자), 존 D. 록펠러, 헨리 포드, 샘 월튼, 그리고 월트 디즈니나 빌 게이츠, 오프라 윈프리, 스티븐 스필버그 같은 사람들은 이 기술을 사용한 사람 중 극히 일부에 불과하다. 사실 이 기술은 사용할 때마다 항상 놀라운 결과를 낳는다. 무엇보다 이 기술이 없다면 그런 놀라운 결과를 얻을 가능성이 거의 없다.

하지만 불행하게도 그 기술을 완전히 활용하는 사람은 1000명 중 1명, 단 0.1퍼센트에 불과하다. 그래도 좋은 소식은 그 기술을 배우는 것이 어렵지 않으며, 무엇보다 성장 배경이나 교육, 지능지수 (IQ)와 관계없이 누구나 배우고 사용할 수 있다는 것이다.

내가 지금 이야기하고 있는 건 다름 아닌 '성실함(diligence)'이라는 기술이다. 우리는 성실하다거나 부지런하다는 것이 무엇을 의미하는지 잘 이해하고 있다고 생각하지만 사실은 전혀 그렇지 않다. 솔로몬이 성실함에 대해 이야기할 때 그는 10캐럿짜리 다이아몬드만큼이나 보기 드문 특성을 말하고 있는 것이다. 그런 모습을 극히 드물게 찾아볼 수 있는 건 진정한 성실함은 사실 인간의 본성과 상반되기 때문이다.

우리는 모두 인간 조건의 일부로서 몇몇 특성들을 가지고 있다. 이러한 특성은 우리의 자연스러운 충동과 성향, 강점 및 약점을 만들어내는데, 솔로몬의 성실함은 그런 특성 중 하나가 아니다. 사실, 인간에게 공통적으로 주어진 특성은 즉각적인 만족을 추구하는 욕망과 욕구이다. 우리는 최대한 적은 노력으로 최대한 빨리 얻을 수 있기를 원한다. 그것이 바로 우리 인간의 본성이다. 우리는 가장 힘이 적게 드는 길을 따르려는 자연스러운 경향을 가지고 있다. 하지만 다행스럽게도 이런 타고난 성향에도 불구하고 우리는 더 큰 어려움이 따르는 길을 걸을 수 있고, 어떤 프로젝트나 목표를 추구하기 위해 노력을 기울일 수 있다. 거기에 솔로몬이 말하는 성실함을 함께 키워간다면 우리는 인생의 다양하고 중요한 영역에서 놀라운 결과들을 얻게 될 것이다.

성실하다는 것의 의미

내가 가지고 있는 사전에는 성실하다는 말을 "무엇을 하든 끈질기게, 열심히 하는 자세"라고 풀이하고 있다. 나는 여기에서 '끈질기다'라는 말을 좋아한다. 끈질기다는 건 분명 성실함의 한 측면이다. 반면에 '열심히 한다(hard-working)'라는 말은 솔로몬의 의도를 표현하기에는 부족함이 있다. 그보다는 '똑똑하게 일한다(smart-working)'라는 표현이 더 적확하다. 만일 망치를 들고 나무를 자르고 쪼개려 한다면 열심히 한다고는 할 수 있지만, 결코 성실한 행위는 아니다. 망치로 나무를 자르려면 몇 시간, 아니 며칠이 걸릴 수 있다. 하지만 전기톱을 사용한다면 똑같은 나무를 불과 몇 분 만에 처리할 수 있다. 주어진 일을 무작정 열심히 하는 게 아니라 똑똑하게 해내야 하는 것이다. 다시 사전을 살펴보면 성실하다는 말의 유의어로 '세심함', '꼼꼼함', '철저함', '신중함' 같은 단어들이 나온다. 물론 이러한 자질들도 성실함의 중요한 측면이지만, 역시 솔로몬이 전하고자 하는 의미를 완벽하게 전달해주지는 못한다.

솔로몬이 말하는 '성실함'의 의미를 제대로 이해하려면 다음 내용을 떠올려야 한다. "비록 어린아이라 할지라도 하는 행동을 보면 정말로 순수하고 올바르게 살아가고 있는지를 알 수 있다"(잠언 20:11). 여기서 중요한 건 물론 '순수하다(pure)'와 '올바르다(right)'는 말이다. 솔로몬은 도덕적, 윤리적 가치로서의 의미가 아니라 가장 깨끗한 형태의 행동에 대해 이 '순수하다'라는 말을 사용한다. 이 말은 윤리 용어라기보다는 광업 용어라고 할 수 있다. 솔로몬은 주로 광산을 개발해 막대한 부를 쌓았는데, 그는 글에서도 종종 광업 용어를 사용한다. 금은 어떻게 만들어지는가? 광산을 파고 그 안에서 금이 섞인 바위를 찾아내면 그 큰 바위를 가져와서 엄청난 온도의 열을 가한다. 그러면 그 과정에서 다른 불순물들은 녹아서 사라지게 되는데, 그렇게 해서 마지막에는 순수한 금만 남게 된다. 이것이 바로 성실함의 '순수한' 측면이다. 우리는 노력에 대한 순수한 이익을 얻기 위해 성실하게 하루, 한 시간, 그리고 일분일초를 투자하는 것이다.

성실함과 항상 짝을 이루는 말이 '올바름'이다. 올바르다는 건 끈질기게, 똑똑하게 하는 것과는 또 다르다. 일을 '올바르게' 한다는 말은 재빠르고 효율적이며, 또 효과적으로 일을 한다는 뜻이다. 다시 말해 누가 무엇을 요구하고 기대하든지 상관없이 주어진 시간 안에 가능한 가장 높은 기준에 맞춰 일을 처리하는 것이며 그러기 위해서는 창의성과 끈기를 갖고 또 외부의 다른 사람과 자원의 힘을 빌려서라도 놀라운 결과를 만들어내겠다는 자세가 필요하다.

성실함이란 창의적인 끈기, 똑똑한 일처리 능력을 결합해 올바른 계획과 올바른 실행을 통해 주어진 시간에 맞춰 효율적이며 효과적인 방식으로 순수하고 탁월한 결과를 만들어내는 기술이다. 우리는 누구든지 솔로몬이 이야기하는 이 기술을 배울 수 있다.

지금쯤이면 아마 한 걸음 뒤로 물러서며 이렇게 말하는 사람들이 있을지 모르겠다. "아... 그건 좀 어렵겠습니다. 나는 창의적이지도 못하고 더군다나 끈기도 없어요." 하지만 꼭 이 말을 해주고 싶다. "누구든 할 수 있습니다!"

솔로몬이 전해주는 성실함의 기술을 배우는 방법을 따르기만 하면 된다. 그는 누구나 다 이 기술을 배울 수 있다고 말했다. 이 기술에 따라 행동을 하면 "비록 어린아이라 할지라도 (…) 순수하고 올바르게 살아갈 수" 있다. 성실함의 기술을 배우고 나면 우리는 인생의 모든 중요한 영역에서 뭔가 노력하고 추구할 때, 이 기술을 활용하여 놀라운 결과를 이루어 낼 수 있다. 불행한 결혼 생활을 행복하게, 좋은 경력은 탁월한 경력으로, 실패한 사업을 성공한 사업으로 바꿀 수 있다.

너무 복잡하게 들리는가? 그건 아마도 진정한 성실함에 많은 성격적 특성들이 포함되어 있기 때문일 것이다. 그래서 진정한 성실함을 찾기가 그렇게 어려운 것이다. 하지만 다음 사례 하나만 보면 쉽게 이해할 수 있을 것이다.

대학교 1학년 때 나는 ROTC에서 소대장을 맡았다. 당시 나를 제외한 대학 내 다른 39개 소대 소대장은 모두 다 3, 4학년이었다.

ROTC의 주요 연례행사로 40개 소대가 그동안의 훈련 성과를 대결하는 시합이 있었는데, 당시 한 소대장은 올해에는 자신의 소대가 1등을 차지할 것이라고 생각했다. 자신의 소대는 일주일에 한 번 오전 7시에 실시하는 훈련에 1년 내내 빠지지 않고 성실하게 임했다는 것이다. 하지만 그 소대장은 우리 소대가 매주 자발적으로 그보다 한 시간 이른 오전 6시에 훈련장에 모여 두 시간 동안 훈련했다는 사실을 몰랐다. 우리가 매주 한 시간씩 훈련장을 독차지한 채 복잡한 시범 부대 기동술을 훈련했다는 사실을 몰랐던 것이다. 우리 소대원 30명 전원은 모두 이 기동술을 완전히 습득하기 위해 성실하게 노력했다.

시합이 열릴 때까지 우리는 남들보다 두 배나 많은 시간을 연습했고 훨씬 더 복잡한 기술을 배웠다. 다른 소대와 비교해보면 우리 소대는 '진정으로' 성실하게 훈련에 임했다. 하지만 다른 소대들은 그저 자신들이 성실했다고 '생각'할 뿐이었다. 그리고 아주 놀라운 결과가 나왔다. 우리 소대가 평가 점수 300점 만점에서 287점을 받은 것이다. 앞서 언급했던 소대는 168점으로 2등을 차지했다. 나는 애리조나 주립대학 소속 ROTC 역사상 처음으로 연례 훈련 성과 시합에서 1등을 차지한 유일한 1학년 소대장이 되었다. 나는 '올해의 ROTC 생도'로 선정되어 초음속 전투기를 타고 90분 동안 하늘을 나는 영광을 누렸고, 3년간의 학비 전액을 공군 장학금으로 지원받게 되었다. 물론 공정하게 말하자면 내가 아니라 우리 소대 전체가 승리한 것이다. 그리고 우리가 우승을 할 수 있었던 건 남들보다 똑똑하거나 더 나은 교육을 받았기 때문이 아니라, '진정으로' 성실하게 훈련에 임했기 때문이다.

진정한 성실함의 힘

인간은 언제나 가기 쉬운 길을 가려고 한다. 인간의 본성이다. 솔로몬은 그저 '흘러가는 대로 가려는' 본성보다 진정한 성실함을 선택하기 위해서는 우리에게 어떤 동기가 필요하다는 사실을 잘 알고 있었다. 그렇다면 그 동기는 무엇일까? 솔로몬은 진정으로 성실하게 행동하면 값진 보상을 받게 되지만 그렇지 않을 경우 엄청나게 파괴적인 결과를 초래할 수 있다고 말한다. 솔로몬이 약속한 보상은 다음과 같다.

확실한 우위에 서게 된다

뭔가를 이루기 위해 노력을 기울일 때, 늘 불리한 여건에서 시작하고 싶은가, 아니면 흔들리지 않고 확실한 유리한 위치에 있고 싶은가. 솔로몬은 진정으로 성실한 사람들은 그렇지 않은 사람들이 결코 따라올 수 없는 유리한 위치에 서게 될 것이라고 말한다. "성실한 사람의 계획은 성공으로 이어진다"(잠언 21:5). 우리가 사람이나 기업, 환경과 경쟁하거나, 단순히 시간과의 싸움을 할 때 성실함은 우리에게 확실한 우위를 제공하여 더 높은 생산성과 성취, 부와 만족감을 가져다줄 것이다.

상황에 휘둘리지 않고 상황을 지배한다

다른 사람에게 자신의 인생을 맡기고 싶은가, 아니면 스스로 인생을 이끌고 싶은가. 솔로몬은 "성실한 사람은 다른 사람을 다스리게 되어도 게으른 사람은 다스림을 받는다"(잠언 12:24)라고 말했다. 진정으로 성실한 사람은 자신의 운명을 이끌어나갈 뿐만 아니라 다 함께 놀라운 성취를 이룰 수 있도록 주변 사람을 도울 수 있다.

진정한 성취감을 경험한다

사람은 끊임없이 허기를 느낀다. 미국에서는 이런 허기가 물질적 가난이나 부족함을 의미할 것이다. 오늘날 미국인들은 미국 역사상 어떤 세대보다 빚은 무겁고 통장은 가볍다. 무엇을 가지고 있든 늘 부족해 보인다. 만족과 진정한 성취는 복권 당첨만큼이나 드문 세상이다. 하지만 솔로몬은 "부지런한 사람의 마음은 풍족함을 얻는다"(잠언 13:4)고 말한다. 솔로몬이 말하는 '마음(soul)'은 사람의 가장 깊은 존재, 그의 핵심, 성격과 감정이 자리하고 있는 어떤 곳을 가리킨다. 너무나 만족스럽고 성취감을 느껴 어떤 것에도 허기를 느끼지 않는다고 상상해보라. 그것이 바로 성실한 사람에게 약속된 진정한 성취감의 경험이다.

권위 있는 사람들에게 인정과 존경을 받는다

사람들이 세상의 눈에 들기 위해 애를 쓰는 동안, 성실한 사람은 애 쓰지 않아도 권위 있고 저명한 사람들이 알아서 찾아오게 만든다. 솔로몬이 자신의 일에 능숙한 사람이야말로 "왕 앞에 당당하게 설 수 있는 사람"(잠언 22:29)이라고 한 말의 의미가 이것이다. 이런 사람들의 업적과 성취는 빛나는 별이 되어 주변에 있는 모든 사람의 시선을 사로잡는다.

필요한 것들이 채워진다

자신의 전문 영역에서 성실하게 일하는 사람은 자신이 필요로 하는 것들이 채워질 만큼 충분한 물질적 성공을 거두게 될 것이다. 솔로몬은 "자신의 토지를 경작하는 사람은 많은 수확을 거두겠지만 헛된 자를 따르는 사람은 지혜가 없다"(잠언 12:11)고 말했다. 솔로몬은 이 구절에서 자기가 하던 일을 내팽개친 채 헛된 사람이나 그들의 말을 따르는 사람은 분별력을 잃게 된다고 경고한다. 즉 겉으로 보기에 성공한 것처럼 보이면서 '일확천금' 같은 귀에 그럴듯한 소리를 하는 사람들에게 절대로 속지 말라는 뜻이다. 정말로 그런 사람을 만나게 된다면 빨리 그 자리를 피하는 게 상책이다.

끊임없이 이어지는 성공을 경험한다

솔로몬은 성실하게 일하는 사람은 끊임없이 늘어나는 성공과 부를 경험하게 되겠지만 노력하지 않고 손쉽게 얻은 돈은 대부분 그만큼 빨리 우리 손을 떠나게 될 것이라고 말한다. "헛되이 얻은 재물은 점차 사라지고 열심히 일해서 얻은 재물은 점점 늘어난다"(잠언 13:11). 잘 믿기지 않겠지만 대부분의 복권 당첨자들은 비교적 짧은 시간 안에 당첨금 대부분을 탕진한다고 한다. 심지어 운이 좋아 큰돈을 딴 도박꾼조차 마지막에는 결국 모든 돈을 다 잃고 빚더미에 파묻히게 된다. 도박 도시로 유명한 라스베이거스의 카지노들이 그저 좋은 뜻으로 큰손들에게 초호화 스위트룸을 무료로 제공하는 것이 아니다. 카지노는 그 큰손들이 처음에는 이기는 것처럼 보이더라도 결국에는 훨씬 더 많은 것을 잃게 된다는 사실을 잘 알기 때문에 그런 서비스를 베푸는 것이다.

성실한 노력은 결국 보상을 받는다

솔로몬은 '모든' 성실한 노력은 언제나 이득을 가져온다고 말한다. 성공적인 목표 달성이 첫 번째 이득이고, 그렇게 달성한 목표에 의해 주어지는 경제적 보상이 두 번째 이득이다. 그는 "모든 수고에는 이득이 있어도 그저 입으로만 떠들면 가난에 이르게 될 뿐"(잠언 14:23)이라고 말한다. 우리가 결혼 생활과 자녀 양육 문제에 수고와 노력을 기울이면 나와 가족이 얻는 만족감을 이득으로 얻게 될 것이다. 반면 솔로몬은 행동 없이 그저 입으로만 떠들 때 빈곤을 맞이하게 될 것이라고 경고한다. 우리에게는 성실한 노력이 필요하며, 이를 위해서는 꿈과 창의성, 헌신을 비롯해 도움이 되는 협력 관계가 필요하다. 솔로몬이 하는 말의 본질은, 직장생활에서 아무런 성취가 없거나 결혼 생활이 원하는 대로 이루어지지 않는다면 그건 성실하게 노력하지 않은 결과라는 것이다. 삶의 어떤 영역에서든 진정으로 성실하다면 언제나 유익한 결과를 얻을 수 있다.

성실하지 않아서 생기는 일들

인생에 있어서 가장 큰 동기는 '이익에 대한 욕망'과 '상실에 대한 두려움'이다. 솔로몬은 이 두 가지를 통해 우리에게 동기를 부여하고 있다. 만약 그가 이야기한 일곱 가지 보상이 성실함을 추구하는 데 별다른 동기를 제공하지 않는다면 아마도 반대로 성실하지 못해 생기는 결과를 보고 동기를 부여받을 수 있지 않을까.

감당할 수 없는 어려움에 빠지게 된다

성실한 사람은 충분한 시간을 들여 계획하고 준비하며 따라서 주어진 일을 탁월하게 해낼 수 있다. 성실하지 못한 사람은 계획이나 준비에 충분한 시간을 들이지 않는다. 그런 사람은 갑자기 허둥지둥 급히 서두르는 경향이 있으며 그러다 보면 결국 실패를 맛보게 된다. 솔로몬은 우리에게 이렇게 말한다. "성실한 사람의 계획은 성공으로 이어지겠지만 조급하게 행동하는 사람은 분명 가난하게 될 따름이다"(잠언 21:5).

나는 다섯 번 정도 그간 모았던 돈을 몽땅 다 잃었고 그때마다 조급하게 서둘러 행동했다. 나는 결코 성실한 사람이 아니었던 것이다. 처음 두 번은 손해 본 액수가 각각 2만 달러와 12만 달러 정도였다. 그런데 그 이후로 입은 손실액은 모두 합쳐 수백만 달러에 이른다. 내 딸도 나처럼 주변 사람들에게 조언을 구하지 않고 조급하게 행동했다가 돈을 잃었던 경험이 있다. 나와 내 딸이 조급하지 않게 성실히 행동했더라면 내 통장에는 지금쯤 수백만 달러가 더 들어 있을 것이고 내 딸의 통장 잔고도 여전히 넉넉할 것이다.

다른 사람에게 휘둘린다

통제할 수 없는 인생을 좋아할 사람은 아마 아무도 없을 것이다. 우리는 다른 사람들에게 휘둘리거나 간섭받는 걸 싫어한다. 그렇지만 솔로몬은 "성실한 사람은 다른 사람을 다스리게 되어도 게으른 사람은 다스림을 받는다"고 경고했다. 내가 하루를 어떻게 보낼지를 결정하는 건 누구인가? 내가 받는 월급을 결정하는 건? 승진이나 좌천, 혹은 해고의 여부는? 설사 남의 밑에서 일하지 않고 자기 사업을 하는 사람이라 할지라도 성실하지 않으면 고객이나 경쟁자에 의해 휘둘릴 수밖에 없다.

끊임없이 갈망하지만 위로를 얻을 수 없다

성실한 사람은 자신의 깊은 욕망이 충족되는 것을 보고 깊은 성취감을 누리지만 그렇지 못한 사람은 결코 성취할 수 없는 끝없는 욕망에 시달리게 된다. 솔로몬은 부지런한 사람은 풍족함을 얻어도 "게으른 사람은 아무리 갈망해도 아무것도 얻지 못한다"(잠언 13:4)고 경고한다. 슬픈 일이지만 성실하지 못한 사람들에게 인생은 성취가 아닌 욕망과 갈망에 의해서만 정의된다.

지혜가 부족해진다

오늘날 TV를 보면 일하지 않아도 부자가 될 수 있다고 호도하는 사람들로 가득 차 있다. 당장 돈 한 푼 없이도 부동산을 살 수 있고 통장에 돈이 없어도 주식 거래로 수십만 달러를 벌 수 있다고 그들은 주장한다. 솔로몬은 이런 허황된 자들과 그들의 헛된 계획을 따르는 사람은 자신의 무지함을 보여줄 뿐이라고 경고한다. "자신의 토지를 경작하는 사람은 많은 수확을 거두겠지만 헛된 자를 따르는 사람은 지혜가 없다"(잠언 28:19).

재물과 안전함이 사라진다

"헛되이 얻은 재물은 점차 사라지고 열심히 일해서 얻은 재물은 점점 늘어난다"(잠언 13:11)

솔로몬은 재물을 얻으려는 두 부류의 사람을 보여준다. 성실한 노력으로 재물을 얻으려는 사람과 일하지 않고 얻으려는 사람이다. 그는 일하지 않고 헛되이 재물을 얻으려는 사람은 결국 가지고 있는 것이 점점 줄어들다가 마침내 다 사라지는 걸 보게 될 것이라고 경고한다.

입으로만 떠들 뿐 아무것도 얻지 못한다

성실하게 일하는 사람은 진심을 다해 일하는 반면 그렇지 않은 사람은 '언젠가' 할 일에 대해서만 끊임없이 이야기할 뿐이다. 말을 하는 건 쉽고 별다른 노력도 필요 없다. 하지만 성실한 노동에는 많은 노력이 필요하다. 성실한 사람이 자신의 수고를 통해 이익을 얻는 동안 말만 하는 사람은 자신뿐만 아니라 다른 사람의 시간까지 함께 낭비한다. 그래서 솔로몬은 "그저 입으로만 떠들면 가난에 이르게 될 뿐"(잠언 14:23)이라고 말한다.

인생의 모든 영역에서 진정한 성실함을 적용하는 방법

솔로몬은 성실함을 삶의 일부로 만들기 위해 누구나 사용할 수 있는 네 가지 단계를 제공한다. 그렇지만 여기에는 한 가지 큰 장애물이 있는데, 사실 우리는 거의 매일 이 장애물을 마주하게 될 것이다. 언제나 가장 쉬운 길을 택하려고 하는 우리의 타고난 게으름이 그것이다. 스스로를 게으르다고 생각하는 사람은 거의 없다. 하지만 우리는 본성 안에 게으름이라는 씨앗을 품고 있다. 그것이 진실이다. 그 씨앗을 제대로 다루지 않으면 머지않아 잡초처럼 우리 인생의 여러 부분에서 뿌리를 내려갈 것이다. 그대로 방치하면 우리 삶의 모든 잠재력을 가로막을 수 있다. 우리는 직업 같은 인생의 일부 영역에서는 게으름의 씨앗에 열심히 맞서면서도 결혼이나 자녀와의 관계 같은 다른 영역에서는 그 씨앗을 그대로 방치하곤 한다. 나는 결국 이혼을 맞이하게 되었으면서도 사업적으로는 크게 성공한 사람들을 여럿 알고 있다. 그렇게 살아갈 필요는 없다. 솔로몬은 이 씨앗이 어디에 뿌려져 있든 다시 거둬들이고 그 대신 성실함이라는 씨앗을 뿌릴 수 있는 방법을 알려준다.

우리는 왜 게으른가

솔로몬에 따르면 게으름의 근본적인 원인은 이기심, 교만, 무지, 그리고 무책임이며 그는 종종 무지와 무책임을 하나로 합쳐 '어리석음'이라고 부르기도 했다. 게으름을 효과적으로 처리하려면 그 근본 원인부터 처리해야 한다.

이기심

"사람의 행위는 자기가 보기에는 모두 다 정직하다"(잠언 21:2)

우리는 자연스럽게 자신의 관점으로 먼저 사물을 바라본다. 우리가 타인의 문제나 안녕에 관심을 두지 않는다면, 우리는 자신의 자아와 욕구를 가장 빠르게 만족시킬 수 있는 방식으로만 행동하게 된다. 그러면서 그 행동이 자신의 미래나 다른 사람들의 삶에 미치는 영향에 대해서는 눈을 감게 된다. 솔로몬은 우리와 관련된 모든 사람에게 최선의 이익을 돌려주기 위해 우리가 할 수 있는 일은 무엇인지 스스로에게 물어볼 것을 권하고 있다.

교만

"게으른 사람은 지혜로운 사람 일곱 명보다 스스로를 더 낫다고 여긴다"(잠언 26:16)

우리는 종종 자신이 주변 사람들보다 더 똑똑하다고 생각하기 때문에 다른 사람에게 조언이나 충고를 구하지 않고 행동하는 경우가 많다. 어쨌든 먼저 행동하고 나중에 조언을 구하는 것이 훨씬 쉽기도 하니까 말이다. 우리는 스스로 다른 사람들보다 더 많이 알고 있다고 생각하기 때문에 하고 싶은 대로 행동한다. 따라서 우리는 그저 우리 못지않게 똑똑하고 지혜로운 사람들이 많다는 사실을 받아들이고, 중요한 결정을 내리고 행동하기 전에 조언을 구하기만 하면 된다. 진정으로 성실한 사람은 중요한 행동을 시작하기 전에 여러 지혜로운 사람들의 조언을 구하려 한다.

어리석음=무지+무책임

"내가 게으른 사람의 밭과 무지한 사람의 포도밭을 지나면서 보니 돌담은 무너져 있고 사방에는 가시덤불과 잡초만이 무성하였다"(잠언 24:30~31)

게으름의 마지막 원인은 무지와 무책임, 이른바 솔로몬이 이야기하는 어리석음이다. 우리는 자기 행동의 장기적인 결과에 대해 무지하기 때문에 게을러진다. 뭔가를 배우는 것보다 무지한 상태에서 행동하는 게 더 쉽다. 뭔가를 배우려면 시간과 노력이 필요하다. 계속 무지한 상태로 가장 편한 길, 가기 쉬운 길만 따라서 가는 것이 더 쉽다. 그렇지만 이런 어리석은 행동의 결과는 치명적이다. 이보다 더 나쁜 것은 무책임이다. 무엇을 해야 하는지 알고 있으면서도 하지 않는 쪽을 선택하는 것이다.

게으름은 더 큰 게으름을 부른다

"게으른 사람은 봄이 되어도 밭을 갈지 않고 그러므로 가을이 와도 아무것도 거두지 못한다"(잠언 20:4)

게으름은 삶의 다른 영역으로도 퍼져나갈 수 있다. 즉각적인 만족만을 좇는 우리의 본성에 더 자주 굴복할수록 그 본성은 어느새 고칠 수 없는 습관이 되어 버린다.

게으름은 개인적인 성취를 가로막는 고통스러운 장벽을 만든다. 솔로몬은 "게으른 사람이 가는 길은 가시나무 울타리와 같다"(잠언 15:19)고 말한다. 내가 어렸을 때 옆집 포우츠 씨의 뒷마당은 붉은 열매와 큰 가시가 나 있는 두터운 울타리로 둘러싸여 있었다. 친구들과 나는 실수로 야구공이나 축구공이 이웃집 뒷마당에 떨어지는 것이 늘 걱정이었다. 그 공을 찾아오려면 누군가는 말 그대로 가시 덤불을 헤치고 나가야 했기 때문이다. 물론 그 친구의 몸에는 온통 긁힌 상처가 남게 되었다. 솔로몬이 볼 때 게으름이란 개인적인 성공을 가로막는 가시나무 울타리나 마찬가지였다. 그 울타리와 덤불을 헤치고 나가려는 사람은 거의 없다.

진정한 성실함을 위한 4단계

그렇다면 솔로몬이 말하는 성실함을 어떻게 우리 인생에 적용할 수 있을까? 진정으로 성실한 사람이 되기까지는 오랜 시간이 걸리며 인생의 여러 중요한 영역에서 매일 성실하게 살아가는 습관을 들여야 한다. 다만 한 가지 좋은 소식이 있다면, 우리의 노력에 성실함을 더하는 과정을 시작하기 위해서는 몇 년, 몇 달 또는 며칠을 기다릴 필요가 없다는 것이다. 솔로몬은 직장생활은 물론이고 부부관계와 자녀 교육, 심지어 영적인 부분에 이르기까지 성실함을 더하는 과정을 빠르게 시작할 수 있도록 네 가지 단계를 알려주고 있다.

1단계: 깨어나 현실을 직시한다

"'게으른 사람이여 언제까지 그렇게 누워 있을 것인가?' 솔로몬 왕은 이렇게 묻는다. '그렇다면 언제 잠에서 깨어날 생각인가? 그러다가는 언젠가 가난이 강도처럼, 궁핍이 군대처럼 너를 찾아오리라'"(잠언 6:9~11)

우리는 개인적으로 혹은 직장에서 이뤄야 할 목표 앞에서 늘 실제보다 시간이 더 많다고 생각한다. 그래서 해야 할 일을 뒤로 미루게 된다. 예를 들어 거의 80퍼센트의 미국인이 과체중이라고 하는데, 거의 대부분이 다음 주, 다음 달 또는 내년부터 다이어트를 시작하겠다고 결심한다. 그때가 되면 더 나은 식단에 더 많이 운동하고, 스스로를 더 잘 돌볼 계획을 세우겠다고 한다. 그렇지만 시간이 흘러도 그 목표에는 전혀 다가가지 못한다. 그들은 자신의 현실을 직시하지 못한 채 잠들어 있기 때문에 더 건강한 몸이 되는 건 그저 꿈같은 일에 불과하다. 이와 비슷하게 부부로서도 혹은 부모로서도 더 나은 결혼 생활과 가정을 꾸려나갈 계획을 세운다. 그렇다, 오직 계획만! 솔로몬 왕은 우리에게 말한다. "지금 당장 자리에서 일어나 시작하라!"

우리를 둘러싼 현실 앞에서 잠들어서는 안 된다. 솔로몬은 우리에게 기회와 어려움과 한계가 공존하는 현실 세계를 직시하라고 말한다. 시간은 끊임없이 흘러가고 한 번 지나가 버린 날들은 결코 되찾을 수 없다. 그렇게 하루하루를 보내면서 우리는 이 땅에서 우리에게 주어진 제한된 시간의 끝에 더 가까워진다. 자리를 박차고 일어나 성실한 생활을 시작해야 한다. 그렇게 해야 우리에게 주어질 기회가 몇 배로 늘어난다. 우리는 자신의 인생과 태도, 가치관, 그리고 시간을 보내는 방법에 대해 책임감을 가져야 한다.

2단계: 자신의 꿈을 명확하게 찾는다

솔로몬은 "꿈(vision)이 없으면 사람은 무너지고 만다"(잠언 29:18)라고 썼다. 달리 말하면 사람에게 꿈이 없으면 방향성과 동기, 기쁨, 열정, 힘, 창의성, 그리고 헌신 등을 모두 잃게 된다는 뜻이다. 하지만 다행스럽게도 이 말의 반대도 맞는 말이 되는데, 인생의 모든 영역에서 진정한 꿈을 갖게 된다면 우리는 새로운 힘을 얻게 될 뿐만 아니라 앞으로 나아가야 할 방향과 동기, 기쁨, 열정, 창의성, 그리고 헌신을 찾게 될 것이다. 자신의 꿈을 명확하게 정의하는 것은 성실함의 필수 요소이다. 사실 성취하고자 하는 것에 대한 명확한 꿈이 없다면 진심을 다해 성실하게 행동하는 것은 불가능하다. 인생에 성실함을 더하는 건 우리가 취할 수 있는 가장 중요한 단 하나의 과정이자 단계이다. 솔로몬은 성실함이 무엇인지 찾는 사람들에게 개미를 관찰해보라고 권한다. "개미에게는 우두머리도 없고 감독관도 없고 왕도 없지만 여름부터 열심히 일해 양식을 모은다"(잠언 6:6). 다시 말해 개미는 자신이 해야 할 일이 무엇인지 정확하게 알고 있기 때문에 특별한 감독이나 지시 없이도 모두의 이익을 위해 필요한 일을 정확히 수행한다는 것이다. 솔로몬이 이야기하는 개미처럼 자신이 하고 싶은 일에 대한 명확한 꿈을 가지고 또 그 꿈을 이루기 위한 세부적인 계획이 있을 때 우리는 뒤로 물러서지 않고 앞장서서 꿈을 성취해나갈 수 있는 성실함을 얻게 된다.

3단계: 효과적인 협력 관계

"상담이 없으면 계획이 좌절하고 상담자가 많으면 성공한다"(잠언 15:22)

어떤 가치 있는 노력이라도 외부의 도움을 구하고 효과적인 협력 관계를 구축하지 않으면 결코 성실한 행동으로 이어지지 않는다. 우리는 모두 그저 조금씩만 알고 있을 뿐 아무도 충분히 많이 알고 있는 사람은 없다. 우리는 몇 가지 영역에 대해서만 깊은 지식이 있을 뿐 다른 수많은 영역에 대해서는 완전히 무지하고 무능력하다. 그렇지만 진정한 성실함은 우리가 밟아나가는 모든 단계에서 탁월함을 요구한다. 필요한 재능이나 지식이 부족한 영역에서 탁월함을 나타낼 수 있는 유일한 방법은 도움을 구하거나 효과적인 협력 관계를 찾는 것이다. 내가 이야기하는 협력 관계란 조언자, 상담자, 멘토, 그리고 우리의 꿈을 달성하는 데 필요한 지식과 기술을 제공해 줄 수 있는 모든 사람에게 도움을 요청하는 것을 의미한다.

인류 역사를 통틀어 어느 누구도 효과적인 협력 관계나 외부의 도움 없이는 중요한 목표나 계획, 혹은 불가능해 보이는 꿈을 현실로 이루지 못했다. 역사상 가장 성공한 사람들도 주변의 도움이 필요했다면 우리는 왜 그런 도움 없이도 가치 있는 일을 성취할 수 있다고 생각하는 것일까? 솔직히 말해, 우리 중 누구도 그렇게 할 수 없다. 진정으로 성실한 사람이라면 어려움을 겪을 때만 도움을 구하지 않는다. 오히려 그들은 노력을 시작하기 전부터 도움을 구한다. 이렇게 하면 실패의 위험은 크게 줄어들고 성공 확률은 크게 높아진다.

4단계: 지혜를 추구하고 그 지혜 위에 인생을 세운다

"황금을 얻는 것보다 지혜를 얻는 것이 얼마나 더 나은 일인지! 그리고 분별력을 얻는 것이 은을 얻는 것보다 더 낫다"(잠언 16:16)

성실한 사람이 되기 위한 마지막 요소는 지혜를 추구하고 그 기초 위에 인생을 세워나가는 것이다. 솔로몬은 마치 숨겨진 보물을 찾듯 지혜를 구하라고 말한다. 진정한 지혜가 땅 위에 드러나 있는 경우는 거의 없다. 대부분 지혜는 땅 밑을 파고 들어가야 찾을 수 있는 보물이다. 하지만 그건 그리 어려운 일이 아니다. 숨은 보물을 찾는 것은 재미있고 또 놀랍도록 보람차다. 이 책의 마지막 장에서 보게 되겠지만 진정한 지혜를 얻었을 때 그 보상은 말 그대로 우리의 상상을 초월한다.

성취하고자 하는 목표에 대한 명확하고 정확한 꿈을 찾지 않고서는 어떤 노력도 성실하게 계속해 나갈 수 없다. 이제 다음 장에서는 우리의 중요한 노력과 계획, 그리고 인생의 우선순위에 힘을 실어주는 꿈을 찾아 개발하는 방법을 알아볼 것이다.

지식에서
지혜까지

 나는 성실한 노동자인가? 성실한 배우자인가? 성실한 부모인가? 성실한 직업인인가? 이 점검표를 통해 인생의 중요한 영역에서 내가 어느 정도의 성실함을 갖추고 있는지 확인해보자. 그러면 우리가 언제 어떤 부분에서 성실함이 부족한지 확인할 수 있을 것이다. 또한 다음 두 장에서 배우게 될 기술들은 우리가 추구하는 모든 노력에 성실함을 더하는 데 도움이 될 것이다

성실성 체크리스트

☐ 1. 자신이 무엇을 하고 싶은지에 대한 분명하고 명확한 꿈을 갖고 있는가?

☐ 2. 실망과 실패를 겪어도 창의적으로 끈질기게 견뎌내는가?

☐ 3. 똑똑하게 일하는가?

☐ 4. '올바르게' 계획을 세우는가?

☐ 5. '올바르게' 실행하는가?

☐ 6. 목표로 한 날짜에 맞춰 신속하게 일을 하는가?

☐ 7. 효율적으로 일을 하는가?

☐ 8. 효과적으로 일을 하는가? 다시 말해, 효과적으로 결과를 이뤄내는가?

☐ 9. 탁월한 성과를 반영하는 결과물을 만들어내는가?

☐ 10. 진정한 탁월함을 얻었는가?

3장

삐끗한 꿈 되돌리기:
"꿈이 없으면 사람은
무너지고 만다"

꿈이 없으면 사람은 무너지고 만다.

[잠언 29:18]

나는 최근에 미 해군의 최첨단 원자력 항공모함인 USS 존 C. 스테니스(USS John C. Stennis)를 둘러볼 기회가 있었다. 항공모함에 올라타는 순간 나는 그 엄청난 크기에 놀라고 말았다. 길이는 축구장 세 개를 합친 것보다 더 길고 배수량은 거의 10만 톤에 달하며 5000명 이상의 승조원이 상주하는 항공모함은 그야말로 떠다니는 도시 같았다. 스테니스 함은 두 개의 원자로를 이용해 30노트(약 시속 55km) 이상의 속도를 낸다. 그렇지만 가장 인상 깊었던 것은 연료 보충 없이 이 배가 바다에 얼마든지 오래 머무를 수 있다는 사실이었다. 기존의 항공모함들은 수천 톤이 넘는 연료를 싣고 다녔으며 반드시 정기적으로 연료를 보충해야만 했다. 그렇지만 이 항공모함은 단지 26년에 한 번만 연료를 보충해주면 되었다! 특히 아주 조금의 연료만으로도 엄청난 힘을 만들어 낼 수 있다는 게 원자력 엔진의 가장 큰 특징이 아닐까 싶다.

솔로몬은 너무 멀어 거의 불가능해 보이는 꿈을 이룰 수 있도록 우리에게 개인적인 엔진을 제공해주고 있다. 약간의 연료만으로도 엄청난 힘을 만들어내는 원자력 엔진 같은 것을 말이다. 물론 그런 힘을 얻기 위해서는 제대로 된 연료가 필요하지만 이번 장에서 초점을 맞추는 것은 엔진 그 자체이다. 그것은 우리 인생의 모든 영역을 근본적으로 바꿀 수 있으며 우리는 그 엔진을 사용하자마자 변화를 시작할 수 있다. 그렇다면 그 놀라운 능력을 확인해보자.

초등학교도 제대로 졸업하지 못한 어떤 사람은 녹음기와 영화

(영사기와 촬영기), 발전기, 그리고 전구까지 역사상 어느 누구보다 많은 발명 특허를 받았다.

태어난 지 겨우 2년 만에 청력과 시력을 잃은 한 여성은 쓰디쓴 증오로 가득 찬 아이에서 20세기에 가장 영감을 주는 작가이자 연설가 중 한 사람으로 변신했다.

52세가 되어 그동안 해오던 밀크셰이크 기계 판매원을 그만둔 한 남자는 세계에서 가장 성공한 식당 프랜차이즈 시스템을 만들어냈다.

두 명의 대학 중퇴자가 초라한 신생 소프트웨어 회사를 세계에서 가장 가치 있는 기업 중 한 곳으로 키워냈다.

시간당 10센트를 받던 회계원이 세계에서 가장 부유하고 강력한 힘을 지닌 사람으로 바뀌었다.

이 밖에도 불가능해 보이는 꿈을 실제로 성취한 사람들의 사례는 얼마든지 있다. 이 사람들은 솔로몬이 확인해준 그 엔진의 힘을 통해 그렇게 할 수 있었다. 이 힘은 인생의 중요한 영역에서 놀라운 위력을 발휘하지만, 단순히 추진력뿐만 아니라 동시에 나아갈 방향까지 제시해준다. 그 힘의 정체는 과연 무엇일까? 솔로몬이 말하는 인생의 엔진, 그 힘은 바로 '꿈(vision)'이며 거기에 들어가는 연료는 다름 아닌 '희망(hope)'이다. 너무 간단하고 평범해 보이는가? 하지만 겉으로 보이는 게 다가 아니다. 꿈과 희망이 합쳐질 때 원자력 엔진과 같은 위력이 솟아난다는 사실을 곧 알게 될 것이다.

꿈과 희망의 놀라운 위력

솔로몬 왕이 생각하는 꿈과 희망의 개념은 우리가 갖고 있는 현대적 개념과 근본적으로 다르다. 우리는 '꿈'이라는 단어를 들으면 신비로운 경험이나 환상과 같은 추상적인 내용을 상상한다. 그리고 '희망'이라는 단어를 들으면 어떤 소원이나 소망을 떠올리게 된다. 이 두 단어에 대한 우리의 현대적인 개념은 솔로몬의 생각과 비교하면 아주 초라하다. 꿈은 그저 형태가 없는 추상적인 개념이 아니며 희망도 단순한 소원이나 소망이 아니다. 솔로몬에게 꿈과 희망은 분명하고 확실한 의미를 지니고 있다. 그래서 솔로몬이 뜻하는 바를 이해하는 것은 우리가 특별하고 놀라운 일을 성취하는 데 대단히 중요하다.

대부분 사람들에게 '꿈'이라는 단어는 복잡하고 난해한 현대 미술 작품만큼이나 우리의 일상과 거의 관련이 없어 보인다. 솔로몬의 정의에 따르면 사람들 대부분은 자신이 원하는 인생에 대해 아예 꿈이 없거나 아니면 그저 성공하고 싶다, 혹은 부자가 되고 싶다는 등의 모호하고 추상적인 것만 갖고 있다. 그렇지만 솔로몬에게 꿈은 전혀 추상적이지 않았다. 그에게 있어 꿈을 가진다는 건 정확한 지도를 사용해 길을 찾는 것과 비슷했다. 다시 말해 최종 목적지에 대해 완벽하고 정확하게 알고 있으면서 또 거기에 도달하기 위한 상세한 지도를 갖고 있는 것을 의미한다.

대학을 졸업한 후 직장생활이 제대로 풀리지 않으면서 나는 내가 성취하고 싶은 목표에 대한 명확하고 확실한 꿈을 어디에서도 찾을 수 없었다. 그러니 어느 직장에서도 1년 이상 붙어 있지 못하고 수입마저 형편없었던 건 그리 놀라운 일도 아니다. 그런데 나는 열 번째 직장에서 처음으로 큰 사업을 맡게 되면서 분명한 꿈을 가지게 되었다. 나는 목표를 향한 지도라고 할 수 있는 자세한 계획표를 만들고 목표 달성을 위해 끝마쳐야 하는 각각의 단계와 실행 내용을 정리했다. 그 결과 6개월 만에 내가 맡은 사업의 매출액이 주당 1000달러에서 100만 달러 이상으로 급증했다!

분명하고 확실한 꿈이 생기자 인생이 급변한 사례를 직장생활에서만 찾아볼 수 있는 것은 아니다. 발명왕 토머스 에디슨은 초등학교를 1년도 채 다니지 못하고 중퇴했고 어머니가 집에서 아들을 가르쳤다. 무엇보다도 어머니는 아들에게 〈잠언〉을 가르쳤다고 전해지는데, 덕분에 에디슨은 어렸을 때부터 자신이 이루고자 하는 모든 것들에 대한 명확한 꿈과 그 꿈을 달성하기 위한 세부적인 계획이 중요하다는 사실을 알게 되었다. 그는 이렇게 이른바 '꿈 지도 그리기(Vision Mapping Process)'를 사용하여 자신이 머릿속으로 그리고 있던 모든 발명품을 만들어냈다. 이 과정이 바로 에디슨의 창의성, 끈기, 그리고 힘의 원천이었으며, 그 덕분에 그는 역사상 가장 큰 성공을 거둔 혁신가가 될 수 있었다.

명확하고 분명한 꿈을 갖게 됨으로써 존 D. 록펠러는 시간당 10센트를 받던 사무원에서 세계 최고 갑부 중 한 사람이 될 수 있었다. 꿈을 통해 헬렌 켈러는 절망에 빠진 어린 소녀에서 역사상 가장 큰 영감을 주는 연설가이자 작가로 변모할 수 있었다. 레이 크록(Ray Kroc)은 꿈을 추진력으로 삼아 캘리포니아 샌버나디노(San Bernardino)에 있는 작은 식당 하나를 눈여겨보았고 오늘날(2006년 기준) 전 세계 2만 5000여 개의 가맹점을 자랑하는 맥도날드가 바로 그 식당에서부터 시작될 수 있었다.

이것이 정확한 꿈의 힘이다. 이들은 평생에 걸쳐 목표를 추구하기 전에 먼저 그 목표가 무엇인지에 대한 분명한 꿈을 갖는 게 얼마나 중요한지를 우리에게 알려준다.

꿈에는 원하는 목표를 달성하기 위한 세부 계획과 시간표가 포함되어 있어야 하며 또 그만큼 정확하고 분명하게 정의되어야 한다.

꿈, 죽느냐 사느냐의 문제

개인적인 삶은 물론 직장에서 분명하게 정의된 '꿈'을 갖는 것은 얼마나 중요한 일일까? 솔로몬은 그 일이 너무나 중요해서 꿈이 없다면 우리의 본질 자체가 사라져버릴 수 있다고 이야기한다. 꿈이 없다면 인생의 기쁨은 단순히 살아남는 행위, 즉 '그냥 스쳐 지나가는' 것일 뿐이다. 우리는 진정한 기쁨을 누리지 못한 채 그저 먹고 사는 문제로 고민하다가 우울증을 겪고 결국 절망에 빠져들게 된다. 이것은 우리가 바라고 열망해야 하는 그런 삶이 아니다. 우리는 가정과 직장이 행복과 놀라운 성취로 가득 찬 인생을 원한다. 하지만 솔로몬이 말했듯이 "꿈이 없는 사람은 그저 무너질" 뿐이다.

이 잠언은 우리 인생의 모든 영역에 적용된다. 사람들은 종종 자신이 성취하고자 하는 것에 대한 일반적인 꿈이나 생각을 가지고 사회 생활을 시작한다. 누군가가 직장이나 가정에서 자신이 불행하다고 말할 때마다 나는 그들에게 직업이나 결혼에 대한 그들의 꿈이 무엇인지 말해달라고 요청하는데, 그럴 때마다 그들의 근본적인 문제점들이 그 자리에서 바로 드러난다. 당연하겠지만 불행한 사람들에게는 분명한 꿈이 없다. 하지만 좋은 소식이 있다. 명확하고 분명한 꿈을 갖게 되면 우리의 생각과 그 깊은 내면에 새로운 생명을 불어넣을 수 있다.

꿈이 만들어내는 엄청난 차이

1879년, 미국 오하이오주 데이턴(Dayton)에서 술집을 경영하던 제임스 리티(James Ritty)는 직원들이 금고에서 돈을 훔치는 것을 막기 위해 고민하다 만들어낸 기계식 금전등록기로 특허를 받았다. 리티는 자신이 만든 금전등록기를 다른 상인들에게 판매하기 위해 회사를 세웠지만 안타깝게도 고작 수백 대 정도 판매하는 데 그쳤다. 데이턴의 또 다른 상인인 존 패터슨(John Patterson)은 리티에게 회사와 특허를 모두 넘겨받는 대가로 6500달러를 제시했고 그러자 리티는 뛸 듯이 기뻐했다. 리티와 데이턴의 다른 사업가들은 패터슨이 사업이 뭔지도 모르는 얼간이라고 생각했다. 시장에 나온 지 5년이 넘도록 거의 팔리지 않았던 발명품에 그렇게 많은 돈을 투자한다는 건 상상조차 할 수 없는 일이었다. 그렇지만 존 패터슨에게는 제임스 리티를 비롯한 데이턴의 다른 사업가나 상인들이 갖지 못했던 꿈이 있었다. 패터슨은 세상을 떠나기 전까지 2200만 대가 넘는 금전등록기를 판매했으며 그의 회사는 역사상 가장 영향력 있는 영업 및 광고 회사 중 하나로 기록되었다. 패터슨이 새롭게 지은 회사 이름을 NCR(National Cash Register)이었고 한 연구자에 따르면 1984년 기준으로 CEO 여섯 명 중 한 명은 이 NCR에서 사업의 기초 교육을 받았다. IBM을 세운 토머스 왓슨(Thomas Watson)도 그중 한 사람이었다.

처음으로, 혹은 다시 꿈을 찾는 법

직장이나 혹은 개인 사업을 통해 이루고 싶은 것은 무엇인가? 단기 혹은 장기 재정 평가에서는? 배우자나 자녀와의 관계에서는 어떤가? 이런 각각의 분야에서 어떤 꿈이 있는지 진지하게 생각해보지 않았다면 감히 장담하건대 설사 꿈이 있더라도 그걸 이룰 기회는 거의 없을 것이다. 앞에서 나는 '꿈 지도 그리기'에 대해 언급했다. 이 부분에 대해서는 '지식에서 지혜까지' 부분에서 더 자세히 설명하겠다. 이 간단한 과정을 이용하면 품고 있는 가장 중요한 소망들에 대한 명확하고 분명한 꿈을 찾을 수 있다. 그렇게 찾은 각각의 꿈을 일련의 특정 목표와 단계, 그리고 구체적인 실행 내용으로 전환하는 방법이 있다. 그러면 원하는 목표를 달성하기 위한 세부 계획과 시간표가 포함된 정확하고 분명하게 정의된 꿈을 갖게 되는 것이다.

꿈 지도 그리기 과정은 흥미롭지만, 이 과정의 진정한 결과는 꿈을 이루기 위한 실행 내용들이 완료되었을 때 비로소 나타나기 시작한다. 그러면 예상치 못하게 나아갈 수 있는 방향을 찾을 수 있고 '현실 탈출', 즉 삐끗한 인생을 되돌리기 위한 힘도 얻을 수 있다. 또한 그 이후의 여정을 완료하는 데 필요한 추진력까지 얻을 수 있다. 꿈을 이루는 힘은 솔로몬이 말하는 연료인 희망을 통해 공급된다. 그렇지만 솔로몬이 생각하는 희망 역시 우리의 평소 생각과는 많이 다르다. 우리는 다음 장에서는 희망의 진정한 의미를 밝히고 이 고효율 연료에 불을 붙여 그 힘을 활용하는 방법을 알아볼 것이다.

꿈 지도 그리기 과정은 이 책을 읽고 있는 우리에게만 적용되는 것이 아니라 배우자나 자녀, 직장 동료 등 주변의 모든 사람들에게 도 효과가 있다. 그들이 꿈을 정의하고 목표를 달성할 수 있도록 도 와주면 그들의 성취도와 동기부여 수준이 수직 상승할 것이다.

내 맏딸인 캐럴이 열한 살 때 일이다. 친구인 마이클 랜든(Michael Landon, 영화배우)이 캐럴에게 나중에 자라서 어떤 사람이 되고 싶은 지 물었다. 딸은 "필라델피아 필리스(Philadelphia Phillies) 야구단에서 뛰는 첫 번째 여자 선수가 되고 싶다"고 대답했다. 마이클은 웃으 며 나를 쳐다보았다. 나는 딸에게 어떻게 하면 그렇게 될 수 있는지 말해달라고 했다. "아빠가 그랬잖아, 꿈이 있으면 구체적인 목표를 세워야 한다고. 그래서 내 목표는 일단 우리 팀에서 최고의 야수이 자 타자가 되는 거야. 또 아빠는 목표를 정했으면 목표 달성을 위해 한 걸음씩 나아가야 한다고도 했어. 그래서 나는 매일 수비를 연습 하고 일주일에 한 번 타격 연습을 하려고 해. 계획을 세웠으면 실행 해야 하니까. 따라서 아빠는 매일 저녁 6시까지 퇴근해서 내 수비 연습을 봐주고 토요일에는 나를 타격 연습장으로 데려다줘야 해." 물론 캐럴은 프로 야구단에서 뛰는 첫 번째 여자 선수가 되지는 못 했지만 소프트볼 실력이 나날이 발전하자 지도 교사가 그 비결을 물었고 결국 다른 아이들도 캐럴과 같은 과정을 밟아나가기 시작했다. 그리고 캐럴의 팀은 연패를 거듭하던 꼴찌에서 벗어나 이듬해에는 전승을 거두며 우승을 차지했다. 지도 교사도 선수들도 모두 다 그대로였는데 말이다. 이것이 바로 꿈 지도 그리기의 힘이다. 그 대상이 열한 살 어린 소녀라 하더라도.

꿈 지도 그리기 과정을 통해 꿈을 성취할 수 있도록 계획표 만들기

'꿈 지도 그리기'는 인생의 모든 계획이나 영역에 적용 가능하며 생산성을 크게 높이고 성취의 수준을 끌어올리는 일종의 목표 달성 과정이다. 무엇보다, 이 과정을 통해 자신의 꿈을 분명하고 확실하게 파악할 수 있으며 또 그 꿈과 목표의 신속한 달성을 위해 상세한 계획을 세울 수 있다. 그리고 적용되는 모든 영역에 새로운 생명력을 불어넣을 수 있다.

꿈 지도 그리기에는 다섯 단계가 있다. 일단 여기서부터는 공책과 펜을 준비해야 한다. 이제 공책을 펼쳐 자신만의 일지를 만들기 시작한다. 인생에서 중요한 개선을 이루고 싶은 영역들의 목록을 적는다. '개인 생활'이나 '직장생활'처럼 몇 가지만 적는 이도 있을 것이고 그보다 더 많이 적는 사람도 있을 것이다. 특별한 제한은 없다. 예를 들어, 내가 중요하게 생각하는 영역은 부부관계와 양육, 건강, 사업, 그 밖의 특별한 계획들이다. 이렇게 자신이 가장 중요하게 생각하는 영역들을 결정했으면 기록한다. 그다음, 이런 인생의 각 영역과 관련해 가장 중요한 꿈, 야망, 혹은 목표를 따로 적는다. 그리고 다시 가장 중요한 꿈부터 시작해 우선순위를 정한다. 이 작업을 끝마치고 나면 꿈 지도를 그릴 준비가 된 것이다.

1. 해당 영역에서 가장 중요한 꿈부터 적고, 그 꿈을 명확하고 분명하게 설명한다. 이 설명은 최소한 한두 문장 이상은 되어야 하며 한 페이지를 넘지 않는 것이 좋다. 그리고 가능하다면 꿈을 이룬 후의 모습이 어떤 모습일지에 대한 그림이나 사진 같은 자료를 찾아 첨부한다.

2. 꿈을 우선순위대로 적었으면 중요한 꿈부터 시작해 그 꿈에 대한 '목표' 항목을 따로 만든다. 우선 공책의 새로운 페이지를 펼쳐 상단에 꿈을 적고 그 꿈을 이루기 위해 달성해야 하는 구체적인 '중간 목표' 리스트를 작성한다. 이 단계에서 꿈이 특정 목표로 전환되는 것이다.

3. '중간 목표'를 적었으면 이제 각 목표에 대한 페이지를 따로 만든다. 상단에는 '목표 달성 단계'라는 제목을 단다. 그리고 해당 목표를 달성하기 위해 밟아나가야 하는 단계들을 나열한다.

4. 다음으로, 목표 달성을 위한 단계들에 대한 '구체적인 실행 내용'의 장을 만든다. 해당 단계를 밟아나가기 위해 끝내야 하는 구체적인 실행 내용을 나열하는 것이다.

5. 마지막 단계는 각 단계 및 실행 내용의 완료일을 지정하는 것

이다. 여기까지 다 마쳤다면 이제 준비가 되었다. 공책에 작성한 순서대로 한 번에 하나씩 각 목표를 달성하기 위해 앞으로 나아갈 수 있다. 처음 적었던 그 꿈을 최종적으로 이룰 때까지 구체적인 실행 내용부터 시작해 필요한 단계들을 하나씩 끝마쳐 나간다.

꿈 지도 그리기 과정을 이렇게 공책에 정리하면 지식이나 자원의 부족으로 스스로 끝마칠 수 없는 실행 내용이나 단계를 확인할 수 있다. 그렇다고 당황할 필요는 없다. 6장에서 설명하겠지만 좋은 협력 관계는 꿈을 이루는 데 있어 가장 강력한 전략이며 우리는 그런 협력 관계를 능숙하게 이용할 수 있다.

꼭 이렇게 공책에 표를 작성해야 할까?

이 과정을 사람들과 공유할 때 모든 이들이 묻는 첫 번째 질문이 바로 이것이다. 내 대답은 항상 "그렇다"이다. 꿈에 대한 명확하고 분명한 내용을 적고 그 꿈을 현실로 이루기 위한 상세한 계획표와 시간표를 만드는 것이 중요하다는 사실을 기억하자. 앞서 언급한 다섯 단계를 거치면 그렇게 할 수 있다. 굉장히 버거워 보이는가? 아니, 그렇지 않다. 실제로 공책을 펼쳐 필요한 내용을 적는 데 걸리는 시간은 하루에 1분에서 5분 정도면 충분하다. 한 번에 모든 것을 다 할 필요는 없다. 꿈 지도 그리기에는 정해진 기한 같은 게 없다. 평생 계속할 수도 있다. 일주일, 한 달 혹은 일 년에 하나씩 꿈에 적용할 수 있다. 이 과정을 통해 자신의 꿈이 무엇인지 파악하고 그 꿈을 현실로 이뤄나가기 위해 솔로몬이 제시하는 모든 전략의 위력을 경험할 수 있다. 그렇게 함으로써 우리는 자신의 꿈을 이룰 수 있는 진정한 힘을 얻을 수 있게 된다.

4장

삐끗한 희망 되찾기:
"희망은 꿈이 손에 잡힐 듯
보이는 것이다"

희망이 뒤로 미뤄지면 마음이 상하지만,
희망의 성취는 곧 생명의 나무와 같다.

(잠언 13:12)

희망, 인생을 움직이는 무한 연료

100년이 넘는 세월 동안 수많은 과학자와 기술자들은 더 적은 양으로 더 많은 힘을 만들어낼 수 있는 무한한 에너지 자원이나 연료를 꿈꿔왔다. 연료를 보충할 필요 없이 끝없이 달릴 수 있는 자동차를 상상해보자. 물론 이런 상상은 보편적인 물리 법칙에 위배된다. 하지만 꿈을 이루는 데 사용하는 정신적, 정서적 연료의 영역에서는 꼭 그렇지 않다. 우리는 그 무한 연료를 일컬어 '희망(hope)'이라고 부른다.

오늘날 우리는 보통 희망을 소원과 동의어로 사용한다. 그렇지만 솔로몬에게 희망은 소원이나 소망보다 훨씬 더 분명하고 강렬한 존재였다. 희망에 대한 그의 개념은 '목표나 욕망, 혹은 약속 같은 특정한 꿈이 정해진 시간 내에 달성되거나 성취될 것이라는 확고하면서도 자신감에 찬 믿음'으로 정의될 수 있다.

> 희망이란 목표나 욕망, 혹은 약속 같은 특정한 꿈이 정해진 시간 내에 달성되거나 성취될 것이라는 확고하면서도 자신감에 찬 믿음이다.

한번 생각해보자. 특정한 꿈이 없는데 어떻게 "특정한 꿈이 달성될 것이라는 확고하면서도 자신감에 찬 믿음"을 가질 수 있을까?

꿈이나 욕망이 제대로 정의되어 있지 않고 그저 일반적이거나 모호하다면, 우리는 꿈을 성취할 수 있는 진정한 희망을 얻거나 계속 유지할 수 없다. 꿈 지도 그리기가 중요한 이유이다. 이 과정은 내가 '진정한 희망'이라고 부르는 것을 얻기 위한 기초 또는 기반이 된다. 가고 싶은 곳을 알고 거기까지 이르는 길을 알려주는 정확한 지도를 가지고 있다면 꿈을 성취하기 위해 더 많은 노력을 기울일 수 있다.

목표 달성을 위한 각 단계를 완료하면 다음 단계를 달성하는 데 도움이 되는 더 많은 희망이 생긴다. 즉 진정한 희망은 꿈의 최종 달성을 향해 나아가도록 만들어주는 연료가 되며 각 단계를 끝마침으로써 우리는 더욱 강력하고 빠르게 목표를 향해 나아갈 수 있다. 어떤 의미에서 희망은 인류의 유일한 무한 연료이다. 희망은 주어진 목표를 향해 전진하게 만들며 나의 한 걸음은 또 더 많은 희망과 더 큰 추진력을 낳는다.

꿈 지도 그리기 과정을 이용하면 목적지가 분명하게 보이고 거기에 도달하는 방법도 알 수 있기 때문에 처음 시작할 때부터 희망을 품는 데 도움이 된다.

언제까지 뒤로 미룰 것인가

반면에 우리가 단계를 제대로 거치지 않고 또 구체적인 실행 없이 목표를 향해 나아가려 한다면 희망은 찾아볼 수 없게 되거나 솔로몬이 말했듯이 "뒤로 미뤄질 수" 있다. 희망은 뒤로 미뤄질수록 점점 사라지기 시작한다. 그렇다면 그다음에는 어떻게 될까? 솔로몬은 "희망이 뒤로 미뤄지면 마음이 상하지만, 희망의 성취는 곧 생명의 나무와 같다"고 적었다. 희망이 아예 사라지면 우리는 감정적인 힘과 동기를 잃게 된다. 그리고 창의성과 생산성이 떨어지기 시작하면서 한 걸음 뒤로 물러섰다가 결국 꿈을 포기하게 된다. 꿈을 포기하면 할수록 우리의 인생은 그저 스쳐 지나가는 것에 불과하게 된다.

우리는 약속이나 암시를 통해서 다른 사람들에게 희망의 씨앗을 심을 수 있다. 그리고 이러한 약속은 꿈을 만든다. 우리가 약속을 제때 이행하지 못하면 그 사람들은 희망을 잠시 뒤로 미루게 된다. 그들은 에너지와 동기를 잃고 거기에 더해 우리에 대한 신뢰를 내려놓는다. 다른 사람들의 희망을 뒤로 미루게 만든다면 결국 우리는 관계의 종말을 보게 될 것이다.

관리자가 직원의 희망을 제때 들어주지 않을 경우 창의성과 생산성, 동기부여와 직장에 대한 헌신이 점차 줄어들다가 급기야는 급락하기 시작한다. 헨리 포드에게는 모든 사람들이 적당한 가격에 구입할 수 있는 자동차를 만들겠다는 꿈이 있었다. 그는 투자자들을 모아 디트로이트 자동차(Detroit Automobile Company)를 세웠지만 회사의 투자자와 이사진은 그에게 그 꿈을 뒤로 미루라고 종용했다. 이들은 다른 자동차 회사들처럼 그저 부유한 구매자들을 위한 특별한 자동차의 생산을 원했다. 포드의 진정한 희망은 뒤로 미뤄졌고 2년이 지나는 동안 디트로이트 자동차는 제대로 된 차를 단 한 대도 시장에 내놓지 못했다. 포드는 결국 투자자들에 의해 회사에서 쫓겨났다. 이듬해 그는 다시 포드 자동차를 세웠고 새로운 투자자와 이사진은 그의 꿈을 지지하며 그가 희망을 현실로 바꿀 수 있도록 도왔다. 포드의 "희망의 성취"는 말 그대로 포드 자신과 포드 자동차, 직원, 고객, 미국, 그리고 전 세계를 위한 "생명의 나무"가 되었다. 1928년에는 전 세계 자동차의 50퍼센트를 포드 자동차에서 생산했다.

사라진 희망1_직장생활

첫 직장에서 내 상사는 영업 상담을 많이 하면서 자신의 영업 노하우를 활용하면 높은 실적을 올릴 수 있다고 말했다. 그리고 그렇게 되면 수수료 수입이 (내 얼마 되지 않는) 월급보다 훨씬 많을 것이라고도 했다. 나는 그 노하우를 깨우치기 위해 최선을 다했고 영업 상담도 수도 없이 했다. 하지만 안타깝게도 실적은 제자리걸음이었다. 당시 내 월급은 500달러였는데 6개월이 지나도록 내가 받는 수수료 수입은 한 달에 채 40달러를 넘지 못했다. 내 기대는 너무 높았고 희망은 산산조각났다. 그렇게 나는 7개월 만에 첫 직장을 그만뒀다.

세 번째 직장에서 만난 상사는 내가 일상적인 단순 분석 업무를 잘하게 되면 창의적인 광고 업무로 옮겨주겠다고 말했다. 나는 원래부터 단순 반복적인 일에는 금방 싫증을 냈고 창의적인 일을 더 좋아했다. 한 달 정도 지나 루틴한 분석 업무를 쉽게 해낼 수 있게 되자 상사에게 나도 창의적인 업무를 하고 싶다고 말했다. 그러자 그는 뭔가 잘난 듯한 표정으로 나를 바라보더니 아직은 그럴 수 없다고 대답했다. 상사가 내게 심어준 희망이 뒤로 미뤄지는 순간이었다. 마음이 아팠다. 이후로 나는 상사가 원하는 딱 그만큼만 일을 하게 되었다. 그 이상도, 그 이하도 아니었다. 나는 내 업무에 창의력을 발휘하는 대신 다른 돌파구를 찾기 시작했다. 우리 회사의 다른 자회사 경영진을 만나 부업을 따낸 것이다. 그러다 상사 모르게 자회사에 지원서를 내고 전근까지 허락을 받게 되었다.

뒤늦게 이 사실을 알게 된 상사는 그 자리에서 나를 해고하면서 모든 부서원이 보는 앞에서 모욕감을 주었다. 나의 창의적 재능은 그에게 아무런 가치도 없었다. 그렇게 세 번째 직장을 떠난 후 3년이 지나 나는 다른 회사 소속 직원으로 예전 회사를 위한 TV 광고를 제작하게 되었다. 이 광고는 예전 회사 역사상 가장 큰 수익을 올려준 광고가 되었고 나와 동료들은 그 회사로부터 수백만 달러의 보상을 받았다. 내가 예전 회사에서 받았던 연봉은 1만 2000달러였다. 그 상사가 그때 '내 희망을 뒤로 미루지' 않았다면, 어쩌면 그는 훨씬 적은 비용으로 비슷한 효과를 낼 수 있는 창의적인 광고안을 손에 넣을 수 있지 않았을까. 설상가상으로 광고가 성공하고 회사 수익도 늘었지만 이사진은 나의 옛 상사에게 아무런 관심도 주지 않았다. 크게 신임을 받게 된 건 오히려 나와 내 동료들이 일하는 '외부의 다른 광고 회사'였다. 여기에서 어떤 교훈을 얻을 수 있을까? 지금 함께 일하는 이들에게서 충성과 창의성, 그리고 생산성을 원한다면 그들이 품고 있는 꿈과 희망이 뒤로 밀리지 않도록 해야 한다. 솔로몬이 전하는 잠언을 지금 하고 있는 일에 적용하는 방법을 배워야만 하는 것이다.

사라진 희망 2_결혼 생활

남편들은 종종 몇 가지 중요한 영역에서 아내의 희망을 뒤로 미루는데, 그러면 아내들도 종종 무의식적으로 받은 그대로를 돌려준다. 관계 전문가인 게리 스몰리 박사에 따르면 아내에게 가장 필요한 네 가지 요소는 ⑴정서적, 신체적 안전, ⑵규칙적이고 의미 있는 소통, ⑶성관계 이외의 접촉, 그리고 ⑷연애의 감정이라고 한다. 매일 저녁 남편이 귀가하면 아내는 때로는 무의식적으로 이러한 요구나 필요가 해결되고 충족되기를 바란다. 아내는 남편의 사랑과 헌신이 주는 안정감을, 방해나 비난을 받지 않고 자신의 감정과 의견을 표현할 수 있는 안전한 분위기를 느끼고 싶어 한다. 아내는 남편이 성욕과 상관없이 자신을 끌어안고 쓰다듬어 주기를 바란다. 그리고 그날 있었던 일들을 들려주고 싶어 한다. 자신의 희망과 소망, 꿈에 대해 이야기하고 또 남편의 오늘 하루에 대해서도 듣고 싶어 한다. 아내는 유대감과 연애 감정, 그리고 일이 아닌 자기 자신만의 가치를 느끼고 싶어 한다.

그러면 남편은 어떤 식으로 이런 아내의 희망을 뒤로 미루게 될까? 너무나 자주, 남편들 대부분이 집에 돌아왔을 때 끝까지 피하려고 하는 것이 바로 '의미 있는 대화'를 나누는 일이다. 그래서 남편은 대화를 뒤로 미루고 희망도 뒤로 미룬다. 또한 생일이나 어떤 특정한 날이 될 때까지 아내가 원하는 연애 감정을 보여주는 일도 뒤로 미루려는 경향이 있다. 여기서 특히 비극적인 건 남편이 가끔이 아니라 자주, 정기적으로 아내의 희망을 뒤로 미룬다는 사실이다. 가장 중요하고 필요한 영역에서 아내의 희망을 뒤로 미루게 된다면 결국 대수롭지 않은 영역에서도 아무렇지 않게 그런 희망들을 무시하게 된다. 아내에게는 남편의 도움이 필요하다. 아내는 남편이 집안일을 돕고 아이들을 돌봐주기를 바란다. 하지만 여기에서도 많은 남편들이 그런 희망 사항을 들어주기보다는 뒤로 미루는 쪽을 택한다.

아내의 반격

그렇지만 남편의 희망 역시 그렇게 뒤로 미뤄지는 경우가 많다. 스몰리 박사에 따르면 남편에게 가장 필요한 것은 (1)존경받고 존중받는 느낌, (2)사랑과 욕망의 대상이 되는 것, 그리고 (3)정기적이고 일관되게 성적인 친밀감을 즐기는 것이다. 그런 남편의 희망은 아내와의 친밀한 관계에서 아내의 의무감이 아닌 욕망이 반영되는 것이다. 하지만 안타깝게도 아내의 희망과 필요를 먼저 충족시켜주지 않는 이상 남편의 희망은 자주 뒤로 미뤄지고 만다.

남편과 아내가 서로에게 품고 있는 기대감의 차이는 결혼 생활에서 온갖 종류의 '미뤄진 희망 사항'들을 만들어내며 둘 사이에서 행복이 충만해지는 것을 더욱 어렵게 만든다. 각자가 상대의 희망 사항을 최우선으로 생각하며 서로 이뤄주려고 하지 않는 이상, 부부관계는 계속해서 어려워질 것이다.

솔로몬 왕의 해결책

"희망이 뒤로 미뤄지면 마음이 상한다." 하지만 이 잠언은 바로 뒤에 정말로 좋은 소식을 우리에게 전해준다. 바로 "희망의 성취가 곧 생명의 나무와 같다"는 소식이다.

열 번째 직장으로 옮겼을 무렵, 나로서는 지금 받고 있는 월급만으로도 만족할 수 있었다. 그렇지만 사장은 나보다 더 지혜로운 사람이었다. 그는 월급 외에도 이 새 직장의 지분을 내게도 나눠주었다. 지금까지 거쳐 왔던 다른 아홉 곳의 직장들과 다르게, 나는 최초로 제대로 된 '성과급'을 받게 된 것이다. 그 결과는 어땠을까? 내가 오기 전까지 이 회사의 연간 매출액은 약 100만 달러 정도로 수익은 대략 10만 달러 수준이었다. 그런데 내가 입사하고 3개월 후 내가 시작한 첫 광고 업무를 통해 2000만 달러의 매출이 추가되었고 수익도 300만 달러가 더 늘어났다.

회사의 다른 주요 직원들도 나와 비슷하게 단순한 직원이 아닌 사업의 동업자가 되었으며 우리는 다 함께 힘을 합쳐 수십억 달러의 매출과 1억 5000만 달러에 달하는 수익을 올리게 되었다. 당연히 사장도 엄청난 돈을 벌었다. 그가 직원들에게 회사의 지분을 나눠주지 않았다면 결코 이런 일은 일어나지 않았을 것이다. 그는 직원들의 '내면의 욕망'을 알아차리고 채워줌으로써 우리 모두에게 엄청난 이익을 가져다주는 생명의 나무를 키워낼 수 있었다.

우리가 희망을 뒤로 미루는 것을 멈추고 다른 사람들이 그들의 진정한 필요와 꿈과 욕망을 성취할 수 있도록 돕는 데 집중하기 시작한다면 우리는 직장과 가정, 그리고 인생에 완전히 새로운 에너지원을 가져올 수 있다. 그렇게 함으로써 주변 사람들의 인생에도 새로운 차원의 기쁨과 성취감을 가져다 줄 수 있다. 그 과정에서 그들의 사기와 헌신, 그리고 신뢰도 크게 늘어날 것이며 창의성과 생산성은 폭발할 것이다.

희망의 불길을 더욱 크게 키우는 법

뒤로 미뤄진 희망으로 인해 마음이 상했다면 가능한 한 빨리 마음을 회복하기 위해 최선을 다해야 한다. 희망은 보통 두 가지 상황에서 뒤로 미뤄진다는 사실을 기억하자. 첫째, 누군가가 내가 생각하고 있는 기간 내에 나에 대한 약속을 이행하지 않을 경우 희망은 뒤로 미뤄진다. 둘째, 나 자신이 명확하고 분명한 꿈을 찾지 못했을 때, 결국 나의 부족함으로 인해 내 희망은 뒤로 미뤄지게 된다.

스스로 명확하고 분명한 꿈을 찾게 된다면 인생에 있어 완전히 새로운 수준의 성취가 뒤따를 것이다. 그렇게 찾아낸 꿈을 이루고 싶다면 꿈 지도 그리기를 적용하라. 그러면 품고 있는 각각의 꿈들이 적절한 때에 하나씩 성취될 것이다. 또한 각각의 꿈과 소망, 혹은 목표가 달성될 때 다음의 꿈과 목표의 수준도 더 크게 올라갈 것이다. "소원이 성취되면 내 영혼이 행복해진다"(잠언 13:19). 솔로몬 왕이 한 약속을 우리도 경험할 수 있다.

지식에서
지혜까지

1. 다른 사람들로 인해 뒤로 미뤄진 나의 가장 큰 희망 사항들을 목록으로 만든다.

2. 나 자신이 분명하고 명확한 꿈을 갖지 못해 실현하지 못했던 희망 사항들을 목록으로 만든다.

3. 나로 인해 뒤로 미뤄진 다른 사람들의 희망 사항들을 목록으로 만든다. 배우자나 자녀, 혹은 직장 동료들에게 물어본다. 분명 기꺼이 도움을 줄 것이다.

4. '꿈 지도 그리기'를 하고 싶은 희망 사항들의 목록을 만든다.

5. 배우자에게 가장 큰 희망이 무엇인지 물어본다. 그리고 그 희망을 추구하기 위한 계획을 세우는 데 도움을 준다.

6. 자녀들에게 중요하게 생각하는 희망이 무엇인지 물어본다. 그리고 그 희망을 추구하기 위한 계획을 세우는 데 도움을 준다.

5장

삐끗한 소통 습관 고치기:
"소통은 닫힌 문을 여는
만능열쇠!"

지혜로운 사람의 마음은 그 입을 가르치며

입술에는 설득력을 더한다.

[잠언 16:23]

작년에 내 아내 섀넌은 이전에 본 적 없는 많은 기능을 갖춘 새 자동차를 한 대 구입했다. 특히 그중 한 가지 기능이 대단히 편리했는데, 바로 차 문을 열거나 시동을 걸 때 열쇠를 꺼내 사용할 필요가 없는 전자 열쇠였다. 이 열쇠는 정말로 주머니에서 꺼낼 필요가 없어서, 그냥 주머니에 넣은 채 차 가까이 다가가면 문은 자동으로 열렸고 운전석에 앉아 브레이크 페달에 발을 얹고 시동 단추를 누르기만 하면 바로 자동차 시동이 걸렸다. 이 전자 열쇠에는 수신 및 송신 장치가 내장되어 있어 손이 문 손잡이에 닿거나 운전석에 앉는 것만으로도 열쇠와 차가 필요한 신호를 서로 주고받는다. 그렇게 암호화된 신호가 오가면서 문이 열리거나 시동이 걸린다. 정말 멋진 장치가 아닌가?

인생을 가장 비효율적으로 만드는 문제, 삐끗한 소통

물론 이 새 자동차의 열쇠도 멋지지만 솔로몬 왕의 열쇠와는 비교조차 하기 어렵다. 솔로몬의 열쇠는 모든 문을 열 수 있으며 이 세상 모든 일을 시작할 수 있게 한다. 직장 상사나 고객의 닫힌 마음도, 은행 금고와 투자자의 지갑도 열 수 있다. 배우자나 자녀의 마음도 물론 열 수 있다. 내가 지금 여기서 이야기하는 '솔로몬의 열쇠'란 다름 아닌 효과적인 소통의 기술이다.

직장에서든 가정에서든 대부분의 제안이나 생각은 그게 좋지 않아서가 아니라 소통이 비효율적이거나 설득력이 없는 방식으로 이뤄졌기 때문에 무시되거나 거부당한다. 사업가나 기업 CEO들을 대상으로 한 설문 조사에 따르면 비효율적인 의사소통은 경영에 있어서 가장 큰 문제라고 한다. 게리 스몰리 박사에 따르면 관계에서도 가장 큰 문제이다. 솔로몬이 제공하는 소통의 기술을 습득하면 이러한 기술이 부족한 사람들도 자신의 잠재력을 훨씬 능가하는 수준의 성공을 달성할 수 있다.

가정에서 효과적인 소통을 나누게 될 경우 그 영향력은 훨씬 더 크게 발휘된다. 대부분 가정에서의 소통은 유익한 만큼 또 정반대의 결과를 낳기도 한다. 남자든 여자든 해서는 안 되는 말을 해서는 안 되는 때 하는 실수를 저지른다. 혹은 그만큼 똑같이 나쁜 건데, 서로 아무 말을 하지 않기도 한다. 여성은 대개 인간의 감성적 측면을 담당하는 우뇌가 더 발달해 있고 남성은 논리적인 측면을 담당하는 좌뇌가 더 발달해 있다고 하는데, 이런 사실 자체가 감당하기 힘든 소통의 장벽을 만든다.

소통 전문가들에 따르면 여성 대부분은 하루 평균 2만 5000개에서 5만 개의 단어를 사용하지만 남성은 대개 하루에 1만 2000개에서 2만 5000개의 단어만 활용한다고 한다. 이로 인해 더 많은 '잘못된 연결'이 만들어진다. 스몰리 박사에 따르면 여성에게 가장 필요한 것은 '서로 연결된 느낌'이다. 효율적인 양방향 소통이 없으면 부부 사이에서도 예전과 같은 관계는 점차 사라지기 시작하고, 얼마 지나지 않아 서로 전혀 연결되어 있지 않다고 느끼게 된다.

우리가 말하는 내용, 우리가 말하는 방식은 다른 사람의 인생을 변화시킬 수 있다

나는 1976년에 처음으로 TV용 통신 판매 광고를 제작했다. 이는 소비자가 TV에서 방영되는 광고를 보면서 실시간으로 상품을 구매할 수 있는 광고였다. 소비자는 직접 상점을 찾아갈 필요 없이 광고를 보고 난 후 수신자 부담 전화나 우편을 이용해 상품을 주문할 수 있었다. 하지만 이런 광고를 통해 상품을 판매하는 것은 생각만큼 쉽지 않았다. 시청자의 관심을 끌고, 상품에 대한 호기심을 불러일으키며, 상품을 시연하고, 시중의 다른 상품들과 차별화하고, 또 상품을 구매하지 않으려는 시청자의 회의적 반응에 대해 반박하고 구매 욕구를 끌어내는 데 주어지는 시간은 고작해야 60~120초 사이였다. 게다가 소비자가 주문을 하기 위해 전화번호를 외우거나 따로 적을 시간도 확보해야 했다. 이런 종류의 광고는 그 성공 확률이 1퍼센트 정도에 불과했는데, 광고 시작 후 첫 10년 동안 내가 제작한 광고의 성공 확률은 70퍼센트가 넘었다. 사람들은 우리 회사가 제공하는 상품이나 서비스를 주문하기 위해 2500만 통 이상의 전화를 걸어왔다. 그야말로 효과적이고 설득력 있는 소통의 놀라운 위력에 대한 성공적인 사례라 할 수 있다.

이 성공 사례는 분명 인상적이긴 하지만 그래도 솔로몬이 소통에 대해 전해주는 조언과는 비교할 수 없다. 솔로몬은 의사소통의 모든 측면에 대해서 이야기하고 있다. 사용하는 단어, 목소리의 높낮이, 몸짓과 표정, 마인드, 그리고 타이밍까지 우리가 하고 싶은 말을 구성하는 모든 비언어적 소통 방식이 여기에 다 포함된다.

어떻게 소통하느냐에 따라 상대의 분노를 가라앉힐 수도 또 고조시킬 수도 있다

"부드러운 말은 분노를 가라앉혀도 과격한 말은 분노를 더 자극한다"(잠언 15:1)

우리에게는 스스로 어떤 사람이 될지 선택할 수 있는 권리가 있다. 상대를 자극하고 불난 집에 부채질하는 사람이 되고 싶은가 아니면 상대의 흥분이나 분노를 가라앉히는 사람이 되고 싶은가? 우리는 늘 편한 길을 선택하려 한다. 그것이 인간의 본성이다. 내가 지금 화가 났다면 그 화를 가라앉히려 하지 않고 그냥 화가 난 상태 그대로 행동하려는 것이 우리의 자연스러운 모습이다. 상대가 화를 내고 있는가? 그렇다면 똑같이 화를 내는 것이 바로 우리의 본성이다. 상대가 내 말을 가로막으면 우리도 상대의 말을 가로막으려 하고 상대가 목소리를 높이거나 소리를 지르면 우리는 더 크게 소리를 지른다. 하지만 안타깝게도 솔로몬에 따르면 분노에 분노로 대응하는 건 피해를 더 키울 뿐이다. 우리의 본성이 그렇다고 해도 꼭 그 본성을 따를 필요는 없다. 말투나 접근 방식을 친절하고 부드럽게 바꿈으로써 우리 자신은 물론 다른 사람의 분노도 가라앉힐 수 있다.

가족들이 보기에 나 역시 다른 사람들처럼 쉽게 화를 내는 사람일지 모른다. 그런데 일단 무슨 일이 벌어지고 있는지 깨닫고 나면 내 귓가에는 솔로몬의 잠언이 울려 퍼지기 시작한다. "부드러운 말은 분노를 가라앉혀도 과격한 말은 분노를 더 자극한다"(잠언 15:1). 그러면 이제 선택을 해야 한다. 계속 거친 말을 사용하고 화를 낼지, 아니면 차분한 말투와 부드러운 목소리, 그리고 더 부드러운 몸짓을 선택해야 할지. 나는 일단 드러나는 행동부터 부드럽게 바꾸면 분노가 사그라지는 것을 경험해왔다. 그래서 나는 화가 날 때마다 스스로를 진정시킬 수 있다. 다른 사람이 나에게 화를 낼 경우에도 그 사람을 진정시키는 데는 1분이면 충분하다. 얼마 전 내 동료 중 한 명이 전화로 회의를 하던 중에 나에게 화를 낸 적이 있었다. 나는 그에게 똑같이 고함을 지르는 대신 목소리를 낮추고 스스로를 억누르며 그의 주장에 조용히 대답만 했다. 그러자 상대도 즉시 목소리를 낮추고 공격을 멈추었다.

집에 자녀가 네 명 정도 있다면 아마 하루도 조용한 날이 없을 것이다. 매번 놀라는 것은 내가 말투를 부드럽게 바꾸면 자녀들도 금방 진정한다는 점이다. 아이들은 언제 그랬냐는 듯 그 자리에서 바로 태도를 바꾼다. 하지만 이 전략을 처음 사용할 때 나의 차분한 태도가 즉각적인 결과로 이어지지 않는다고 해서 낙담할 필요는 없다. 때로 사람은 지나치게 흥분하는 경우가 있고 그럴 때는 상대를 진정시키기 위해 몇 분 이상 계속 부드러운 태도를 취해야 할 때도 있다.

여기서 한 가지 주의할 점은, 상대가 아주 불쾌해할 만한 행동을 내가 했다면 상대는 부드럽게 바뀐 내 말투나 태도를 오히려 더 모욕적이거나 책임을 부인하는 것으로 받아들일 수 있다. 그럴 때는 신중하게 단어와 표현을 선택해 내가 상황을 얼마나 이해하고 있는지, 그리고 잘못된 것을 얼마나 진심으로 바로잡고 싶은지를 진정성 있게 보여주어야 한다.

소통을 어떻게 하느냐에 따라 상대에게 상처를 줄 수도, 위안을 줄 수도 있다

"칼로 찌르는 것처럼 함부로 말을 하는 사람도 있지만 지혜로운 사람의 말은 우리에게 위안을 준다"(잠언 12:18)

내가 알고 있는 대부분의 부모는 자녀가 자존감을 갖고 정서적으로 건강하게 자라기를 바란다. 그럼에도 불구하고 수많은 부모가 자녀에게 말이라는 칼을 휘두르는 것을 보았다. 때로 자녀는 부모의 목소리나 숨은 느낌에 의해 미묘하게 상처를 입기도 하고 또 실제와 같은 충격을 받기도 한다. 어쨌든 자녀는 부모의 '말'만으로도 평생 낫지 않는 상처를 입을 수 있다. 부모들은 종종 자녀들이 거친 말에 크게 영향을 받지 않는다거나 혹은 '아이들은 금방 잊어버린다'고 착각한다. 또는 부모로서 진실을 말하는 것뿐이라며 자신의 거친 말을 정당화하고, 그 진실이 아프다면 그것은 자녀가 감내해야 하는 일이라고 생각한다. 곧 살펴보겠지만, 솔로몬에 따르면 상대의 잘못을 지적하는 데에는 천 가지의 잘못된 방식이 있지만, 제대로 된 방식은 단 한 가지밖에 없다. 잘못된 방법은 깊은 상처를 입히지만 제대로 된 방법은 그런 상처를 전혀 남기지 않는다.

최근 PBS 방송에 출연했을 때 나는 청중들에게 "어릴 때 부모로부터 받았던 비판을 기억하는 사람이 얼마나 되는지" 물었다. 그러자 대부분의 사람이 손을 들었다. 나이가 많은 사람도 6, 70년 전에 들었던 말을 기억했다. 상처를 주는 말은 이렇게나 강력하다. 마음속 깊이 새겨진 흔적은 결코 지워지지 않는다.

솔로몬 왕은 지혜로운 사람은 다른 사람에게 말로써 치유와 건강을 가져다준다고 말한다. 그는 "선한 말은 내 마음에 꿀과 같이 달며 내 뼈에 보약과 같다"(잠언 16:24)고 했다. 또 "마음속 불안함은 근심을 부르지만 선한 말은 기쁨을 부른다"(잠언 12:25)고도 했다. 칭찬과 감사, 격려, 이해의 말은 마음에 스며들어 그 영혼을 치유할 수 있다.

격려의 말이 신체 건강에 영향을 미칠 수 있다는 사실이 잘 믿기지 않는가? 〈USA투데이(USA Today)〉에서는 우울증이나 마음의 부담감이 심장병이나 심장마비의 주요 원인인 순환계 염증을 증가시킨다는 두 건의 의학 연구 내용을 보도했다. 연구에 따르면, 반대로 사람 사이의 관계가 돈독하고 행복할수록 염증이 줄어든다. 솔로몬이 선한 말은 "내 뼈에 보약과 같다"고 했던 것을 기억하자. 그런데 뼈, 즉 골수는 잘 알려진 것처럼 적혈구와 면역 체계의 근원이다. 미생물학이나 임상 연구가 존재하지 않던 시절에도 솔로몬은 정확하게 진리를 꿰뚫어 본 것이다.

어떻게 소통하느냐에 따라 다른 사람의 영혼에 생명을 불어넣어 줄 수 있다

"유익한(wholesome) 말은 생명나무와 같다"(잠언 15:4)

'유익하다'는 뜻의 히브리어 단어는 또 '치유'나 '치료'의 의미로도 해석된다. 다시 말해 솔로몬은 치유의 말이 곧 "생명의 나무"라고 말하는 것이다. 나는 개인적으로 이 표현을 굉장히 좋아한다. 왜냐하면 나무는 그 자체만으로도 살아있을 뿐만 아니라 사람들에게 생명을 제공하기 때문이다. 나뭇잎은 숨을 쉴 수 있는 산소를 제공하며 그 열매는 먹을 수 있는 음식을, 그리고 그 뿌리는 우리가 살고 있는 땅을 안전하게 떠받쳐 준다. 유익한 말로 소통하는 사람들도 마찬가지다. 격려를 담은 소통은 자신은 물론 주변 사람들의 인생도 바꾼다.

그렇지만 그 반대도 마찬가지인데, 솔로몬은 "유익한 말은 생명 나무와 같다"고 했지만 곧이어 "비뚤어진(perverse)" 말은 영혼을 상하게 할 수 있다고 말했다. 여기에서 "비뚤어졌다"는 건 말 그대로 말이 왜곡되었거나 혹은 그 속에 악의가 있다는 것을 의미한다. 우리가 정직하지 않거나 악의적인 말과 방식으로 소통할 때 우리는 다른 사람의 영혼을 상하게 할 위험이 있다. 사람의 영혼이 다른 사람에 의해 상처받고 깨진다면 그 관계가 고통스러울 뿐만 아니라 감정적으로도 영원히 남을 상처를 입을 수 있다.

몇 년 전 내 친한 친구 하나가 오랜 세월 신체적, 언어적 학대를 당한 끝에 남편과 이혼을 했다. 특히 나를 놀라게 한 건 그녀가 신체적 학대보다는 언어적 학대가 훨씬 고통스러웠다고 말한 부분이다. 이혼한 지 몇 년이 지난 후 그녀는 "몸에 났던 여러 상처들은 시간이 흐르면서 사라졌지만 감정에 새겨진 고통과 상처는 지금까지도 사라지지 않고 남아 있다"고 말했다.

우리는 살아가면서 치유와 건강을 불러오는 방식으로도, 혹은 고통을 유발하는 방식으로도 소통을 할 수 있다. 우리에게는 그런 선택의 자유가 있지만 **대부분의 사람은 자신이 말하는 내용과 방식에 얼마나 큰 힘이 숨어 있는지 제대로 알지 못한다.** 그러니 소통할 때 어떤 단어를 선택하고 어떻게 구성할지 지혜롭게 선택해야 한다.

어떻게 소통하느냐에 따라 생명을 구할 수도 또 생명을 빼앗을 수도 있다

"사람이 죽고 사는 것이 말의 힘에 달렸으니 말하기 좋아하는 사람은 그 말의 결과를 그대로 받게 된다"(잠언 18:21)

아마도 생명을 구하는 "말의 힘"의 가장 생생한 사례 중 하나는 2005년 3월 조지아주 애틀랜타에서 일어난 사건일 것이다. 브라이언 니콜스(Brian Nichols)는 판사를 비롯한 네 사람을 살해한 후 애슐리 스미스(Ashley Smith)를 인질로 잡고 그녀의 집으로 끌고 들어갔다. 대부분의 미국 사람들은 이 사건의 결론을 알고 있다. 희망과 꿈, 목표에 대한, 그리고 그녀가《목적이 이끄는 삶》에서 읽은 말들은 니콜스의 마음과 영혼에 극적인 변화를 일으켰다. 애슐리 스미스는 말로 자신의 생명을 구했을 뿐만 아니라 니콜스의 생명도 구할 수 있었다. 당시 니콜스가 경찰에 순순히 붙잡히지 않았더라면 얼마나 많은 무고한 생명을 더 잃었을지 아무도 알 수 없다.

내 가장 친한 친구인 짐 샤우네시는 평생에 걸쳐 말로 사람들에게 생명을 불어넣는 일을 해왔다. 그가 나타나는 순간 주변 사람들은 기운을 새롭게 되찾는 것처럼 보인다. 상대가 어린아이든 성인이든, 짐은 상대가 행복과 감사를 느끼려면 무슨 말을 해야 하는지 잘 알고 있는 것 같다. 그는 내가 알고 있는 그 어떤 사람보다도 사람들과 깊은 우정을 쌓아가며 살아가고 있다.

어떻게 소통하느냐에 따라 희망의 빛을 전할 수 있다

"경우에 합당한 말은 은 쟁반에 아로새긴 금 사과와 같다"(잠언 25:11)

혹시 가던 길을 멈추게 할 만큼 아름다운 그림이나 사진을 본 적 있는가? 솔로몬 왕의 궁전을 가득 채웠을 놀라운 예술 작품들을 상상해보자. 아마도 솔로몬에게도 가장 좋아하는 예술 작품이 있었을 것이다. 솔로몬 자신뿐만 아니라 귀한 손님들에게 기쁨을 전해주는 그 작품은 아마 은으로 만든 쟁반 위에 장식된 황금 사과가 아니었을까? 그런데 솔로몬은 아름다운 예술품이나 장식품 못지않게 "경우에 합당한 말"을 하는 것도 아름답고 가치 있는 일이라고 말한다. 게다가 그러한 말이나 표현은 상대에게서 깊은 감사의 마음을 끌어낸다. 나는 내 인생에서 언제, 어떻게 무슨 말을 해야 할지 잘 아는 사람을 많이 만났고 그만큼 운이 좋았다고 생각한다. 슬픔이나 절망에 빠졌을 때 내 아내 섀넌을 비롯해 가장 친한 친구인 짐과 패티 부부, 그리고 톰과 마를린 부부, 함께 일을 해온 밥과 존, 그리고 데이브 등은 항상 은 쟁반에 새겨진 금 사과처럼 고통에서 나를 끄집어내고 내 영혼과 정신에 생명을 불어넣는 귀한 말들을 해주었다. 어려운 시기가 닥칠 때마다 나는 그들에 대한 감사와 사랑의 마음이 더욱 커지는 것을 느낄 수 있었다.

그들뿐만 아니라 우리 모두에게는 사랑과 친절, 격려, 그리고 지혜의 말을 할 수 있는 능력이 있다. 솔로몬은 말과 소통의 힘을 더욱 높일 수 있는 여러 가지 방법들을 제공해주고 있다.

솔로몬이 들려주는 소통의 기술

소통의 힘을 극대화하기 위해 솔로몬이 전해주는 기술은 언뜻 상식적으로 보이지만 사실 요즘은 흔히 볼 수 없는 것들이다.

1. 상대방의 입장에서 이야기한다

"지혜로운 사람의 말은 지식을 받아들일 수 있게 베풀고 어리석은 사람의 말은 쓸모없는 것들을 내뱉을 뿐이다"(잠언 15:2)

대개 무엇인가를 이야기한다는 건 단순히 자신이 말하고 싶다고 느끼는 내용을 입 밖으로 내뱉는 것을 의미한다. 사람들은 타당성이나 적절함과 관계 없이 생각나거나 느끼는 대로 이야기한다. 왜냐하면 지금 그렇게 생각하거나 느끼고 있기 때문이다. 하지만 상대가 명확하게 이해하거나 받아들이기를 원하는 게 있다면, 상대의 마음에 드는 방식으로 소통할 필요가 있다. 지혜로운 사람이라면 자신이 말해야만 하는 내용을 상대가 기꺼이 받아들일 수 있도록 하기 위해 무엇이든 다 할 것이다.

2. 설득하는 힘을 배운다

"지혜로운 사람의 마음은 그 입을 가르치며 입술에는 설득력을 더한다"(잠언 16:23)

솔로몬이 이 잠언에서 "가르치다"라는 말을 할 때는 말 그대로

'알리다' 혹은 '신중하게 이끌다'는 의미다. 다시 말해, 뭔가 입을 열어 말을 하고 싶다고 해서 그때마다 생각 없이 말하지 말라는 뜻이다. 그 대신 입과 입술을 통제할 수 있어야 한다. 말을 해야 할 때와 하지 말아야 할 때를 배워야 한다. 입을 열기 전에 지혜로운 마음으로 그 내용과 적절한 때에 대해 생각하자. 이게 쉬운 사람도 있고 또 굉장히 어려운 사람도 있을 것이다. 한 가지 분명한 건, 우리는 말을 하지 않을 때 들을 수 있고 상대의 말에 귀를 기울이면 그 사람의 생각과 관점을 더 잘 이해할 수 있다는 것이다.

아울러 솔로몬은 우리의 입술에 설득력을 더하라고 말한다. 사람들은 때때로 설득과 교묘한 조작을 동일시한다. 그렇지만 언제나 제일 중요한 건 진실이다. 조작이나 감언이설은 속임수를 포함하여 가능한 모든 수단을 이용하여 상대가 스스로에게 도움이 되지 않는 일을 하도록 하는 것이다. 반면에 설득은 자신의 관점을 명확하고 이해하기 쉽게 제시하여 상대가 자신이나 주변 사람들에게 도움이 되는 일을 하도록 동기를 부여한다.

3. 말을 하기보다 먼저 듣는다

"듣기 전에 말을 먼저 하는 사람은 그 어리석음 때문에 곤란을 겪게 된다"(잠언 18:13)

상대가 하고 싶은 말을 끝내기도 전에 내가 먼저 말을 꺼내는 것만큼 어리석고 무례한 일은 없다. 가까운 친구 중 하나는 상대가 말을 미처 다 끝내기도 전에 먼저 말하는 습관을 가지고 있었다. 마치 상대가 하고 싶은 말까지 알아서 끝내려는 것 같았다. 안타까운 일이지만 그 친구는 대부분의 경우 자기 마음대로 잘못된 결론을 내렸다. 그는 실제로는 무례와는 거리가 먼 착한 사람이었지만 그런 행동은 분명 잘못된 판단의 결과였다. 사실 나 역시 직장 동료나, 친구, 아내, 자녀들에게 똑같은 잘못을 저질렀을 것이다. 그렇다고 결코 무례하게 행동하려 한 것은 아니겠지만 그러다 보면 상대의 기분을 나쁘게 만들 수도 있다. 그 사람이 말을 마칠 때까지 참고 기다릴 수 있는데 왜 굳이 그런 위험을 감수하려 하는가?

4. 천천히, 그리고 신중하게 말하라

"조급하게 말하는 사람을 보았는가. 그보다 더 어리석은 사람에게 오히려 더 큰 희망이 있다"(잠언 29:20)

솔로몬처럼 지혜롭고 부유했던 사람이 왜 그렇게 되풀이해서 입을 조심하고 "말하는 것을 더디 하라"고 우리에게 충고했을까. 나는 솔로몬 왕 주변의 수많은 사람이 겉으로만 지혜로워 보일 뿐 다들 어리석은 말을 많이 했기 때문이라고 생각한다. 그는 분명 조급하게 입을 열어 어리석은 말을 내뱉는 수많은 사람을 보았을 것이다. 말은 한 번 우리 입술을 떠나면 결코 다시 주워 담을 수 없다. 솔로몬은 그 누구보다도 말의 놀라운 힘을 잘 알고 있었다. 그는 이렇게 썼다. "자신의 입을 조심하는 사람은 생명을 지킬 수 있지만 함부로 입술을 여는 사람은 스스로를 망친다"(잠언 13:3). 나는 지혜롭지 못한 말로 해고를 당하고 자신의 경력을 망친 사람들을 잘 알고 있다.

5. 뒤에서 험담하지 말고 기운을 북돋워준다

상대의 등 뒤에서 상처 주는 말을 하는 것은 너무나 쉬운 일이다. 우리는 다른 사람들도 다 그렇게 한다는 핑계로 이런 일을 합리화한다. 그렇지만 뒤에서 누군가를 칼로 찔렀을 때 그 일이 과연 합리화될 수 있을까? 솔로몬은 함부로 말을 하는 건 누군가를 칼로 찌르는 것과 똑같은 일이라고 말한다(잠언 12:18). 지혜로운 사람이라면 그렇게 하지 않는다. 오히려 말로 상대의 상처를 치유하고 자존감을 세워주고 기운을 북돋워줄 것이다. 우리는 다른 사람의 험담에 함께하고, 공격을 받으면 스스로를 방어하기 위해 거친 말을 내뱉는 본성을 가지고 있다. 솔로몬은 그런 험담에 함께하지 말고 다른 사람에게 상처 주는 거친 말의 사용을 피하라고 한다. 즉 우리의 타고난 본성을 거스르라고 촉구한다. 부정적인 단어를 긍정적인 단어로 바꾸라는 것이다. 누군가가 다른 사람에 대해 험담을 하고 있다면 거기에 함께하는 대신 그 사람에 대해 몇 가지 긍정적인 말을 해보자. 그러면 대화가 얼마나 빨리 긍정적인 분위기로 바뀌는지 깜짝 놀랄 것이다.

6. 잠시 말을 멈추라

"말이 많으면 허물을 피할 수 없지만 지혜로운 사람은 그 입술을 닫는다"(잠언 10:19)

많은 이들이 말을 한번 시작하면 멈추기 어려워한다. 나도 그런 사람 중 하나이다. 솔로몬은 이미 하고 싶은 말을 다 끝낸 후에도 말을 계속하면 어리석은 말을 하게 될 가능성이 있다고 경고한다. 나는 그런 경우를 수없이 겪었다. 해결책은 간단하다. 하고 싶은 말이 끝났으면 이제 말을 멈추라. 솔로몬이 이야기하듯, 어리석은 사람도 침묵을 지키면 지혜로운 사람으로 여겨진다(잠언 17:28). 몇 마디 말로 하고 싶은 말을 설득력 있게 끝낼 수 있는 사람은 주위에서 높은 평가를 받는다.

7. 진정한 지혜를 나눈다

"의로운 사람의 입은 지혜를 말한다"(잠언 10:31)

솔로몬은 말을 적게 하는 것을 강조하지만 그러면서도 더 많이 말하도록 권하는 부분이 있다. 진정한 지혜는 오늘날의 문화에서는 보기 드문 선물이다. 누군가에게 진정으로 이야기할 만한 말이 있다면 솔로몬은 그것을 사람들과 함께 나누라고 권한다. 할아버지와 할머니, 아버지와 어머니, 멘토나 경영자는 자신이 경험에서 배운 지혜를 자녀와 손자, 직원 및 함께 일하는 사람들과 공유하는데 관대해야 한다.

8. 항상 진심을 다해 말한다

"거짓된 말로 미움을 감추려는 사람, 그리고 중상모략을 하는 사람은 어리석은 사람이다"(잠언 10:18)

인사 담당 관리자에게 실시한 설문 조사에 따르면 입사 지원자가 자신의 이력서를 과장하거나 노골적으로 거짓말을 하는 비율이 점점 늘어나고 있다고 한다. 광고에서도 마찬가지이다. 광고를 보면 진실은 거의 없는 것처럼 보인다. 언론 매체에 실리는 모든 광고는 이익은 과장하고 위험은 최소한으로 숨긴다. 노골적인 거짓말은 미국에서 가장 규모가 큰 기업들 중에도 비록 일부지만 크게 만연해 있는 것 같다.

사람들은 거짓말로써 상대방을 앞지를 수 있다고 생각한다. 그렇지만 솔로몬에 따르면 거짓말은 정말로 어리석은 짓이다. 엔론(Enron)이나 타이코(Tyco), 월드콤(WorldCom)의 경영진들은 자신들의 '창의적인 회계보고서'가 똑똑한 짓이라고 생각했다. 그렇지만 사실 그들은 숫자로 거짓말을 했다. 그 거짓말 때문에 자신들은 물론 직원과 주주들까지 엄청난 피해를 입었다. 또 다른 사업가인 마사 스튜어트(Martha Stewart)가 보여준 사례처럼 아주 '작은 거짓말'조차도 예상치 못한 엄청난 결과를 가져올 수 있다.

거짓말이 어리석은 짓이라면 진실을 말하는 것은 지혜로운 행동이다. 우리는 진실을 말함으로써 그 위에서 제대로 된 인생을 살아가고 명성을 쌓을 수 있다. 우리의 배우자와 자녀, 친구, 고용주, 그리고 동료나 고객은 우리의 진실함을 보고 우리를 의지하게 된다.

효율적으로 소통하는 사람이 된다면

솔로몬은 효율적이면서 설득력 있게 소통하는 사람이 얻을 세 가지 유익을 이렇게 설명한다.

1. 물질적 성공

"의로운 사람의 입술은 여러 사람을 먹여 살린다"(잠언 10:21)

스티븐 스필버그와 나는 고등학교 시절 종종 축구 경기를 함께 보러 다녔다. 우리는 둘 다 고등학교에서는 그다지 눈에 띄지 않았 지만, 성인이 된 후에는 '불가능한 꿈'을 이루었다. 고등학교를 졸 업하고 18년 만에 다시 만났을 때 나는 우리의 인생이 같은 요인들 에 의해 바뀌었다는 사실을 알게 되었다. 우리는 둘 다 이루고자 하 는 명확하고 분명한 꿈을 찾았고 훌륭한 멘토를 만났으며 효율적 이면서 설득력 있는 소통 방법을 배웠다.

"그럴 수도 있겠지. 그렇지만 나는 안 될 거야." 만일 이렇게 생 각하는 사람이 있다면 그건 잘못된 생각이다. 비효율적인 소통이 인생에서 가장 큰 문제 중 하나인 것처럼 효율적으로 소통할 수 있다면 자신은 물론, 주변에 있는 사람들도 엄청난 이익을 보게 될 것이다. 솔로몬은 "사람은 자신의 입에서 나오는 열매로 배를 채울 수 있으며 입술에서 나오는 말로 만족할 수 있다"(잠언 18:20)고 말한다.

2. 기쁨과 충만함

"사람은 그 입에서 나오는 대답으로 기쁨을 얻는다. 상황에 어울리는 말은 얼마나 아름다운지"(잠언 15:23)

도움이 될 만한 내용을 다른 사람에게 알려주는 건 내게 만족감을 선사한다. 자녀의 아픔이나 걱정을 덜어주는 말을 하면 충만한 기쁨이 느껴질 것이다. 솔로몬은 상황에 어울리는 적절한 말을 하면 영화배우 재키 글리슨(Jackie Gleason)의 유행어처럼 "얼마나 멋진 일인가(How sweet it is)"라는 말이 절로 나온다고 했다. 솔로몬은 "사람은 자신의 말의 열매로 인해 좋은 것으로 가득 채워진다"(잠언 12:14)라고 말했다. 지혜로운 말을 하면 다른 사람의 인생에 긍정적인 변화를 가져올 뿐만 아니라 자신의 인생에도 더 큰 만족과 기쁨, 충만함을 가져올 수 있다. 정말 아름답고 멋진 일이 아닌가?

3. 주변 사람들과의 우정

"마음의 순수함을 사랑하는 사람의 입술에는 덕이 깃들어 왕도 그의 친구가 된다"(잠언 22:11)

다른 사람의 존경과 감사, 그리고 우정의 마음을 원하지 않는 사람이 있을까? 솔로몬은 덕을 사랑하고, 다정하고 상냥한 대화를 통해 그 덕이 표현되는 사람들에게 이보다 더 많은 것들을 약속한다. 심지어 '왕'도 그의 친구가 될 것이다. 나는 왕을 만난 적은 없지만 미국 최고의 연예인들이나 기업과 정부의 지도자들을 만나 우정을 나누었다. 오늘날 인적 네트워크의 중요성을 기억한다면 이러한 인연이 우리의 경력에 얼마나 큰 도움이 될지 알 수 있다. 일반인들도 마찬가지지만, 특히 고위직 인사들은 자신이 신뢰할 수 있는 사람과 훨씬 더 많은 교제의 시간을 나눈다. 우리의 성실함과 효과적인 소통 능력은 상대가 누구든지 상관없이 진정한 우정을 쌓을 수 있는 기반이 될 것이다.

소통을 어떻게 하는지를 보면 그 사람의 인격이 어떤지를 알 수 있을 만큼 소통 방식은 중요하다. 하지만 우리는 그 중요성에 비해 소통 방식에 대해 관심을 기울이지 않는다. 하루를 마치고 마무리하는 시간에 그날 하루 동안 자신이 말했던 내용들을 떠올리며 직장에서든 집에서든 다른 사람과 소통할 때 무엇을 잘했고 무엇을 잘못했는지 분명하게 되새겨보라. 일주일 동안 이 작업을 반복한 뒤 어떻게 하면 부정적인 소통 방식을 바꾸고, 긍정적인 면을 늘려나갈 수 있을지에 대해 적어보라.

나의 소통 방식 체크리스트

☐ 나는 오늘 긴장, 분노, 논쟁의 열기를 가라앉힐 수 있는 '부드러운' 표현을 사용했는가?

☐ 나는 오늘 다른 사람의 기를 꺾는 말을 했는가?

☐ 나는 오늘 다른 사람의 용기를 북돋워줄 말을 했는가?

☐ 나는 오늘 다른 사람에게 용기를 주고 힘을 주기 위해 적절한 때에 적절한 말을 했는가?

☐ 나는 오늘 상대가 알아듣기 쉬운 방식으로 지식을 전달했는가?

☐ 나는 오늘 내 의견을 주장하기 위해 권위가 아닌 설득력을 사용했는가?

☐ 나는 오늘 말하기 전에 먼저 귀를 기울였는가, 아니면 그 반대였는가?

☐ 나는 오늘 지혜를 나누었는가?

☐ 나는 오늘 내 생각을 천천히 말하는 사람이었는가, 아니면 성급하게 전달하는 사람이었는가?

☐ 나는 오늘 과장이나 거짓 없이 진실을 말하는 사람이었는가?

6장

삐끗한 '유아독존'
내려놓기:
"왜, 뭐든, 혼자서
결정하려 하는가!"

상담이 없으면 계획이 좌절하고
상담자가 많으면 성공한다.

(잠언 15:22)

시속 100킬로미터를 왜 10킬로미터로 늦추는가?

운전 면허증을 취득한 후 얼마 되지 않아 나는 피닉스의 한 고속도로에서 여동생의 차를 몰고 가고 있었다. 내 앞에 있는 차가 너무 느리게 움직이고 있어서 나는 차선을 변경해 가능한 한 빨리 앞 차를 추월하기 위해 가속 페달을 밟았다. 이제 막 운전을 배운 나는 발에 힘을 줄 때마다 자동차가 빠른 속도로 즉각 반응하는 게 너무나 짜릿했다. 하지만 이번에는 뭔가 끔찍하게 잘못된 것 같았다. 가속 페달을 밟았지만 아무 일도 일어나지 않았던 것이다. 엔진이 힘차게 움직이는 소리가 들리지 않았다. 나는 다시 페달을 최대한 세게 밟았지만 역시 아무 일도 일어나지 않았다! 설상가상, 차의 속도가 점점 줄어들었다. 나는 두려움에 휩싸여 연료계를 확인해보았고 바늘이 0을 향하고 있는 것이 보였다. 연료가 다 떨어진 느낌은 다들 알고 있을 테지만, 내가 그때 분명하게 느꼈던 감정은 아무리 밟아도 반응이 없는 가속 페달의 무력감이었다.

자동차에 가속 장치가 없다고 상상해보라. 세상에서 가장 빠르고 비싼 스포츠카도 아무 가치가 없을 것이다. 가속 장치가 없다면 비싼 연료와 강력한 엔진도 그 힘을 제대로 발휘할 수 없다. 반면 가속 장치를 작동시키면 자동차는 힘차게 앞으로 나아갈 뿐만 아니라 속도를 높여 원하는 목적지에 빨리 도착할 수 있다. 솔로몬이 제시하는 가속 장치가 없다면 우리는 결코 적절한 시간 안에 꿈을 이루지 못한다. 아니, 사실은 꿈을 완전히 포기하고 앞으로 전혀 나아가지 못한 채 내 안의 힘을 제대로 발휘하지 못하게 될 것이다. 사람들 대부분은 이 상태에서 포기를 한다. 하지만 솔로몬의 가속 장치는 모든 것을 바꾼다. 올바르게 사용할 수만 있다면 상상할 수조차 없는 속도로 원하는 목표와 꿈을 이룰 수 있다.

안타까운 일이지만, 대부분의 사람은 꿈을 이루는 데 이 가속 장치를 효과적으로 사용하지 못한 채 살아간다. 그들은 그저 멈춰 있을 뿐이다. 사실, 역사에 길이 남을 성공의 주인공들은 모두 이 가속 장치를 사용해 꿈을 이루었다. 또 역사의 그 누구도 이 가속 장치 없이 중요하거나 놀라운 성과를 이루어내지 못했다. 그렇다면 솔로몬이 이야기하는 가속 장치는 과연 무엇일까? 그것은 효과적인 협력 전략이다.

협력자란 무엇인가?

2장에서 우리는 인생의 모든 영역에서 성실함으로 나아갈 수 있는 네 단계 중 하나가 효과적인 협력 관계(partnering)라는 사실을 확인한 바 있다. 말 그대로 우리는 협력 관계 없이는 어떤 중요한 일도 진정으로 성실하게 임할 수 없다. 솔로몬은 협력 관계의 개념을 전달하기 위해 여러 단어를 사용하지만, 주로 '상담자(counselor)'와 '상담(counsel)'이라는 단어를 사용한다. 나 역시 솔로몬의 그런 단어 선택이 마음에 드는데, 왜냐하면 우리가 생각하는 현대적인 협력자의 개념보다 훨씬 더 광범위한 의미를 가지고 있기 때문이다. 우리는 보통 합법적인 범위 내에서 업무를 같이 하는 협력자나 동업자를 생각하지만, 상담자는 특정한 목표를 추구하는 데 필요한 조언이나 상담, 지시 혹은 도움을 제공해주는 사람이라면 누구든 해당된다. 물론 같이 사업을 하는 동업자도 여기에 포함되지만, 상담자는 친구나 배우자, 동료, 중요한 직원, 고문, 멘토 혹은 심지어 도움이 되는 책의 저자도 될 수 있다. 이러한 정의에 따르면 우리가 〈잠언〉을 공부할 때 솔로몬 왕을 우리의 상담자로 삼을 수 있다. 그리고 그의 조언을 따를 때 우리는 솔로몬이 나의 협력자인 것처럼 진심을 다해 행동하는 것이다. 다시 말해, 우리는 지금까지 살았던 사람들 중 가장 부유하고 지혜로운 사람을 협력자로 둘 수 있는 특권을 갖게 된 셈이다.

> 협력자 혹은 상담자는 특정한 계획이나 목표 혹은 꿈을 효율적으로 달성하는 데 필요한 통찰과 조언, 지혜 또는 실질적인 도움을 제공해 줄 수 있는 사람이다.

안타까운 일이지만 대부분의 사람은 문제가 있거나 스스로 처리할 수 없는 문제라는 사실이 분명하게 드러날 때만 협력자나 상담자를 찾는다. 특히 남성들이 그러한데, 낯선 도시에서 길을 잃었을 때도 우리 남자들은 정말로 완전히 포기할 수밖에 없는 상태가 되어서야 겨우 도움을 요청한다.

솔로몬은 우리보다 지혜로웠다. 그는 먼저 지혜로운 조언을 구하지 않고서는 어떤 중요한 일도 시작하지 않았다. 그는 우리 대부분이 모르고 있는 어떤 비밀을 알고 있었다. 다시 말해 그는 지혜로운 상담자와 좋은 협력자들의 도움을 받는 것이 목표를 최대한 빨리 달성하는 데 중요하다는 사실을 잘 알고 있었던 것이다. 솔로몬은 효율적인 협력 관계는 엄청난 유익을 제공하며 상담자나 협력자 없이 중요한 일을 처리하려는 시도 자체가 얼마나 어리석은지를 잘 알고 있었다.

독단적 행동의 결과

"할 수 있는 한 최선을 다했다." 흔히 들을 수 있는 말이다. 나 역시 조금 다른 표현이지만 비슷한 말을 수천 번도 넘게 들었다. "더 이상은 어떻게 할 수 없어." "이게 최선이야." "나는 더 이상 못해."

그리고 "나로서는 절대로 할 수 없는 일이야." 이런 말들이다. 물론 거짓말은 아닐 것이다. 스스로 무엇인가를 하려 할 때 개인적으로 느끼는 한계를 반영하고 있는 것이니까. 그렇지만 또 다르게 생각한다면 완전한 거짓말이 아닐까? 그 사람이 만일 협력자를 찾아 도움을 요청했더라면 자신이 가능하다고 생각했던 것보다 훨씬 더 많은 것들을 이룰 수 있었을지 모른다. 솔로몬은 상담자나 협력자의 도움 없이 무엇인가를 혼자 하려 한다면 자신이 해낼 수 있는 결과의 수준이 크게 제한될 수 있다고 경고한다. 그렇다면 독단적 행동의 결과를 한 번 살펴보자.

계획과 목표가 다 무너진다

1974년 나는 독립을 하고 광고 작업을 포함해 다른 사람들의 사업을 돕는 일을 시작했다. 당시 내 수입의 대부분은 어느 부동산 개발업자에게서 나왔는데 7개월 후 그의 회사가 문을 닫자 나는 수입원을 잃었다. 남은 건 약 4개월 정도를 버틸 수 있는 돈뿐이었다. 나는 많은 돈을 벌 수 있다고 생각되는 두 가지 광고 사업계획을 갖고 있었지만 한 가지 사업밖에는 추진할 여력이 없었다. 나는 우선 두 가지 사업계획 모두 타당성을 조사했고, 그 중 한 가지는 어떤 사람의 조언을 구했다. 그가 전혀 가망성이 없다고 하자 나는 재빨리 그 계획을 포기했고 남은 자금 모두를 나머지 사업계획에 쏟아부었다. 피닉스 지구의 새로운 주택단지 개발을 사람들에게 광고하는 사업이었다. 나는 그 사업에 대해서는 어떠한 조언도 구하지 않았고 동업자나 협력자를 모집하지도 않았다. 나는 가능한 모든 자금과 시간, 그리고 노력을 퍼부었지만 실제로 광고를 진행해보기도 전에 자금이 바닥나고 말았다. 말 그대로 완전히 빈털터리가 된 것이다. 사실, 그 시절 내가 다니던 교회 교인들은 아내와 세 살 된 딸이 먹을 식료품조차 살 수 없던 나를 위해 아무도 모르게 음식을 우리 집 문 앞에 가져다주기도 했다.

솔로몬은 제대로 된 상담자의 도움이 있어야 계획을 성공시킬 수 있으며, 제대로 의논하지 않을 경우 계획이나 목표 또는 사업은 좌절되고 실망 가운데 완전히 중단될 것이라고 말한다(잠언 15:22). 내 경우는 그 모든 일들이 다 일어났다. 일이든 사업이든 누구도 실패를 생각하며 시작하지는 않는다. 그렇지만 새로운 사업의 70퍼센트가 시작 첫해 실패를 맛본다. 결혼 역시 '영원히 행복하게' 살 것이라고 진정으로 믿기에 결심한다. 그렇지만 50퍼센트 이상이 이혼으로 끝난다. 하지만 사업이나 결혼을 하기 전에 상담자를 거치게 되면 그 실패 확률은 3분의 2 수준으로 줄어든다.

넘어진다

혹시 넘어져 본 적 있는가? 누구도 넘어질 계획 같은 건 세우지 않는다. 그건 그냥 일어나는 일이다. 언젠가 눈에 잘 보이지 않는 얼음을 밟은 적이 있다. 발이 완전히 미끄러지면서 넘어졌는데, 몸을 제대로 통제할 수 없다는 건 말 그래도 끔찍한 공포였다. 나는 머리보다 먼저 다른 부분이 땅에 닿기를 바랐지만 내 몸을 제대로 통제할 틈이나 여유 같은 건 없었다. 다행히 손이 먼저 땅바닥에 닿아 충격을 줄인 후 머리를 부딪쳤다. 양 손목이 삐고 머리에는 골프공만 한 혹이 생겼지만 그나마 그 정도에서 그쳤다. 그렇지만 이른바 황제 다이어트를 세상에 널리 소개했던 로버트 앳킨스(Robert Atkins) 박사의 경우는 운이 나빴다. 자기 집 계단을 내려가면서 그는 인생의 마지막 계단을 밟고 있다는 사실을 알지 못했을 것이다. 그는 발밑의 얼음을 전혀 눈치채지 못했고 넘어지면서 머리 부분을 크게 다쳤다. 뉴욕 최고의 의사들이 갖은 노력을 다했지만 그는 의식을 되찾지 못했고 결국 며칠 후 세상을 떠나고 말았다.

솔로몬은 지혜로운 도움이 없이는 넘어지게 될 것이라고 말한다 (잠언 11:14). 넘어지는 것이 왜 무서운 일인가? 우리는 자신이 그런 식으로 넘어지리라는 사실을 전혀 예측하지 못하며, 몸에 대한 통제력을 잃은 채 대부분은 몸을 다치게 된다. 인생도 마찬가지이다. 솔로몬은 상담자나 협력자를 찾지 않으면 머지않아 그렇게 넘어질 것이라고 말한다. 우리에게는 정말로 조언이나 도움을 구해야 하는 중요한 시기가 찾아온다. 달리 말하면, 일을 할 때 조언을 구하지 않으면 우리는 실패할 것이며 결혼을 맞이해 조언을 구하지 않으면 절망할 것이다. 자녀 교육을 할 시기에 아무런 상담도 하지 않는다? 그러면 우리는 큰 혼란을 맛보게 될 것이며 적절한 때에 재정 문제를 상담하지 않으면 쓰디쓴 실패를 경험하게 될 것이다.

경제적 실패와 인간적 수치를 경험한다

"훈계를 무시하는 사람에게는 가난과 굴욕이 뒤따른다"(잠언 13:18)

나에게는 큰 성공으로 이어질 것처럼 보였던 투자 기회가 세 번 있었다. 나는 그 기회들이 '확실하다'는 확신이 있었기 때문에 재무 전문가의 조언을 듣지 않고 오히려 반대로 투자를 했다. 올바른 훈계나 조언을 무시하고 거부하는 사람에게는 가난과 굴욕이 뒤따를 것이라는 솔로몬의 경고를 까맣게 잊어버렸던 것이다. 이 세 번의 투자에서 나는 그때마다 갖고 있던 재산을 거의 다 잃고 말았으며 파산의 위기에 몰리게 되었다. 나는 가족과 친구들 앞에서 큰 부끄러움을 느낄 수밖에 없었는데 천만다행히도 경영하고 있던 사업이 생산적인 협력 관계 덕분에 과분한 축복을 받았기 때문에 투자 손실은 대부분 회복할 수 있었다.

그렇지만 식당을 경영하던 내 친구는 그렇게 운이 좋지 못했다. 친구는 다른 사람들의 조언에 귀를 기울이지 않은 채 혼자서 사업을 추진하다 가지고 있던 모든 것을 잃고 말았다. 친구는 결국 수치심을 이기지 못하고 자신에게 투자했던 투자자들에게 한 마디 말도 없이 살던 곳에서 도망치고 말았다. 나와 내 친구가 우리 스스로를 낮추고 다른 사람들의 조언에 귀를 기울였더라면 재정적 손실과 수치를 피할 수 있었을 것이다.

좋은 협력 관계의 선물

모든 꿈과 목표, 그리고 계획들이 성취된다

"모든 목적은 조언을 통해 세워진다"(잠언 20:18)

솔로몬은 더 많은 상담자와 협력자를 모아 효율적으로 활용할수록 인생의 중요한 목표를 쉽게 달성할 수 있다고 말한다. 사실 효율적인 협력 관계는 단순히 목표 달성에 필요한 요소 정도가 아니다. 성취 자체를 좌지우지하는 핵심 요소라 할 수 있다.

개인 사업은 물론이고 일곱 군데의 직장에서도 여섯 번씩이나 끔찍한 실패를 맛본 나는 마침내 열 번째 직장에서 멘토와 협력 관계를 맺게 되었다. 그는 나를 도와줄 사람을 몇 명 소개해 주었고, 그 결과는 근본적으로 완전히 달라졌다. 우리는 열 개가 넘는 사업을 성공시키며 수십억 달러의 매출과 수천만 달러의 개인 소득을 달성했다. 효과적인 상담과 협력 관계의 위력은 아무리 크게 평가해도 부족하다.

위험을 줄인다

"지혜로운 도움이 없이는 넘어지지만 상담자가 많을수록 안전해진다"(잠언 11:14)

단순히 어떤 의견 하나를 구하는 것만으로는 넘어지는 일을 막을 수 없다. 솔로몬은 우리가 중요한 문제나 걱정되는 사항에 대해 최선의 결정을 내리고 있는지 정말로 확인하고 싶다면 상담자가 많이 필요하다고 말한다. 아주 가까운 이웃 중 한 사람이 근처 병원의 의사로부터 말기암 판정을 받았다. 의사는 그녀에게 이제 6개월밖에 시간이 없으니 주변을 잘 정리하라고 말했다. 그녀가 텍사스에 있는 한 친구에게 이 사실을 전하자 친구는 그녀를 텍사스 휴스턴으로 데려가 그곳의 여러 전문가들에게 검사를 받게 했다. 곧 치료가 시작되었고 그렇게 생명을 구한 지 10년이 지난 지금, 74세의 그녀는 더 이상 암 같은 것 없이 아주 활동적으로 살아가고 있다.

나도 사업을 경영하면서 비슷한 경험을 한 적 있다. 나에게는 동업자가 여덟 명 있었는데, 1995년 마케팅에서 큰 실수를 하는 바람에 그 이듬해에는 거의 파산 직전까지 몰렸다. 이제 우리에게는 프로젝트 한 건 추진할 정도의 자금밖에는 남지 않았다. 그래서 시장 조사를 실시해보니 이는 전국적으로 진행할 만한 프로젝트가 아니라는 결론이 나왔다. 그런데 동업자 여덟 명 중 한 사람인 데이브 마시가 상황을 뒤집을 만한 두 가지 제안을 내놓았다. 데이브의 제안은 말 그대로 100만 달러의 파산을 10억 달러의 성공으로 바꾸어 놓았다. 만약 데이브가 없었더라면 우리 회사는 파산하고 말았을 것이다. 여덟 명의 협력 체계 덕분에 우리 사업은 안전하게 운영되었고 그 후 몇 년 동안 우리는 수천만 달러에 달하는 수익을 올렸다. 솔로몬은 우리에게 말한다. "전쟁을 할 때는 지혜로운 참모들을 많이 동원하라. 그렇게만 하면 백전백승이다"(잠언 24:6).

솔로몬은 말 그대로 전쟁에 대해 이야기하고 있지만 그의 충고는 모든 행동과 경쟁에 다 적용된다. 행동을 취하기 전에 먼저 지혜로운 조언을 구하면 싸워야 할 전투를 지혜롭게 선택할 수 있고, 그 전투에서 이길 가능성은 훨씬 높아진다. 우리는 종종 사소한 문제로 배우자나 자녀 또는 다른 사람들과 갈등을 일으킨다. 그때 객관적인 상담자가 있다면 적절한 관점에서 갈등을 바라볼 수 있게 우리를 도와줄 것이다. 갈등을 피할 수 없는 경우라도 상담자가 있다면 최선의 결과를 낼 수 있게 도움을 받을 수 있다. 물론 솔로몬은 최고의 상담자 중 한 사람이다. 우리는 이 책 9장에서 갈등을 이겨내고 해결하기 위한 솔로몬 왕의 조언을 배우게 될 것이다.

평생 도움이 될 지혜를 얻는다

"지혜로운 사람과 동행을 하면 함께 지혜로워진다"(잠언 13:20)

내가 밥 마시를 만났을 때는 24세였고 게리 스몰리를 만났을 때는 25세였다. 둘은 내가 아는 가장 지혜로운 사람들이면서 다행스럽게도 나의 상담자이자 멘토, 그리고 협력자가 되어주었다. 그리고 내게 〈잠언〉을 읽으라고 권해준 사람이 게리였다. 그의 지혜로운 조언은 나의 개인적, 직업적 문제를 해결하는 데 도움이 되었다. 밥은 나에게는 또 다른 아버지와 같은 사람이다. 그는 경영과 광고에 대해 내가 대학 4년과 사회생활 6년 동안 배운 것보다 더 많은 것들을 불과 3개월 만에 가르쳐주었다. 밥과 게리 두 사람의 지혜로운 조언은 필요할 때마다 나를 도와주었고 귀한 지혜로 내 안에 남아 있다. 두 사람이 내게 남겨준 지혜에 하루라도 의지하지 않은 날이 없다.

어려울 때 도와줄 사람을 얻게 된다

"둘이 함께 힘을 합치면 유익함을 얻을 수 있고 한 사람이 넘어 져도 다른 한 사람이 일으켜 세워줄 수 있으니 두 사람이 한 사 람보다 더 낫다"(전도서 4:9~10)

인생이라는 긴 여정에서 예기치 않은 고난이나 시련을 경험하지 않는 사람은 없다. 그때가 언제든 우리는 그런 경험을 하게 될 것이다. 솔로몬은 모든 사람에게 분명하게 적용되지만 대부분의 사람이 놓치고 있는 것을 이야기한다. 좋은 협력자가 있다는 건 언제든 나에게 도움을 주고 나를 일으켜 세워줄 수 있는 사람이 있다는 것을 의미한다. 그런 협력자가 없다면 순간의 실패가 영원히 계속될 수도 있다.

하마터면 질 수도 있는 싸움을 승리로 이끈다

"한 사람이면 패할지 몰라도 두 사람이라면 함께 맞설 수 있다. 세 겹으로 엮은 줄은 쉽게 끊어지지 않는다"(전도서 4:12)

나는 1979년부터 1985년까지 동업자들과 함께 어느 작은 생명보험 회사를 위해 여러 개의 TV용 통신판매 광고를 제작했다. 우리는 광고 제작 자금을 조달하는 합작회사를 따로 만들었고 보험 회사는 광고를 보고 연락해 온 시청자들에게 보험을 판매했다. 우리는 광고를 통한 수익을 절반씩 나누기로 계약했다. 1985년, 보험 회사는 다른 외국계 회사에 매각되었는데 그들은 우리에게 수익 지급을 거부했다. 우리는 항의했지만 상대방은 "고소할 테면 해보라는" 식이었다. 그들은 짧으면 5년 길면 10년까지 이어지는 소송을 우리 자금력으로는 견뎌낼 수 없다는 사실을 잘 알고 있었다. 정말 참담했다. 그 회사는 우리가 받아야 할 수익금을 주지 않았을 뿐 아니라 수백만 달러에 달하는 광고 제작비마저도 제대로 정산해주지 않았다. 우리는 수백 개의 TV 방송국에서 방송 시간을 미리 사들였지만 이제 그 청구서를 지불할 자금이 없었다.

하지만 정말 다행스럽게도 보험 회사에서 뛰어난 실적을 올렸던 전직 경영자이자 진실성 있는 한 사람이 일곱 번째 동업자이자 협력자로 참여했다. 그는 우리가 부탁도 하지 않았는데 개인적으로 자금을 융통해 일단 방송국들을 만족시켜줄 만큼의 돈을 지불했다. 그런 다음 그는 다른 보험 회사와 기적에 가까울 정도로 놀라운 거래를 이끌어냈고 우리는 다시 광고를 제작해 모든 부채를 갚고 사업을 유지할 수 있을 만큼 충분한 수익을 올렸다. 우리는 나를 포함해 하나로 엮인 여덟 겹의 줄이었고 결코 끊어지지 않았다. 우리는 계속해서 새로운 사업들을 추진했고 경쟁자들을 압도했으며 이후 수년 동안 세계 그 어떤 회사보다 높은 생산성을 보였다. 탁월한 협력 관계의 위력이 아니었다면 우리는 이미 22년 전에 무릎을 꿇고 파산하고 말았을 것이다.

놀라운 성공을 달성한다

솔로몬은 장담하며 말하길, 혼자서 아무리 훌륭한 성공을 거둔다 하더라도 좋은 협력자와 함께하는 성공과는 비교할 수 없다고 했다! 사람들 대부분은 소중한 꿈을 혼자 추구하는 경우가 많다. 도대체 왜 그럴까? 그들은 적절한 협력자와 함께할 때 얼마나 훌륭한 결과를 거둘 수 있는지 알지 못하기 때문이다.

나는 대학을 졸업하고 처음 5년 동안 여덟 명의 고용주 밑에서 일을 했다. 모두 '나 혼자서' 해야 하는 일이었다. 어떤 것도 오래 할 수 없었고 성과 역시 늘 보통 이하였다. 수입은 한 달에 1000달러를 넘기지 못했다. 아홉 번째 일에서 나는 파트타임 멘토의 도움을 받게 되었는데 이내 내 월급은 1500달러로 늘어났다. 우리는 함께 회사 연간 매출을 3000만 달러에서 6000만 달러로 두 배가량 늘렸다. 드디어 나는 열 번째 일(사업)을 새로 시작하면서 이 멘토와 풀타임 협력 관계를 맺었고, 1년이 채 지나지 않아 네 명의 협력자를 더 영입했다.

솔로몬이 여럿이 힘을 합치면 '유익함'을 얻을 수 있다고 했던 약속은 지켜졌을까? 내 열 번째 일은 그 후로 29년 동안 지속되었고, 내 월급은 1000달러에서 최고 60만 달러까지 치솟았다. 이 정도면 힘을 합친 '유익함'에 대한 충분한 증거가 되지 않을까?

어쩌면 나와 내 동료들이 경험과 기술이 뛰어난 사람들이 아니었냐고 생각하는 독자들이 있을지 모르겠다. 그렇지만 진실은 그렇지 않다. 나는 그때까지 단 한 번도 TV 광고나 마케팅 프로그램으로 제대로 된 실적을 내 본 적 없는 27세의 사업 실패 전문가였고 나의 멘토는 사업이 망하기 직전에 있던 52세의 사업가였다. 그 후 우리 사업에 합류한 다른 동료들도 27세의 개 조련사, 24세의 유전(油田) 노동자, 24세의 인쇄 견적 담당자, 그리고 19세의 편의점 점원 등이었다. 나는 유일한 대학 졸업자였지만 그 사람들 전부를 합친 것보다 더 많은 실패를 경험했다. 이런 사람들에게 수십억 달러의 매출과 수천만 달러의 수익을 올리는 회사를 키워낼 잠재력이 처음부터 있었을까? 아니, 그렇지 않다. 우리 각 개인에게 그런 잠재력 같은 건 존재하지 않았다. 하지만 우리는 협력 관계를 통해 잠재력을 끌어냈다. 제대로 된 협력 관계의 놀라운 힘인 셈이다.

경고: 나쁜 협력자를 조심하라

내가 협력 관계의 엄청난 이득에 대해 이야기하면 분명 누군가는 잘못된 협력 관계에 대한 무서운 경험을 들고 나를 찾아올 것이다. 그런 사람들은 보통 자신이 직접 겪은 경험을 제시한다. 하지만 솔로몬은 아무나와 협력 관계를 맺으라고 말하지 않았다. 오히려 그는 올바른 자격을 갖춘 사람과 협력 관계를 맺어야 한다고 경고한다. "어려울 때 진실하지 못한 사람에게 기대는 건 부러진 이와 꺾인 발과 같다"(잠언 25:19).

내 이웃이 우루과이의 외딴 마을에 방문했을 때, 그의 아들이 콩요리를 먹다가 돌을 씹는 바람에 이가 부러지는 일이 있었다. 그 아들은 대학 미식축구팀에서 라인배커(linebacker, 수비 가장 뒤쪽에 있는 수비 포지션)를 하며 여러 번 다쳐봤지만 이가 부러질 때만큼 고통스러웠던 적은 없다고 했다. 그만큼 나쁜 상황인 발이 탈구된 경우를 상상해보자. 한 걸음 한 걸음 뗄 때마다 극심한 고통으로 몸부림치게 될 것이다. 이든 발이든 다쳤을 때는 모두 고통이 너무 심해서 어떤 작업도 생산적으로 수행할 수 없게 된다.

우리가 적절하지 못한 협력자나 동업자를 선택했을 때 겪게 되는 고통도 이와 비슷하다. 결혼이나 사업에서 사람을 잘못 만나면 남은 인생은 비참해질 수밖에 없다. 우리 인생의 어떤 영역에서든지 어울리지 않는 사람을 만날 때는 인생 자체가 바뀌는 결과를 초래할 수 있다. 솔로몬은 상담자나 협력자를 선택할 때 피해야 할 일곱 가지 유형을 우리에게 알려준다.

1. 진실하지 못한 사람

"도둑과 함께하는 사람은 자신의 영혼을 미워하는 자다"(잠언 29:24)

여기서 솔로몬이 말하는 "도둑"은 다른 사람의 물건을 훔치는 사람 이상을 의미한다. 솔로몬에게 도둑은 자기만족이나 야망을 추구하기 위해 정직을 포기하거나 뒤로 미루는 사람이다. 소득세 신고서를 거짓으로 작성하거나 아내를 속이거나 회사 업무 시간에 개인적인 볼일을 보는 사람은 남의 지갑이나 차를 훔치고 은행을 터는 사람과 마찬가지로 도둑이다. 차이가 있다면 그 대상과 수준 정도이다. 진실하지 못한 부정직한 사람은 머지않아 우리와 우리 고객에게도 진실하지 않게 된다. 모든 사람은 인생을 살아가면서 한 번쯤은 거짓말을 하거나 속임수를 쓴다. 그렇지만 대개는 그 일로 인해 죄책감을 느끼며, 그들의 거짓된 행동은 인생에서 습관이 아닌 예외에 속한다. 이들은 솔로몬이 경고하는 부류의 사람이 아니다. 솔로몬이 눈여겨보는 사람은 자신의 진실하지 못한 면을 재빨리 합리화하거나 변명하는 사람, 즉 부정직한 행동이 예외가 아니라 습관인 사람이다. 만일 그런 사람과 협력 관계를 맺게 된다면 우리는 결국 우리 존재 자체를 타협할 수밖에 없게 된다.

인격은 대단히 중요하다. 진실성은 동업자나 상담자 혹은 배우자를 선택할 때 우리가 가장 중요하게 여기는 성품이어야 한다. 내 가장 친한 친구의 결혼 생활이 어느 부도덕한 결혼 상담사에 의해 끝장이 나고 말았다. 이 상담사는 아내의 불륜을 비난하기는커녕 오히려 용인했다. 그러자 친구의 아내는 바람 난 남자와 함께 떠나버렸고, 나중에 그 남자에게 성실한 생활을 요구했다가 버림받고 말았다. 내 친구와 자녀들, 그리고 그의 전처는 어리석고 진실성이 결여된 상담사 때문에 끔찍한 대가를 치르고 말았다.

2. 분노가 가득하고 화를 잘 내는 사람

"쉽게 화를 내는 사람과 사귀지 말며 거친 성정을 가진 사람과는 함께하지 말아야 한다"(잠언 22:24)

솔로몬의 이 조언에 귀를 기울였다면 얼마나 많은 이혼을 미리 피할 수 있었을까. 게리 스몰리 박사는 인간관계에 있어서 분노는 가장 안 좋은 영향력을 미친다고 말한다. 물론 사람이라면 누구나 가끔은 화를 낸다. 하지만 여기서 솔로몬이 말하는 사람은 분노가 가득해 성격 깊이 스며든 사람이다. 이런 사람들은 자신이 화를 내는 근본적인 원인을 제대로 다룬 적이 없기 때문에 쉽사리 화를 내는 것이다. 이 책 11장에서는 분노에 대한 솔로몬의 탁월한 통찰력을 살펴보겠지만 우선 여기서는 화를 잘 내는 사람과는 유대나 협력 관계를 맺지 말라는 경고에 귀를 기울이자. 화를 내는 사람은 분노에 휩싸여 이성, 개인적 책임, 그리고 양심의 문제 등을 제쳐놓는다. 그리고 머지않아 분노로 인해 자기 자신은 물론이고 옆에 있던 사람들도 함께 무너트릴 것이다.

그렇다고 이 조언이 그런 사람에게는 친절하지도 말고 피해만

다니라는 의미는 아니다. 다만 그런 사람들과는 어떤 종류든 상호 의존적인 관계를 맺지 말라고 경고하는 것이다.

3. 어리석은 사람

"어리석은 사람의 곁을 떠나라. 그렇지 않으면 지식이 가까이 있
  어도 알아보지 못하게 된다"(잠언 14:7)

솔로몬은 우리가 지혜로운 조언을 구하고 지혜로운 사람들과 협력 관계를 맺게 된다면 지금 당장은 물론 앞으로도 평생 도움이 될 지혜를 얻게 된다고 말한다. 물론 그 반대도 마찬가지이다. 솔로몬이 어리석다고 말하는 사람과 함께하게 된다면 진정한 지식을 분별할 수 없게 된다. 다시 말해 좋은 생각과 나쁜 생각의 차이를 구분할 수 없게 된다는 뜻이다. 나는 수백 권에 달하는 전기와 경영 사례들을 읽으면서 수많은 경영자가 믿을 수 없을 정도로 어리석은 일을 저질러왔다는 사실을 알고는 놀라지 않을 수 없었다. 겉보기에는 뛰어난 사람들도 사생활이나 사업에서 끔찍한 선택을 하고 판단 오류를 범한다. 이런 어리석은 결정은 대개 어리석은 사람이나 경영진, 또는 어리석은 상담자나 친구와의 관계에서 비롯되곤 한다.

4. 작은 노력으로 큰 보상을 약속하는 사람들

요즘은 어디를 가든지 약간의 투자나 노력으로 엄청난 수익을

거둘 수 있는 '기회'를 제공하겠다는 사람들로 가득하다. 처음 들으면 도무지 진짜라고 믿기지 않을 정도다. 솔로몬은 이러한 사람들의 제안을 절대 따르지 말라고 경고한다. 따르지 말라는 말은 결국 그런 사람들과는 어떠한 관계도 맺어서는 안 된다는 뜻이다. 그는 그렇게 하다가는 "가난에 빠질" 수 있다고 경고한다. 나는 이 경고를 무시하고 그러한 기회를 제공하겠다는 사람에게 수백만 달러를 빌려 투자를 했다. 3개월에서 6개월만 지나면 투자한 회사가 주식 시장에 상장되고 그러면 투자 금액의 네 배 이상을 돌려받을 수 있다는 말에 넘어간 것이 8년 전의 일이다. 하지만 회사는 상장은커녕 파산했고 나는 수백만 달러를 허공에 날려버렸다.

TV를 보면 일확천금의 전문가라는 사람들이 부동산과 주식 등을 통해 돈 버는 방법을 보여준다. 우리는 그저 몇백 달러의 수수료를 내고 그 방법을 배우면 된다는 것이다. 하지만 작은 노력으로도 엄청난 돈을 벌 수 있다는 사람들은 절대 신뢰해서는 안 된다. 그런 사람들을 만나게 된다면 바로 등을 돌려 달아나야 한다.

5. 아첨하는 사람

"이웃에게 아첨하는 사람은 이웃의 발 앞에 그물을 치는 사람이다"(잠언 29:5)

"거짓말하는 사람은 자기가 해하는 자를 미워하고 아첨하는 입은 몰락을 불러온다"(잠언 26:28)

칭찬과 아첨의 차이는 무엇일까? 솔로몬이 '칭찬(praise)'의 뜻으로 사용한 히브리어는 누군가를 '인정한다'는 뜻이며, '아첨(flattery)'으로 사용한 히브리어는 '부드럽고 달콤한 말'과 동의어이다. 아첨이 듣는 사람의 자존심을 부풀려주는 '달콤한 말'이라면 칭찬은 듣는 사람의 인격적 특징이나 가치 있는 노력과 행동을 '인정해주는 말'이다. 부드럽고 달콤한 말로 아첨하는 사람을 경계해야 한다. 투자금을 네 배로 늘려주겠다던 그는 많은 사람들 앞에서 공개적으로 나에게 아첨을 했다. 아내가 그의 아첨에 대단히 부정적으로 반응하는 동안 내 자존심은 한껏 부풀어 올랐다. 그는 내 발앞에 그물을 쳤고 즉시 내 주머니를 털어갔다. 나는 거의 파멸 직전에 몰릴 만큼 빚을 지고 말았다.

6. 남의 말을 하기 좋아하는 사람

"남의 말 하기 좋아하는 사람은 결국 비밀을 퍼트리게 되니 불필요하게 말이 많은 사람을 피해야 한다"(잠언 20:19)

솔로몬은 말만 많이 하고 실천은 거의 하지 않는 사람들을 믿지 않았다. 사실 그는 주변을 둘러싸고 있는 거짓말쟁이들, 남 얘기하기 좋아하는 사람들, 아첨꾼들, 그리고 다른 사람의 비밀을 퍼트리는 사람들 때문에 늘 골치를 앓고 있었다. 그런 경험이 있었기에 솔로몬은 우리에게 다른 사람들의 입에서 나오는 말에 주의를 기울일 것을 촉구한다. 만나는 사람에게서 이러한 특징들이 보인다면 그 말에 귀 기울이지 말고 조언을 구하지 말며 또 협력 관계도 맺지 말라고 말한다. 〈잠언〉을 읽기 전에 나는 두 번 정도 남의 말 하기 좋아하고 아첨을 잘하는 직원을 고용한 적 있었다. 한 사람은 회사에서 수천 달러 상당의 물품을 훔쳐 밖으로 나가 자신의 지위를 부풀려 과시했고, 다른 한 사람은 회사 법인카드로 10만 달러 넘게 개인 물품을 사들이고 그 대금의 절반만 갚았다. 아, 내가 이 사람들을 고용하기 전에 이 잠언을 알고 있었더라면 얼마나 좋았을까!

7. 법과 질서, 혹은 개인적인 선을 마음대로 무시하는 사람

"지혜로운 아들은 율법을 잘 지키지만 난동을 부리는 사람들과 가까이 하면 부모를 욕되게 할 뿐이다"(잠언 28:7)

자신은 법 위에 있다거나 질서는 다른 사람들이나 지키는 것이라고 생각하는 사람을 만나본 적 있는가? 이런 성격은 언뜻 별거 아닌 것처럼 보일 수 있지만 사실은 그렇지 않다. 이런 모습을 보이는 사람은 자신의 모든 행동을 합리화하고 변명하는 데 아주 능숙하다. 이들 중에는 종종 능력이 좋은 사람들이 있다. 우리는 이들의 경력이나 업적에 매료되어 이런 문제를 그냥 무시하거나 변명해주려 한다. 솔로몬은 아무리 성공한 사람이라 할지라도 이런 사람과는 어떠한 협력 관계도 맺지 말라고 경고한다. 법과 질서를 마음대로 무시하는 사람은 우리를 비롯한 우리의 직원 또는 고객에게 부적절하거나 거친 행동을 하고도 쉽게 핑계를 댈 수 있는 사람이다.

적합한 상담자나 협력자를 만나는 방법

효율적인 협력 관계를 맺고 올바른 상담을 받게 되면 많은 것을 얻을 수 있지만 반대로 엉뚱한 협력자나 상담자를 만나게 되면 그 결과는 대단히 치명적이다. 따라서 인생을 제대로 살아가려면 적합한 상담자와 협력자를 만나는 것이 중요하다. 여기에는 몇 가지 충고가 뒤따른다.

1. 앞서 솔로몬이 소개했던 일곱 가지 유형의 사람들을 앞으로 만나게 될 모든 상담자와 조언자, 혹은 협력자를 판단하는 기준으로 사용해야 한다. 그리고 한 가지라도 해당한다면 그 사람은 피해야 한다.

2. 정말로 상담자와 조언자를 찾을 때는 그들의 이야기를 듣기 전에 먼저 그들의 '경력'부터 살펴야 한다. 그들이 조언을 제공할 분야에서 그들의 경력은 우리에게 무엇을 말해주는가? 예를 들어, 행복한 결혼 생활을 하지 못하고 있는 사람에게 결혼에 관해 상담을 요청하겠는가? 이런 기본적인 사실에도 불구하고 수많은 사람이 자신의 인생조차 제대로 꾸려나가지 못하고 실패한 사람들의 조언을 따르고 있다. 상대를 주의 깊게 살펴보라. 그들로 인해 어쩌면 내 인생이 망가질 수 있다.

3. 자신의 장점과 단점을 정확하게 파악하라. 보통 우리가 필요로 하는 사람은 나와는 완전히 다른 사람일 때가 많다.

4. 나의 단점, 부족한 지식과 능력을 채우기 위해서는 상담자나 협력자의 재능과 능력, 그리고 장점을 면밀하게 확인하라.

5. 혹시 가능하다면 나와 같은 꿈, 목표, 계획, 혹은 야망을 공유할 수 있는 사람을 찾으라. 협력자라면 그런 부분들을 함께 바라볼 뿐만 아니라 거기에 함께 공감하고 매료될 필요가 있다.

6. 사업에서 동업자를 찾는 경우라면 성공을 향한 나의 꿈에 함께 완전히 헌신할 수 있는 사람을 찾아야 한다. 나는 최선을 다하고 있는데 동업자는 그렇지 못하다면 그 동업 관계 혹은 협력 관계는 그리 오래가지 못한다. 그 사람이 이전에는 어떤 모습이었는지 확인하라. 그 사람은 잠시 열중하는 척하다 그만둘 사람인가 아니면 오래도록 나의 신뢰를 저버리지 않을 사람인가?

7. 내가 협력자로 삼을 사람은 성향이 긍정적인가 아니면 그 반대인가? 대개 부정적인 성향의 사람은 좋은 협력자가 될 수 없다. 그렇다고 반드시 긍정적이거나 지나치게 낙관적일 필요까지는 없다. 하지만 다른 사람들을 쉽게 낙담시키거나 부정적인 측면만 찾아내는 사람이라면 상황이 어려울 때 바로 내 곁을 떠나거나 아니면 상황을 더 나쁘게 몰고갈 수 있다.

8. 협력자로 삼을 사람의 재능과 성향을 확인하라. 그 사람은 말만 앞세우는 사람인가 아니면 실제로 행동하는 사람인가. 그 사람이 다른 사람들에게 하는 충고 말고, 개인적으로 어떻게 지내는지를 살펴보면 확인이 가능하다.

우리가 지금 얼마나 성공했는지는 중요하지 않다. 조언을 구하고 좋은 협력 관계를 맺는다면 우리의 성공은 기하급수적으로 커질 것이다. 실제로 나는 혼자서 모든 일을 처리하기보다는 열 사람의 좋지 않은 사람들을 경험하게 되더라도 한 사람의 훌륭한 협력자를 찾아 함께하고 싶다. 솔로몬 왕의 조언을 활용한다면 우리는 정말로 나에게 맞는 적합한 상담자나 협력자를 찾아낼 수 있다.

내게 맞는 멘토를 찾아 도움을 청할 수 있는 방법과 전략

우리가 만날 수 있는 가장 중요한 협력자 유형이 바로 멘토이다. 여기서 말하는 멘토는 개인적으로든 직업적으로든 우리가 성공하고자 하는 분야에서 이미 엄청난 성취를 이룬 사람이다. 그렇다면 내게 맞는 멘토를 찾아 도움을 청할 수 있는 방법과 전략들을 알아보자.

1. 내가 원하는 특별한 꿈이나 영역을 먼저 확인한다. 직장생활 전반에 걸쳐 도와줄 멘토가 필요한가 아니면 경영 관리나 영업 기법 같은 업무의 특정 영역에서 도움을 줄 멘토가 필요한가?

2. 위 내용을 확인했다면 각 영역에서 멘토가 되어줄 만한 사람들의 명단을 작성한다. 내가 가장 존경하는 사람들의 리스트를 작성하라는 뜻이다. 그들은 내 인생의 각 영역에서 통찰과 지혜, 그리고 조언을 제공해줌으로써 내가 원하는 변화로 이끌어줄 수 있는 사람들이다. 리스트는 내가 정말 좋아하고 원하는 사람 순서대로 작성한다. 할 수만 있다면 제일 먼저 나의 멘토로 선택하고 싶은 사람의 이름부터 적는다.

3. 리스트에 제일 먼저 기입한 사람부터 시작해 그들과 내가 현재 어떤 관계에 있는지 적는다. 그는 내 직장 상사인가, 친구인가, 그저 아는 사람인가, 친구의 친구인가, 아니면 아예 전혀 모르는 사람인가.

4. 직·간접적인 경험을 통해 그 사람들에 대해 개인적으로 알게 된 모든 내용을 적는다.

5. 그 사람들에 대한 정보를 가능한 많이 조사한다. 그는 무엇을 좋아하고 무엇을 싫어하는가? 무엇에 열광하는가? 쉬는 시간에는 무슨 일을 하며 또 어떤 일에서 동기부여를 받는가?

6. 리스트에 적기는 했지만 거의 안면이 없는 사람이라면 혹시 주변에 건너 건너서라도 아는 사람이 있는지 찾아본다. 할 수 있는 한 모든 인맥을 동원하라. 그리고 그 인맥을 통해 그 사람과 처음에 어떻게 접촉할 수 있을지 궁리한다.

7. 간단한 제안서와 함께 예비 멘토와 접촉할 준비를 한다. 직접 찾아가거나 전화나 편지로 연락을 취하기 전에 먼저 간단한 제안서나 요청서를 준비하는 게 좋다. 예비 멘토가 중간에서 나를 소개해준 사람은 알지만, 나를 개인적으로는 모르는 경우라면 나를 소

개해준 사람에 대한 내용이 첫 부분에 꼭 들어가야 한다. 그런 다음 그의 자질 중에서 어떤 부분을 존경하는지, 그리고 그 자질이 지금 나에게 왜 중요한지를 설명하고 그것을 내 삶의 일부로 만들기 위해 그의 통찰과 지혜를 어떻게 얻고 싶은지도 간략하게 적는다. 마지막으로 매주 혹은 매달 내가 성장하고 싶은 분야에 대해 그의 자문을 얻을 수 있는 주기적인 만남이 가능한지 묻는다. 식사를 같이 하거나 차를 함께 마셔도 좋고, 혹은 함께 운동하는 것도 좋다.

8. 준비를 마쳤으면 연락을 취한다. 개인적으로 약속을 잡는 것이 제일 좋겠지만 예비 멘토가 어떤 사람인가에 따라서 약속이 가능할 수도 그렇지 못할 수도 있다. 바로 약속을 잡고 만날 수 없다면 전화로라도 나의 뜻을 전한다. 편지는 앞서 두 방법이 다 통하지 않을 때 사용한다. 연락이 어떤 방식으로 되든 앞서 준비한 내용들을 바탕으로 간결하게 요점을 말한다. 은퇴한 상황이 아니라면 나의 예비 멘토는 엄청나게 일정이 바쁠 것이다. 그래서 나와의 만남에 시간이 너무 많이 소요된다 싶으면 나의 제안을 완전히 거절하거나 '전염병'처럼 나를 피할 것이다.

9. 연락 이후. 첫 만남 이후에는 멘토가 해준 인상적인 얘기들을 언급하면서 감사의 뜻을 전한다.

10. 리스트에 있는 다음 예비 멘토에게 접촉한다. 혹시 나의 첫 선택이 거절당했다면 그 이유에 대해 생각해본다. 그런 다음 리스트에 있는 다음 예비 멘토에게 동일한 절차를 진행한다.

7장

삐끗한 행복 되살리기:
"행복을 가로막는
다섯 가지를 조심하라!"

행복한 마음은 보약이지만
근심 어린 마음은 내 몸을 마르게 한다.
[잠언 17:22]

무엇을 원하는가?

솔로몬은 의학계가 최근에야 발견한 사실을 거의 3000년 전에 알고 있었다. 바로 진정한 행복이야말로 건강에 가장 좋은 영향을 미친다는 사실이다. 오늘날의 연구에 따르면 심장병과 암을 비롯한 많은 질병들의 발병 위험이 감소했다. 하지만 또 다른 연구에 따르면 불행하거나 우울한 사람은 순환계에 염증이 더 많이 일어나며 이는 심장병을 비롯해 심장마비나 뇌졸중으로 이어진다고 한다. 우울한 사람은 전반적으로 행복한 사람보다 연령별 사망률이 약 두 배 더 높다. 이 통계에는 자살이 포함되어 있지 않다. 또 행복한 사람은 불행한 사람보다 훨씬 빨리 질병이나 수술에서 회복된다고 한다.

그렇다면 우리는 어떻게 해야 행복해질 수 있을까.

인생에서 단 한 가지만을 가질 수 있다면 무엇을 선택할 것인가? 재산? 더 멋진 외모나 건강? 장수? 더 좋은 조건의 결혼? 아니면 더 나은 직업이나 훌륭한 경력?

누군가 '재산'이라고 대답한다면 "건강 없는 재산이 다 무슨 소용인가?" 하고 되물을 수 있다. 또 '건강'이라고 대답하면 비록 몸은 건강하지만 직업이 좋지 못하거나 돈을 충분히 벌지 못해 어려운 상황에 있는 사람이 많다고 할 것이다. 우리가 어떤 대답을 선택하든 원하는 것을 손에 넣었더라도 행복하지 못한 사람이 있다는 사실은 분명하다. 미국의 전설적인 백만장자 하워드 휴즈(Howard Hughes)는 막대한 재산과 권력, 명예를 모두 다 가지고 있었고 숱한 여배우들과도 염문을 뿌렸다. 그렇지만 그의 인생은 그리 행복하지 못했다.

사실, 돈이나 외모, 건강, 좋은 직업, 더 좋은 조건의 결혼, 심지어 긴 수명도 실제로는 목적을 위한 수단일 뿐이다. 우리가 정말로 원하는 것은 그것보다 한 단계 더 깊은 곳에 있다. 우리가 정말로 원하는 것은 바로 행복이다.

> 행복이란 일관되게 지속되는 진심 어린 기쁨이다.

행복의 다섯 가지 걸림돌

솔로몬은 그의 지혜가 오만함으로 바뀌기 전 젊은 시절에 행복의 근원을 발견하고, 그것을 얻고 유지하고 계속 발전시키는 데 필요한 것이 무엇인지 알게 되었다. 또한 사람들이 행복에 다가가지 못하도록 가로막는 주요 장애물도 발견했다.

엉뚱한 곳에서 행복을 찾는다

"돈을 사랑하는 사람은 돈으로 만족하지 못하며 풍족함을 원하
는 사람은 자신의 수입으로 만족하지 못하니 이 역시 다 헛되
다"(전도서 5:10)

솔로몬은 재산이 불어나면서 점점 오만해져 갔으며 자신이 옳다
고 생각했던 지혜와 가치를 뒤로 제쳐두었다. 그는 단순한 쾌락부
터 화려하게 꾸민 정원에 이르기까지 자신이 원하는 모든 것을 다
가져보려 했다. 인생이 저물 무렵 솔로몬은 그 모든 것들은 그저 자
신이 "헛되다(vanity, 허무, 허영)"고 했던 것들을 되풀이한 것에 불과
하다는 결론을 내린다. '허무'는 겉으로 보기에는 화려해 보이지만
자세히 살펴보면 그 안에 중요한 가치가 없음을 말한다. 솔로몬은
인생의 말년에 영원한 목적이나 가치가 없는 것은 무엇을 손에 넣
더라도 참된 행복을 가져다주기 어렵다고 생각하게 되었다. 그 어
떤 물질적인 것도 곧 그 매력은 사라지고 그로 인해 느꼈던 잠깐의
행복도 곧 가라앉고 만다.

감사하는 마음의 부족

"당신은 내 상황을 전혀 이해하지 못하고 있어요." 나는 종종 이
렇게 사람들이 자신의 불행을 정당화하는 이야기를 듣는다.

솔로몬은 우리가 화를 내야 하는 이유가 무엇이든 간에 사실은
감사해야 할 이유가 더 많다고 말한다. 그는 우리의 두 눈과 두 귀

는 신이 내려준 놀라운 선물이라고 말한다(잠언 20:12). 누군가는 그게 감사하는 마음과 무슨 상관이냐고 물을 수 있다. 하지만 당연히 감사할 만한 일이다. 앞에서도 언급했지만 나는 TV 광고 일을 하는데 인간의 눈에 비길 만한 사진기, 또 인간의 귀와 비교할 만한 음향장치 같은 건 아직 만들어지지 않았다는 사실을 감히 말할 수 있다. 우리 몸의 다른 모든 부분들과 마찬가지로 눈과 귀도 놀랍기 그지없다. 솔로몬은 우리가 그저 자신의 몸만 잘 살펴봐도 감사하는 마음을 느낄 수 있다고 말한다. 인간이 만든 어떤 정교하고 튼튼한 장치도 우리의 심장이나 뇌와 비교할 수 없다. 하지만 이런 것들이 당연히 주어지는 것이라고 생각해서는 안 된다. 우리 주변에는 눈이나 귀, 심장, 뇌가 제대로 움직이지 않는 사람들이 많다. 우리는 인생의 넉넉함과 우리가 너무나 당연하게 여기는 모든 날들에 대해 감사하는 마음을 가져야 한다.

감사하는 마음이 있다면 절대로 불행해질 수 없다. 불행을 느끼는 순간, 시간, 날 또는 일주일이 있다면 그것은 분명 우리가 주어진 선물이 아닌 뭔가 다른 것에 마음을 뒀기 때문이다. 불행하다는 생각이 든다면 곧 그것을 경고로 삼아 나의 정신과 육체가 뭔가 다른 것에 집중하고 있는 건 아닌지 확인하라. 지금보다 더 행복해지고 싶다면 솔로몬이 제시한 사례를 따라보자. 감사해야 할 모든 것들의 목록을 만들어라. 그런 다음 불행이 내 안에 스며들 때마다 그 멋진 선물들에 초점을 맞추라.

질투

"분노는 잔혹하고 감당하기 어려운 홍수와 같지만 질투를 이길
  수는 없다"(잠언 27:4)

"그가 가진 것을 나도 가지고 있다면 행복할 텐데." 우리는 모두
이런 생각을 하며 살아간다. 셋집에 살며 돈이 없을 때는 자기 집도
있으면서 돈도 많은 가정이 부러웠고 처음 내 집을 장만하고 나니
나보다 크고 좋은 집에 사는 사람들이 부러웠다. 낡은 자동차를 몰
고 다닐 때는 더 좋은 새 차를 타는 사람들이 부러웠다. 결혼 생활
이 불행할 때는 행복한 결혼 생활을 하는 친구들이 부러웠다. 내 손
에 무엇이 들어오든 상관없이 세상에는 언제나 내가 부러워할 만
한 다른 사람들이 있는 것 같았다. 사업에 성공해 수백만 달러를 벌
어들이고 사랑하는 가족도 생겼지만 유명한 감독으로 억만장자가
된 고등학교 동창이 부러울 때가 있었다. 그러던 어느 날 솔로몬이
질투에 대해 쓴 잠언을 다시 읽게 되었다. 그는 분노보다 질투가 더
파괴적이라고 말한다. 남을 질투하면서 동시에 행복해지는 것은
불가능하다. 질투심을 다룰 방법을 찾아내지 못한다면 행복한 감
정을 계속 유지할 수 없다. 왜 그럴까? 질투심은 우리가 손에 쥐고
있는 것에서 눈을 돌려 없는 것을 바라보게 한다. 질투는 오만함과
소유욕의 반영이다. 누군가를 질투할 때 우리는 불행해지며 결국
극도의 우울증을 겪게 된다.

모든 사람의 마음과 머릿속에는 질투의 씨앗이 들어 있다. 그 씨

앗들을 우리는 매일 처분할 필요가 있다. 중세의 종교개혁가 마르틴 루터(Martin Luther)는 "새가 머리 위에 내려앉는 것을 막을 수는 없지만 그 위에 둥지를 트는 것은 막을 수 있다"라고 말했다. 질투의 씨앗이 뿌려지는 것까지는 막을 수 없겠지만 뿌리를 내리고 싹을 틔우는 것은 막을 수 있다. 우리의 마음을 풀어줄 해독제는 무엇인가. 바로 감사하는 마음이다. 그냥 말 그대로 모든 것에 감사하는 마음을 가지면 된다. 감사함으로 마음이 가득 차면 질투의 씨앗이 자랄 여지는 없다.

더 큰 자격이 있다는 생각

"사람의 행위는 자기가 보기에는 모두 다 정직하다"(잠언 21:2)

오늘날 사람들은 자신이 무엇을 가지고 있고 무엇을 받았든 간에 종종 더 많은 것을 받을 자격이 있다고 생각한다. 남편은 자신에게 지금 아내가 해주는 것보다 더 많이 받을 자격이 있다고 느끼며 물론 그 반대의 경우도 마찬가지이다. 직원들은 회사로부터 더 많은 것을 받을 자격이 있다고 느낀다. 사람들은 보험 회사나 의료서비스 업체, 혹은 정부 기관으로부터 더 많은 혜택을 받을 자격이 있다고 생각한다. 이런 식으로 더 받을 자격이 있다고 생각하는 것들을 제대로 얻지 못할 때 우리는 얼마나 자주 불평을 하며 살아가고 있는가. 여기에 우리가 알아야 할 인생의 법칙이 있다. 우리 마음이 우리가 갖고 있지 않은 것과 받을 자격이 있다고 생각하는 것들에 집중하고 있는 한, 우리는 결코 행복해질 수 없다!

어리석음

"자신의 마음만을 믿는 사람은 어리석지만 지혜롭게 행동하는
 사람은 구원을 받게 된다"(잠언 28:26)

　진정한 행복으로 가는 길을 가로막는 마지막 장애물은 자신 밖
의 주변은 바라보지 않으려는 마음이다. 우리는 오직 자기 자신의
이해와 해석에만 의존하고 감정에 따라 결정을 내린다. 솔로몬은
"자신의 마음만을 믿는 사람은 어리석다"라고 말했다. 왜 그런가?
우리의 감정은 신뢰할 수 없을뿐더러 순식간에 뒤바뀐다. 우리의
감정은 그야말로 롤러코스터에 올라탄 것처럼 이리저리 요동친다.
한순간 행복하다가도 곧 슬프거나 우울해진다. 사랑으로 가득 차
있던 마음이 갑자기 분노에 휩싸인다. 자신감이 넘치다가도 어느
새 두려움과 걱정에 사로잡힌다. 자기 마음만을 믿는 사람은 궁극
적으로 자신의 유한한 지식과 변덕스러운 감정에 자기 미래를 걸
고 있는 셈이다. 솔로몬이 이런 모습을 보고 어리석다고 말하는 건
너무나 당연한 일이다.

행복의 걸림돌을 뛰어넘는 법

행복을 가로막는 장애물을 극복하기 위해서는 지금까지 읽었던
〈잠언〉의 다양한 내용을 그대로 따라야 한다. 솔로몬의 조언을 정
리해보자.

감사하는 마음을 키워간다

한마디로 정리하면 하루하루 감사할 일을 찾아 집중하는 것이
다. 큰 좌절과 슬픔을 극복하는 데 어려움을 겪고 있는 사람들을 위
해 게리 스몰리 박사는 《우리, 왜 결혼했을까?》의 첫 장에서 '보물
사냥'이라는 멋진 기술을 가르쳐준다. 이 간단한 감사의 기술을 적
용하면 가장 힘든 경험 속에서도 숨겨진 보물을 찾아낼 수 있다. 일
단 그 보물을 발견하고 나면 그 어떤 것도 감사의 마음을 방해하지
못한다.

나에게 받을 자격이 있다는 생각을 버린다

인생의 어떤 영역에서든 '받을 자격'에 대한 잘못된 생각은 우리
를 끊임없이 불행하게 만든다. 그 불행에서 빠져나올 수 있는 유일
한 방법은 사회나 직장, 친구나 친척, 배우자 및 자녀들에게서 비현
실적인 기대를 포기하는 것이다. 이렇게 하는 순간 그 결과에 깜짝
놀랄 것이다. 이전보다 훨씬 행복해질 뿐만 아니라 다른 사람들을

조건 없이 사랑하고 존중하는 마음도 커진다.

질투의 씨앗을 제거한다

다른 사람이 가진 것에 부러움과 질투심이 생길 때는 다음 세 가지 사실을 기억하자. 우리는 다른 사람이 겪은 모든 어려움에 대해서 제대로 알지 못한다. 사람이 갖고 있는 모든 것은 죽음 이후 뒤에 남겨질 뿐이다. 그리고 우리는 결국 다 죽는다.

우리는 다른 사람의 모든 사정을 다 알지 못한다. 그들이 실제로 얼마나 행복하고 불행한지, 또 우리가 지금 부러워하고 있는 것들을 얻기 위해 무엇을 희생했는지도 알지 못한다. 그들이 개인적인 삶을 희생했는지, 비윤리적이거나 부도덕한 선택을 했는지, 가족과의 시간을 희생한 건 아닌지 우리는 잘 모른다. 그들이 무엇을 가지고 있든, 세상을 떠날 때 가져갈 수 있는 것은 단 하나도 없다는 사실을 기억하자. 나는 내가 부러워했던 사람들이 아직 젊은 나이임에도 세상을 떠나는 모습을 여러 번 지켜봤다. 그들은 재산과 가족을 남겼다. 나는 수십억 달러의 재산을 남기고 일찍 죽는 것보다 그 재산을 잃더라도 가족과 함께 누릴 시간이 더 많은 인생을 선택하고 싶다.

질투와 부러움이 느껴지면 내가 지금 마땅히 감사해야 할 것들에서 눈을 돌리고 있다는 신호로 여기라.

지혜로운 인생을 시작하라

지혜는 단순한 지식이 아니라 어떤 것에 대한 진실을 아는 것이다. 그렇다고 백과사전처럼 어떤 사실을 머릿속에 저장만 하는 것도 아니며 지혜에는 행동이 포함된다. 간단히 말해 지혜는 우리의 일상적인 행동에 진실을 적용하는 것이다. 이 책 15장에서는 지혜와 배움의 기초 위에 인생을 쌓아가는 방법에 대해 이야기할 것이다.

지식에서
지혜까지

1. 솔로몬 왕이 말한 행복을 가로막는 장애물들 중에서 지금 현재 내 앞을 가로막고 있는 것은 무엇인가?

___ 엉뚱한 곳에서 행복을 찾는다

___ 감사하는 마음의 부족

___ 다른 사람들에 대한 질투

___ 나에게는 받을 자격이 있다는 생각

___ 자신의 생각과 감정만을 믿는 어리석음

2. 인생에서 감사해야 할 것들의 리스트를 작성하라. 가장 분명하고 중요한 것부터 시작해 리스트 작성을 멈추지 말라. 그렇게 몇 개월 동안 계속해서 감사 리스트를 추가해나간다. 그러다 보면 매일 돌아보고 감사해야 할 엄청난 목록이 만들어질 것이다.

8장

삐끗한 인격
다시 만들기:
"다시, 친절하고 진실하고
관대하고 상냥하게"

친절함과 진실함이 곁을 떠나게 하지 말고
그것을 목에 걸고 마음판에 새겨야 한다.
그렇게 하면 하나님과 사람들에게서
은혜와 존경을 받게 될 것이다.
[잠언 3:3~4]

앞에서도 이야기했지만 대학을 졸업한 후 6년 동안 나는 한 직장에서 몇 개월 이상을 일해본 적이 없다. 회사에서는 나를 해고할 때 크게 배려해주곤 했는데 나의 장점들을 이야기하면서 내 개인적인 문제라기보다는 여러 가지 사정이 겹쳐서 이렇게 할 수밖에 없게 되었다며 아쉬워했다. 그렇지만 나는 사실 단 하나의 이유 때문에 번번이 직장에서 쫓겨난 것이다. 즉 직장에서는 나의 가치를 다른 직원들만큼 인정하거나 평가해주지 않았던 것이다. 가치를 크게 인정받는 사람은 높은 지위를 얻거나 최고의 급여를 받는다. 반면 전혀 그 가치를 인정받지 못하는 사람은 결국 자리에서 쫓겨날 수밖에 없다. 개인적인 인간관계에 있어서도 마찬가지이다. 가치가 있는 친구를 멀리하는 사람은 없다. 서로의 가치를 인정하는 부부는 이혼하지 않는다. 그렇다면 과연 직장에서는 어떤 직원을 더 가치 있게 여기는 것일까? 사람들은 많은 친구들 가운데서 어떤 친구를 절대로 떠나고 싶지 않은 최고의 친구로 생각할까? 평생 사랑이 변치 않을 것 같은 소중한 배우자란 어떤 배우자일까? 솔로몬은 누구든 노력하고 다듬기만 하면 개인 생활에서든 직장에서든 사람들로부터 높은 가치를 인정받을 수 있는 다섯 가지 품성을 우리에게 알려준다.

첫 번째 품성인 '성실함'에 대해서는 2장에서 이미 살펴보았다. 진정한 성실함은 어떤 직장에서든 그 사람을 가장 가치 있는 직원으로 만들어준다.

이번 장에서는 우리를 진정으로 가치 있는 사람으로 만들어주는 다른 네 가지 품성에 대해 살펴볼 것이다. 성실함과 마찬가지로 다른 품성들도 자연스럽게 자라나 열매를 맺는 것이 아니다. 나 스스로가 소중히 돌보고 키워야 할 씨앗인 것이다.

친절함과 진실함, 가치를 따질 수 없는 보물

아내와 나는 최근에 비벌리힐스에서 열린 자선 행사에 참석했다. 한 여성이 모두 합쳐 500만 달러가 넘는 다이아몬드 장신구들을 착용했다고 해서 돌아보니 목에는 커다란 황색 다이아몬드 펜던트가 걸려 있었고 손가락에도 비슷한 크기의 흰색 다이아몬드 반지가 끼워져 있었다. 그렇지만 사람에게는 그 다이아몬드 장신구들보다 훨씬 가치 있는 품성이 두 가지 있다. 그 가치는 값을 따질 수 없을 정도지만 거의 언제나 과소평가된다. 그 매력은 어디에서나 빛나지만, 놀랍게도 실제로는 보기가 드물다. 지금 내가 말하는 품성은 '친절함(kindness)'과 '진실함(truth)'이다. 한 설문 조사에 따르면 미국 고등학생의 80퍼센트 이상이 최근 시험에서 부정행위를 했다는 사실을 인정했다. 직장에서의 행동도 이와 크게 다르지 않다. 공사 현장에서부터 중역 회의실에 이르기까지 진실함은 찾아보기 어렵다. 하지만 사람들은 부정직한 행동이 오히려 단기간에는 이익을 주며, 장기적으로도 심각하게 나쁜 결과는 초래하지 않는다고 생각한다. 그렇지만 우리는 진실함을 버리고는 제대로 살 수 없다. 엔론이나 월드콤, 그리고 타이코의 경영진들에게 한 번 물어보라. 가정에서도 상황은 비슷하다. 미국 기혼 남성의 약 절반 이상이 아내 모르게 부정을 저지르고 있다고 인정했으며 기혼 여성의 경우에도 그 비율이 3분의 1에 달한다.

즉각적인 만족과 나 우선(me-first) 시대에 친절은 마치 만찬의 주요 요리가 아닌 먹다 남긴 잔반 취급을 받는 것처럼 보인다. 한마디로 말해, 나를 먼저 돌보고 그러고도 시간이나 여유가 남으면 남을 돕겠다는 뜻이다.

솔로몬은 "친절함과 진실함이 곁을 떠나게 하지 말고 그것을 목에 걸고 마음판에 새겨야 한다"(잠언 3:3)고 말한다. 솔로몬은 눈부신 보석처럼, 진실함과 친절함이 우리 삶의 일부가 되어야 사람들이 우리에게서 그 두 가지 품성을 가장 먼저 볼 수 있게 된다고 말한다. 그 두 가지 품성이 가장 먼저, 그것도 자주 보여야 한다. 그래서 사람들이 우리를 생각할 때 다른 무엇보다도 친절함과 진실함을 떠올려야 한다. 나 역시 게리 스몰리를 처음 만났을 때 그에게서 이 두 가지 품성을 가장 먼저 알아보았다. 그는 두 눈으로 그 두 가지 품성을 발산하고 있었으며 말과 행동 속에서도 분명하게 드러났다. 솔로몬이 "그것을 목에 걸고"라고 한 건 바로 이런 의미이다.

솔로몬은 거기에 덧붙여 "그것을 마음판에 새겨야 한다"고도 말한다. 다시 말해 친절함과 진실함을 내 존재의 중심, 심장부로 만들라는 말이다. 지난 31년 동안 나는 우리 가족 모두를 향한 게리의 친절함과 진실함을 보아왔다. 또한 그는 내가 소개시켜준 친구들에게도 마찬가지의 모습을 보여주었다. 게리는 억지로 친절하거나 진실한 사람이 되려고 노력할 필요가 없었다. 이 두 가지 품성은 이미 게리라는 존재의 일부가 되어 있었다. 내 사업의 멘토 밥 마시, 정신적 멘토인 허브와 헬렌 부부를 포함해 내가 살면서 만난 많은 이들도 마찬가지였다. 나는 3, 40년 전 이들을 처음 만났을 때부터 그 보석 같은 품성들을 알아볼 수 있었다.

친절함과 진실함을 인생의 일부로 만들었을 때

〈잠언〉 전체를 통해 솔로몬은 조건을 내걸고 약속을 한다. 그는 항상 '이렇게 하면 무엇을 얻을 수 있다'고 말하는데, 친절함과 진실함도 마찬가지이다. 우리가 이 두 가지 품성을 우리 자신의 일부분으로 만든다면 우리는 돈으로는 절대 살 수 없는 유익을 얻게 될 것이다! 솔로몬은 〈잠언〉 3장에서 우리가 신과 사람들에게서 은혜와 존경을 받게 될 것이라고 말한다. 솔로몬이 여기서 말하는 "은혜(favor)"는 히브리어로 '소중하고 귀한 인정과 특별한 대우'를 의미한다. 즉 친구와 동료, 직장 상사, 직원들과 가족들에게 소중한 사람이 될 것이라는 말이다. 물론 우리가 받을 선물은 이것이 다가 아니다.

든든하고 귀한 관계가 만들어진다

그 친구의 말을 믿고 의지할 수 있다는 사실을 알게 되면 우리는 그 관계를 통해 안전하고 든든한 기분을 느끼게 된다. 지속적인 관계를 안정적으로 구축할 수 있는 토대는 정직이다. 친절함은 우리의 관계에서 가치와 감사를 만들어낸다. 누군가가 나에게 예상치 못한 친절을 일상적으로 베푼다면 나는 그와의 관계를 다른 사람과의 관계보다 더 소중히 여기게 될 것이다.

용기와 자존감을 얻을 수 있다

내가 네 번째 직장에서 해고되었을 당시 모(母)회사의 부사장이었던 밥 마시가 나를 점심에 초대했다. 그는 나에게 앞으로 무엇을 할 것인지 물었고, 나는 애리조나에 있는 한 은행에서 일을 하게 되었다고 했다. 그러자 그는 은행 근무에 어울리는 정장이 있는지 물었다. 아직 적당한 옷을 마련하지 못했다고 하자 마시는 나를 옷가게로 데려가 정장 두 벌을 사주었다. 당시 파산 직전이었던 나는 그의 친절에 깊은 인상을 받았다. 사회생활을 하면서 겪었던 그 어떤 일보다 더 소중하게 느껴졌다. 바닥까지 떨어졌던 자존감이 하늘 높이 치솟았다. 그 결과 나는 스스로의 가치에 대해 완전히 달라진 생각을 가지고 은행에서 새롭게 일을 시작할 수 있었다.

헌신과 충성, 동기를 얻는다

우리가 누군가에게 친절을 베풀면 그는 우리에게 더 큰 헌신과 충성을 보이게 된다. 또한 그는 자신이 받은 친절에 동기부여가 되어 다른 사람에게도 친절을 베풀게 된다. 밥 마시가 정장 두 벌을 사준 지 3년이 지난 어느 날, 그는 나에게 새로운 마케팅 회사를 시작해보자고 제안했다. 당시 나는 이직하지 않는 조건으로 연봉을 두 배로 올려주고 마케팅 부서 2인자 자리로 승진시켜 주겠다고 약속한 대형 카탈로그 제작회사에서 일하고 있었다. 연봉 3만 6000달러에 회사 차량, 그리고 마케팅 2인자를 약속한 견실한 회사에 남을 것인가, 아니면 가족과 함께 2500마일이나 떨어진 곳으로 이사해 지금 당장은 연봉 1만 달러밖에 주지 못하는 신생 회사에서 밥마시의 동업자가 될 것인가. 물론 새 사업이 성공한다면 앞으로 더 많은 돈을 벌 수 있겠지만 이건 거의 도박에 가까운 일이었다. 하지만 결정은 전혀 어렵지 않았다. 내가 누구보다 존경하는 사람과 함께 사업을 한다는 것은 꿈과 같은 일이었다. 그래서 나는 밥의 제안을 받아들였고 다행히 우리의 사업은 상상을 초월하는 수준으로 성공을 거두었다. 밥은 이미 오래전에 사업에서 은퇴를 했지만 그의 아들들과 나는 말로 설명할 수 없는 돈독한 협력 관계와 우정을 계속 유지하고 있다. 우리 회사는 크게 성장했을 뿐만 아니라 무엇보다도 거의 30년 동안 매일 함께 즐겁게 일을 하고 있다. 그리고 이 모든 것은 단 한 번의 친절에서 시작되었다.

친절함과 진실함을 가로막는 걸림돌들

마음판에 친절함과 진실함을 새길 때 생기는 놀라운 유익에 대해 알고 있는데도 사람들은 왜 그렇게 그 두 품성을 외면한 채 부정직하고 자기중심적으로만 살아갈까? 대답은 간단하다. 우리의 이기심과 자기중심적 사고는 우리가 매일같이 자연스럽게 단련해온 정신과 감정의 근육과 같은 것이다. 더욱이 이 근육은 근육들 중에서 가장 강력하다. 또한 반사 신경까지 빠르고 강력한데, 자신의 이익과 친절 중 선택을 해야 하는 상황이 오면 마치 조건반사처럼 자신의 이익을 따라 행동한다. 그렇게 우리는 언제나 자신이 필요로 하고 원하고 바라는 것들에만 주의를 집중한다.

반면에 친절함이란 우리가 의식적으로 단련해야만 하는 또 다른 정신적, 감정적 근육이다. 이 근육이 있으면 우리는 다른 사람들의 진정한 필요에 집중하기 위해 자신의 필요와 욕구를 한동안 뒤로 미뤄둘 수 있다. 우리가 이 근육을 단련하고 사용하기로 선택했다면 우리는 거의 반사적으로 드러나는 자기중심성을 억눌러야만 한다. 우리는 매일 자신의 이익과 친절함 사이에서 선택을 해야 하는 수많은 순간에 직면하게 된다. 쉬운 일은 아니지만 이 친절함이라는 근육은 사용하면 할수록 더 강력해진다. 그리고 그 근육이 강해질수록 우리 마음속 본성의 일부로 자리잡게 된다. 그렇게 시간이 지나면 의식적으로 노력하지 않고도 자연스럽게 친절을 베풀 수 있다.

쉽게 내뱉는 거짓말

정직하지 않은 사람을 이야기할 때 우리는 보통 다른 사람을 생각하지 자기 자신을 떠올리지는 않는다. 그렇지만 사실 허풍이나 작은 거짓말, 관련 사실에 대한 의도적인 누락까지 포함하면 우리 대부분은 거의 매일 진실하지 않게 사는 잘못을 범하고 있다. 과장하거나 진실을 왜곡하고 또 진실을 알면서도 일부러 숨기는 것은 왜 그렇게 쉬울까? 그렇게 하면 온전한 진실을 말할 때보다 잠시나마 더 유리한 입장에 서기 때문이다. 정직하지 않게 행동하는 이유는 단 세 가지뿐이다. 자신을 내세우거나 혹은 자신을 보호하거나, 아니면 다른 사람의 생각이나 감정 또는 행동을 조종하기 위해서이다. 불행히도 이 세 가지 이유 모두 잘못된 인식에 바탕하고 있다. 우리는 잠시 정직을 외면할 때 이익을 누릴 것이라고 생각하지만 그렇게 해서 우리가 경험하게 되는 모든 이익은 항상 단기적일 뿐이며 정직을 외면했을 때 발생하는 결과는 장기적으로 이어지고 결국 잠시나마 누렸던 이익마저 넘어서 버린다. 정직을 저버릴 때마다 우리의 양심은 둔감해지며 결국 더 큰 거짓말로 쉽게 나아간다. 머지않아 부정직한 행동과 거짓말은 일상이 되며, 우리의 정체성과 우리가 세상과 상호작용하는 방식의 일부가 된다. 더 나쁜 결과는 비록 직접 표현하지는 않더라도 사람들은 부정직한 우리의 모습을 속속들이 꿰뚫어 보고 있다는 것이다. 정직을 포기함으로써 사람들은 가정과 생명까지 잃게 된다. 그리고 굴지의 대기업이나 심지어 한 국가의 정부까지 무너지고 만다.

개인적인 생각이지만 정직하지 못한 모습은 두 가지 형태로 나타난다. 진실을 왜곡하거나 진실을 숨기는 것이다. 전자는 쉽게 알아차릴 수 있지만, 후자는 그렇지 않을 수 있다. 회계감사 업체인 아서 앤더슨(Arthur Anderson)을 생각해보자. 기업 중에서도 가장 정직하고 진실해야 할 곳은 바로 회계와 감사를 책임지는 기업이다. 이들에게는 각 기업의 현재 재무 상태를 분석하고 주주들에게 정확하게 보고해야 할 책임이 있다. 그렇지만 아서 앤더슨의 경우 엔론의 경영진과 공모하여 진실을 왜곡하고 숨겼다. 그렇게 함으로써 엔론의 경영진은 회사가 무너질 때까지 세상을 속이는 행위를 계속할 수 있었고 수천 명의 직원과 셀 수 없이 많은 주주들을 파산으로 내몰았다. 심지어 엔론의 한 임원은 자살까지 했으며 다른 임원들은 징역을 선고받았다. 아서 앤더슨 역시 지금까지 쌓은 명성을 모두 잃고 파멸했다. 2만 8000명의 직원이 일자리를 잃었고, 무엇보다 누가 봐도 명백한 또 다른 손실을 입혔는데, 미국 경제계는 수단 방법을 가리지 않고 경영진의 욕심에 의해서만 움직이는 조직으로 대중들에게 영원히 낙인찍히게 된 것이다.

하지만 착각해서는 안 된다. 거짓과 부정직은 절대 기업 회의실에서 시작되지 않는다. 당신과 나, 우리의 마음과 생각에서 시작된다. 정직을 우리 인격의 기초로 삼을 때라야 비로소 파국을 면할 수 있다.

돌이키기에는 너무 늦은 부정직함의 결과들

부정직한 행위는 끝없는 스트레스를 낳는다

왜 그럴까? 우리 마음 깊은 곳에는 언젠가 나의 정직하지 못한 행동이 드러날 것이라는 두려움이 감춰져 있다. 그래서 우리는 한 번 시작한 거짓말을 일관성 있게 유지해야 한다. 나중에 말과 행동이 달라질 경우 모든 것이 다 드러나기 때문에 늘 과거의 거짓말을 기억하고 있어야 한다. 이 모든 것들은 스트레스를 부르고 우리는 인생의 즐거움을 잃는다. 결국 건강마저 빼앗기게 된다.

부정직한 행위는 결국 예상치 못한 추락을 부른다

매년 수많은 열차 사고와 수십 건의 비행기 추락사고, 또 수백만 건의 자동차 사고가 발생한다. 그렇지만 아무도 기차나 비행기, 혹은 자동차에 올라탄 후 자신들이 곧 큰 충돌이나 사고를 겪게 될 거라고는 생각하지 않는다. 이와 마찬가지로, 거짓말을 하거나 진실을 숨기려 할 때 이 일이 행복한 내 인생을 파괴하는 첫걸음이 될 거라고 생각하는 사람은 아무도 없다. 하지만 현실은 그렇지 않다. 얼마 지나지 않아 모든 거짓은 대부분 다른 사람들에 의해 밝혀지며 그 순간 우리 인생은 추락한다.

관대함, 주는 것보다 더 많은 것을 받는 지혜

"아낌없이 주어도 더 많은 것을 얻게 되며 과도하게 아껴도 가난하게 될 뿐이다. 관대하게 베푸는 사람은 더 풍족하게 되며 남을 채워 주는 사람은 자신도 넉넉하게 채워진다"(잠언 11:24~25)

관대함은 사람이 보여줄 수 있는 가장 존경받는 태도 중 하나이다. 어린아이가 어렵게 모은 용돈을 재난구호 활동에 기부하든 성공한 사업가가 자선 단체에 수백만 달러를 기부하든 우리는 관대한 사람들에게 감사와 존경의 마음을 느낀다. 하지만 그런 감사와 존경의 마음만이 관대함의 선물은 아니다. 솔로몬은 우리가 다른 사람들의 필요를 채워줄 때마다 경험하는 진심 어린 기쁨과 더불어, 관대한 사람은 어떤 것도 부족하게 되는 일이 없을 것이며, 모든 진정한 필요가 채워지고 계속해서 더 풍족하게 될 것이라고 약속한다. 솔로몬은 위 구절에서 다른 사람들에게 아낌없이 내주어도 오히려 더 많은 것들을 얻게 될 것이라고 말한다. 혹시 불가능한 약속처럼 들리는가?

심리학자들은 사람을 움직이는 가장 큰 요소로 두 가지를 꼽는데, 하나는 이익에 대한 욕망이고 다른 하나는 상실에 대한 두려움이다. 솔로몬은 관대함이 이 두 가지 모두에 직접적으로 영향을 미친다고 말한다. 뭐든지 원하는 걸 만들어내는 마술 지팡이를 손에 넣을 수 있다면 그 지팡이의 가치는 얼마나 될까? 솔로몬은 바로 그 마술 지팡이를 우리 손에 쥐어주고 있다. 우리는 그저 진정으로 관대한 사람이 되면 되는 것이다.

그렇다면 솔로몬이 말하는 관대함이란 무엇일까? 그가 선택한 말들을 총체적으로 살펴보면, 관대함은 자신이 가지고 있는 것을 아낌없이 필요한 사람에게 나눠주고, 그러면서도 보답을 기대하지 않는 태도를 의미한다. 솔로몬은 주로 물질적인 것을 이야기하고 있지만 사실 관대함은 여기에 국한되지 않는다. 관대하다는 건 물질은 물론 행동이나 정서적 도움을 통해 다른 사람의 진정한 필요를 채워주는 것을 말한다.

관대해지기 위해서는 부자가 되어야 한다고 생각하겠지만 주위를 둘러보면 그렇지 않다는 걸 금방 알 수 있다. 내가 아는 가장 관대한 사람 중 한 명은 대학에서 함께 일했던 건물 관리인이었다. 그는 주 5일 동안 밤에 화장실을 청소했고 낮에는 침대에 누워 있어야 하는 아내를 돌보았다. 그는 자신이 가진 모든 것, 즉 자신의 시간과 친절한 말, 사려 깊은 생각, 그리고 신중한 행동을 사람들에게 아낌없이 베풀었다. 언젠가 한 번 나는 그 관리인에게 꼭 필요한 것은 없는지 물어본 적이 있었다. "천만에, 지금까지 살면서 필요했던 모든 것들은 항상 풍족하게 다 채워졌다네." 나는 지금까지 이보다 더 행복한 사람을 만나 본 적이 없다. 솔로몬이 약속한 것처럼 그에게는 아무것도 부족한 것이 없었다. 다른 사람의 필요를 채워주었을 때 그 자신도 넉넉하게 채워진 것이다.

그렇다면 관대하지 않은 사람들은 어떻게 될까? 솔로몬에 의하면 그들은 가난하게 될 뿐이며 꼭 물질적인 가난이 아니더라도 영혼의 가난을 경험하게 된다. 그들은 자신이 가진 것에 만족하지 않으며 끊임없이 더 많은 것을 원한다. 결국 그들은 감정적으로 파산 상태가 되고 만다. 관대함은 마음으로부터 시작된다. 관대한 사람은 결코 수동적이지 않으며 언제나 행동으로 그 관대함을 보여준다.

상냥함, 자연스럽게 나를 높이는 소프트파워

"상냥한 여성은 명예를 얻는다"(잠언 11:16)

솔로몬 왕에 따르면 '광채'라는 한 단어로 가장 잘 묘사될 수 있는 영광과 명예, 그리고 매력을 가져다줄 자질은 바로 '상냥함 (graciousness)'이다. 솔로몬이 말하는 '상냥함'이란 무슨 뜻일까? 솔로몬이 사용한 히브리어 단어를 보면 '상냥함' 안에는 친절함, 인내심, 재치, 우아함, 감사 그리고 호의 같은 뜻이 다 들어 있다. 이는 뭔가 대접받고자 하는 기대 없이 이 자질을 다른 사람들에게로 널리 확장해야 함을 의미한다.

솔로몬은 아마도 남성보다는 여성에게 이런 자질이 더 자연스럽게 몸에 배어 있다고 생각해서 여성을 언급했는지 모른다. 하지만 사실 이 자질은 남녀 불문하고 쉽게 찾아보기 힘들다. 나는 직업상 공항을 많이 가는데, 공항에서는 흔한 일이지만 일정이 지연될 때마다 참을성 없고 거칠며 때로는 저속하기까지 한 모습들을 너무 많이 볼 수 있어서 놀랄 때가 많다.

다만 한 가지 좋은 소식이 있다면 상냥함은 타고난 품성이라기보다는 누구나 할 수 있는 선택 사항이라는 사실이다. 그리고 상냥함을 갖추기 위한 첫 번째 단계는 우선 감사하겠다고 선택하는 것이다. 솔로몬은 우리가 가진 모든 것에 대해 매일 감사하게 되기를 바란다. 우리가 갖고 있는 모든 중요한 것들이 사실은 누군가에게서 주어진 선물이라는 것을 끊임없이 인식할 때, 다른 사람을 상냥하게 대할 수 있다. 진정으로 감사하는 마음을 갖는다면 우리 안에서 상냥한 영혼이 만들어진다. 짜증이 날 때는 인내심을 선택하라. 화가 나고 누군가에게 '쓴맛'을 한번 보여주고 싶을 때는 친절함을 선택하라. 누군가를 비난하는 대신 재치 있고 부드럽게 잘못된 부분을 고쳐주겠다고 선택하라. 또한 마음에 내키지 않을 때에도 감사를 선택하라. 진정한 상냥함은 그 어떤 대가도 기대하는 일 없이 이러한 모든 일들을 할 수 있도록 만들어준다. 마음속에 상냥함을 키우고 일상에서 그것을 널리 베풀 때 솔로몬이 약속하는 명예와 거기에 따르는 모든 것들이 우리에게 주어질 것이다.

솔로몬 왕이 이야기하는 네 가지 품성을 갖추는 방법

1. 솔로몬이 이야기하는 네 가지 품성과 관련해 개인적으로 살아 있는 모범이 될 만한 사람을 알고 있는가? 각각의 품성에 대해 최소한 두 명 이상을 예로 들어보자.

친절함_____

진실함_____

관대함_____

상냥함_____

2. 지난 며칠간의 생활을 한번 돌아보자. 그리고 과장하거나 사소한 거짓을 말하고 또 중요한 사실을 생략했거나 노골적으로 거짓말을 한 구체적인 사례를 적어보자.

3. 위 2번의 사례에 대해서 왜 그렇게 했는지 이유를 적어라. 그 거짓말로 인해 이득을 봤는가? 과장하거나 거짓말을 하지 않았더라면 중요한 것을 잃게 되었을까?

4. 과장하거나 진실을 왜곡하는 습관을 버리기 위해 당장 내일부터 어떤 다른 행동을 할 수 있을까?

9장

삐끗한 갈등 극복하기:
"가능한 한 모두에게
최선의 결과를!"

노엽게 한 형제와 화해하기란
견고한 성을 함락시키기보다 어려우며
이러한 다툼은 마치 성문의 빗장과 같다.

[잠언 18:19]

인생의 필수 요소, 갈등

좋든 싫든 갈등과 역경은 먹고 마시고 숨 쉬는 것만큼이나 우리 삶의 일부분을 차지한다. 그렇지만 솔로몬에 따르면 갈등과 역경은 다른 어떤 방법으로도 성취하기 어려운 인생의 중요한 목적을 이룰 수 있게 해준다. 올바르게 대처한다면 긍정적인 결과를 낳을 수 있고 직장과 가정에서 관계를 강화할 수 있겠지만 잘못 대처하면 부정적인 결과를 초래하고 행복과 성공의 가능성마저 해칠 것이다. 솔로몬의 전략 없이 갈등이나 역경을 극복하려는 건 마치 허리케인이 가장 극성일 때 자전거로 플로리다주에서 메인(Maine)주까지 일주하는 것과 같다. 물론 성공할 수도 있겠지만 그만큼 엄청난 위험과 스트레스를 각오해야 한다. 분명한 건 실패할 가능성이 성공할 가능성보다 훨씬 크다는 점이다.

진정한 승자와 패자는 누구인가

헨리 포드는 디트로이트 자동차의 이사진과 회사의 방향성을 놓고 논쟁을 벌였다. 기존의 증명된 시장에서 값비싼 자동차를 생산할 것인지, 아니면 아직 만들어지지 않은 시장의 일반 소비자들에게 저렴한 자동차를 만들어 팔 것인지를 두고 벌어진 이 논쟁에서 헨리 포드는 패배하고 말았다. 결국 포드는 해고당한다. 하지만 머지않아 회사 또한 파산하게 되었고 투자자들은 투자금을 회수하지 못했다. 헨리 포드는 다시 자신의 이름을 내건 포드 자동차를 설립해 세계에서 가장 부유한 사람 중 하나가 되었으며, 이 모험에 투자한 투자자들은 1달러당 3000달러 이상의 수익을 얻게 되었다. 그렇다면 디트로이트 자동차에서 있었던 논쟁의 진정한 승자는 누구일까? 공식적으로는 헨리 포드가 패자이고 이사진과 투자자들이 승자다. 그러나 진실은 그 반대였다.

월트 디즈니가 처음 세웠던 애니메이션 회사는 어느 파렴치한 배급사 때문에 처참하게 망가져 파산 직전까지 가게 되었다. 그 배급사는 디즈니의 가장 인기 있는 캐릭터였던 '운 좋은 토끼 오스왈드'를 빼앗아갔고 심지어 애니메이터 중 단 한 명을 뺀 모두를 스카웃해갔다. 디즈니는 절망에 빠졌고 배급사는 자신들이 멋지게 '한 건' 했다고 생각했다. 그렇지만 그 배급사는 결국 파산했고 월트 디즈니는 그야말로 거대한 엔터테인먼트 왕국을 세우게 된다.

갈등이 일어났을 때 최초의 승자가 꼭 훗날의 진정한 승자가 되는 것은 아니다. 마찬가지로 역경은 우리에게 어려움만 주는 것이 아니라 기회도 준다. 나는 대학을 졸업하고 아홉 곳의 직장을 전전하며 해고를 당할 때마다 큰 충격을 받았다. 하지만 그런 경험이 없었더라면 나는 열 번째 직장에서 상상할 수 없는 커다란 성공을 이뤄낼 수 있었을까? 우리 모두의 문제는 미래를 바라보지 못하는 데 있다. 그래서 우리는 갈등과 역경이 닥쳐오면 멀리 내다보지 못한 채 근시안적인 판단을 내리게 된다. 결과적으로 그러한 판단은 우리를 잘못된 결론으로 이끌게 된다. 솔로몬은 갈등과 역경의 진짜 목적을 우리가 알게 될 때, 그 안에 숨은 기회를 포착할 수 있고 최악의 상황에서도 승자가 될 수 있다고 가르친다.

갈등과 역경에는 두 종류가 있다. 첫 번째는 우리 자신이 원인이 되어 발생한 것, 두 번째는 다른 사람이나 우리의 영향력과 통제를 벗어난 상황에 의해 발생하는 것. 먼저 갈등과 역경이 우리의 통제를 벗어난 상황에서 일어난 경우를 살펴보자.

나의 할아버지는 1900년대 초 어느 광산의 기술자였다. 여행이나 출장을 마치고 집에 돌아올 때마다 아버지는 나와 여동생에게 작은 선물을 주시곤 했다. 내가 초등학교 1학년 무렵 아버지는 애리조나주의 어느 광산 마을에 있던 고모를 만나고 오면서 선물을 가져왔다. 아버지는 작은 가방에서 못생긴 돌 몇 개를 꺼내 식탁 위에 올려놓았는데, 나는 실망이 이만저만이 아니었다. 우리 집 뒷마당에서 볼 수 있는 돌들과 전혀 다르지 않았기 때문이다. 하지만 아버지는 나에게 돌 하나하나를 설명해주었다. "이 돌에는 금이, 이 돌에는 은이, 그리고 여기에는 구리가 들어 있단다." 나는 그렇다면 왜 돌들이 반짝거리지 않는지, 금이나 은은 어디 있는지 물었다. 아직 불을 뚫고 나오지 못했다는 것이 아버지의 대답이었다. 아버지는 이 돌들을 내가 상상조차 할 수 없는 뜨거운 불 속에 집어넣어야 한다고 했다. 오직 그렇게 뜨거운 불꽃만이 이 돌 속에 숨어 있는 아름답고 귀한 금속들을 분리해낼 수 있다는 것이다.

솔로몬에 따르면 우리가 통제할 수 없는 갈등이나 역경에는 저마다의 특별한 목적이 있다. 이러한 역경의 목적은 우리의 영혼과 마음을 둘러싸고 있는 돌 껍데기를 녹여 그 내면에 숨은 보석 같은 인격을 정제해 밖으로 끄집어내는 것이다. 그렇게 하면 다른 방법으로는 절대 끄집어낼 수 없는 뛰어난 품성들이 나타난다. 순금이나 순은이 만들어지는 과정과 마찬가지로 우리는 결국 감정적으로, 심리적으로, 영적으로 훨씬 더 강해진다. 소량의 금이 섞여 있는 암석의 가치는 톤당 몇 달러 정도지만 거기서 만들어지는 순금은 온스(1온스는 약 28.35그램) 당 수백 달러의 가치가 있다. 이와 마찬가지로 갈등과 역경은 우리의 진정한 인격과 그러한 인격을 이루는 강력한 속성들, 즉 인내, 연민, 친절, 용기, 믿음, 충성, 성실, 그리고 애정 등을 만들고 다듬는 일종의 제련 과정이다. 따라서 갈등이나 역경이 닥쳤을 때 낙담하거나 분개하기보다는 그 안에 숨어 있는 유익과 기회들을 위해 우리는 기꺼이 그것들을 끌어안아야 한다. 갈등이나 역경 같은 고난의 불꽃이 없다면 결코 우리의 인격과 품성을 아름답게 다듬을 수 없다.

그러므로 우리는 역경에 직면할 때마다 선택할 수 있어야 한다. 역경에 굴복하고 낙담하고 화를 내겠다는 첫 번째 선택, 인내심을 가지고 역경을 통해 얻을 수 있는 장기적인 유익을 바라보겠다는 두 번째 선택. 우리가 이러한 선택을 의식적으로 신중하게 하든 저절로 흘러가는 대로 두든 어쨌든 선택은 우리의 몫이다. 첫 번째 길은 우리에게 인생의 쓴맛과 깊은 상실감을 보장해줄 것이다. 하지만 두 번째 길은 우리를 더 나은 사람으로 강하게 성장시킬 것이다.

그렇지만 우리가 경험하는 대부분의 갈등과 역경은 우리 행동의 직접적인 결과이다. 아버지는 돌아가시기 전 20년 동안 심장 수술을 세 번이나 받았다. 그리고 7개월간 폐암으로 고통받다가 79세에 세상을 떠났다. 아버지의 병은 본인은 물론 자식들에게도 엄청난 고통이었다. 하지만 이는 평생 끊지 못했던 흡연 습관의 결과였다. 내가 세 번째 직장에서 해고당한 것은 상사에게 충실하지 않았기 때문이다. 그리고 직장의 다른 동료들과 벌인 대부분의 다툼은 내가 먼저 시작하거나 부추긴 결과였다.

갈등은 무딘 칼날도 날카롭게 만든다

솔로몬은 "철이 철을 날카롭게 벼리는 것처럼 사람이 사람을 빛나게 한다"(잠언 27:17)고 말했다. 날이 무딘 칼로는 뭐 하나 제대로 자르기가 어렵다. 칼날은 날카로워야 한다. 칼날을 벼리는 가장 좋은 방법은, 이 역시 쇠붙이인 숫돌에 칼을 문지르는 것이다. 마찰과 불꽃이 일어나지만 칼날은 더 날카롭게 벼려진다. 솔로몬은 칼날이 벼려지는 것처럼 우리의 인격도 다른 사람과 가까이하면서 마찰로 가득한 상호작용을 통해 다듬어진다고 말한다. 사업을 하다 보면 논쟁을 벌이다 문제 해결의 돌파구가 만들어지는 것을 어렵지 않게 경험한다. 게리 스몰리는 부부관계나 인간관계에서 갈등이 가장 깊은 수준의 소통과 친밀감으로 가는 관문이라고 가르친다. 어떤 대가를 치르더라도 갈등을 피하고 대립으로부터 멀어지려는 사람은 의도와는 다르게 관계에 득보다는 해를 끼칠 수 있다. 갈등과 대립 없는 결혼 생활은 결코 깊은 친밀감을 얻을 수 없다. 갈등은 두려운 적이 아니라 인생에서 최적의 성취를 이루는 데 꼭 필요한 도구로 보아야 한다.

승리한다는 것의 의미

우리는 논쟁이나 다툼에서 이긴다는 개념을 상대가 내 의견을 따르고 내가 원하는 일을 하도록 만드는 것 정도로 이해한다. 이 정의에 따르면 디트로이트 자동차의 이사진은 헨리 포드에게 이겼다. 하지만 실제로는 양측 모두 패배한 것이다. 어떤 상황에서도 진정한 승리란 가능한 한 최상의 결과를 얻는 것이다. 그게 논쟁의 당사자들이 원하는 결과이다. 하지만 편견과 선입견, 상대를 꺾고 싶은 승부욕, 혹은 전체를 보지 못하는 좁은 식견 때문에 판단력이 흐려진다. 그래서 모든 사실을 완전히 이해하지 못한 상태에서, 혹은 그저 자기중심적인 관점에서 논쟁을 벌이게 된다. 포드가 대중을 위한 저렴한 자동차에 대한 자신의 꿈을 포드 자동차 투자자들에게 설득시켰을 때, 포드는 승리했고 투자자들도 승리했으며 나아가 포드 자동차를 이용할 전 세계 수백만 명의 사람들도 승리했다.

훗날 다른 회사들이 다양한 색상의 차를 출시하는 가운데 포드는 검정색 차 한 종만 있으면 된다고 주장했다. 포드는 이번에도 이 사진들을 설득하는 데 성공했고 그 결과 포드는 물론 포드 자동차의 모든 사람이 다 패배했다. 회사는 거의 파산 직전까지 몰렸다.

5장에서 살펴보았던 솔로몬의 소통 전략과 다음에 살펴볼 갈등에 잘 대처하는 법을 이용하면, 논쟁에서 더 나은 관점을 얻을 수 있고 관련 당사자들이 사안을 명확히 보고 가능한 최선의 결과를 도출하는 데 도움이 될 것이다. 이렇듯 승리란 결코 '내 방식'만을 고집하거나 내가 원하는 대로 누군가를 설득하는 문제가 아니다. 오히려 모든 당사자를 위한 최선의 결과를 찾아내는 것이다.

갈등은 우리가 어떻게 대처하느냐에 따라 그 결과가 달라진다

논쟁을 벌일 때마다, 우리가 그것을 시작하든 아니면 그것을 시작한 상대에게 대응하든 간에, 우리는 너무나 자연스럽게 우리 자신과 자신의 주장을 방어하고 상대와 상대의 주장에 공격하거나 반격한다. 대부분의 경우, 우리에게는 그 외의 다른 목표가 없다. 또한 '싸움의 규칙'조차 없어서 마음속에 떠오르는 것들이 여과 없이 입 밖으로 튀어나온다. 그렇게 우리는 조급하게 상대를 쏘아붙이며 필요 이상으로 아무 도움도 되지 않는 상처만 입힌다. 그리고 그 대가로 자신은 더 큰 상처를 입는다. 그 결과 둘의 관계는 일시적으로, 혹은 영구적으로 깨진다. 솔로몬은 이런 행태에 대해 '어리석은 행동'이라고 말한다. 논쟁의 원인이 무엇이든 간에 무슨 일이 일어나고 있는지 깨닫는 즉시 우리는 말을 조심하고 생각의 방향을 바꿔야 한다. 단순히 공격과 방어만 일삼는 대신 양측 모두에게 가능한 한 최선의 결과를 가져오는 데 초점을 맞춰야 한다. 이번 장의 '지식에서 지혜까지' 부분에서 우리는 게리 스몰리가 제공하는 갈등 해결을 위한 '해야 할 일'과 '하지 말아야 할 일'에 대해 알아보게 될 것이다.

쓸데없는 갈등을 일으키는 것들

솔로몬은 해로우면서 파괴적인 갈등에는 다섯 가지 원인이 있다고 말한다. 누군가와 논쟁을 벌이기 전에 우리는 다음 중 어떤 것이 갈등의 원인인지 생각해보아야 한다.

1. **교만(pride).** 솔로몬은 "교만은 다툼만 만들어내지만 조언에 귀를 기울이면 지혜를 얻을 수 있다"(잠언 13:10)고 말한다. 이 책 14장에서 알게 되겠지만, 우리의 타고난 거만함이나 교만은 다른 어떤 것보다 더 많은 문제를 일으킨다. 솔로몬은 교만을 갈등의 첫 번째 원인이라고도 말한다. 따라서 갈등이 시작될 때, 나를 이 갈등 속으로 밀어 넣는 주된 동기가 단순히 나의 자아(ego)를 유지하거나 세우기 위한 것인지, 아니면 공격받은 자아를 지키려는 것인지 스스로에게 물어봐야 한다. 만일 그렇다면 그건 갈등에 빠질 만한 타당한 이유가 되지 못한다. 솔로몬은 우리에게 갈등에 빠져들기 전에 외부의 상담자에게 먼저 조언을 구하라고 말한다. 조언을 통해 얻은 지혜는 우리가 교만이 일으키는 갈등에 휩쓸리지 않게 도와준다. 나는 남편과 아내가 아무 이유 없이 서로를 공격하고 자녀들에게도 똑같이 대하는 것을 본 적이 있다. 이에 솔로몬은 단호하게 '하지 말라'고 한다. 지금 피해를 주고 있거나, 혹은 앞으로 피해를 줄 '진짜 문제'를 위해 그런 다툼이나 갈등은 아껴야 한다. 갈등과 논쟁은 그런 중요한 문제를 해결하거나 막을 수 있는 유일한 방법이다. 알량한 자존심 때문이 아니라 그렇게 할 만한 이유와 명분이 분명할 때만 싸워야 한다.

2. 분노. 솔로몬은 "쉽게 분노하는 사람은 다툼을 일으키지만 참을성이 많은 사람은 싸움을 그치게 한다"(잠언 15:18)라고 말한다. 논쟁은 꼭 필요해서라기보다 누군가 화를 내기 때문에 시작되는 경우가 많다. 그런데 이런 분노는 대부분 논쟁 내용과는 별 상관이 없다. 혹시 나에게 해결되지 않은 분노가 있다면, 인생에서 중요한 관계가 끊어지기 전에 그 분노를 일으키는 문제와 먼저 씨름하라. 상대가 해결되지 않은 분을 품고 있다면, 그와 보내는 시간을 줄이는 한이 있더라도 그와의 갈등에 휘말리지 않도록 노력해야 한다. 우리는 11장에서 분노에 대처하기 위한 솔로몬의 조언을 살펴보게 될 것이다.

3. 거친 말. "부드러운 말은 분노를 가라앉혀도 과격한 말은 분노를 더 자극한다." 갈등을 시작하거나 거기에 기름을 끼얹는 데는 과격하고 거친 말 한 마디나 상처가 되는 말 몇 마디면 충분하다. 대부분의 관계에서 우리는 싸움을 시작하기 위해 어떤 버튼을 눌러야 하는지, 또 그 버튼을 누르는 말이나 표현이 무엇인지 잘 알고 있다. 이러한 버튼을 누르는 것은 싸움의 적절한 동기나 수단이 되지 못한다. 솔로몬은 우리에게 입을 잘 다스리고, 분노를 자극하는 거친 말보다는 긴장을 풀어주는 상냥하고 부드러운 말을 사용하라고 조언한다.

4. 충동적인 반응. 솔로몬은 "성급히 나가서 다투지 마라. 그러다가는 결국 네 이웃에게 욕을 보게 될 때 네가 어찌할 줄 모를까

두렵다"(잠언 25:8)라고 말했다. 대부분의 논쟁은 충동적으로 시작된다. 무슨 논쟁을 벌일지 미리 신중하게 생각해두는 사람은 거의 없다. 솔로몬은 충동적으로 시작된 논쟁이나 갈등은 나에게 도움이 되기보다는 결국 나에게 상처를 줄 가능성이 훨씬 크다고 경고한다. 그렇다면 솔로몬의 해결책은 무엇일까? 충동적으로 반응해서는 안 된다. 우선 행동을 멈추고 생각을 하라.

5. **다른 사람의 갈등에 개입하는 것.** "길을 지나다가 자신과 상관없는 다툼에 참견하는 사람은 개 귀를 잡고 들어올리는 것과 같다"(잠언 26:17). 갈등이 일어났을 때 거기에 얽힌 사람들을 도우려는 것은 자연스러운 일이다. 하지만 그것이 자연스러운 것처럼, 그렇게 하다가 성난 이에 물리는 것도 자연스럽다고 솔로몬은 경고한다. 전체적인 상황을 잘 모르면서 어느 한 편을 드는 건 재앙을 부르는 것과 같다. 내 친한 친구는 다 큰 아들 때문에 마음에 깊은 상처를 받은 적이 있었다. 나는 그 이야기를 듣자마자 친구 아들에게 바로 전화를 걸어 혼을 내주고 싶었다. 그때 다른 친구 하나가 지혜롭게 경고해주길, 그 두 부자가 따로 부탁하지 않는 한 개입해서는 안 된다고 했다. 그래서 나는 그 일에 개입하지 않았다. 몇 개월 후 아들은 자신의 잘못을 깨닫고 아버지에게 용서를 구했다. 지금은 두 부자의 관계가 그 어느 때보다 끈끈하다. 만일 그때 내가 두 사람의 갈등에 마음대로 참견했더라면 어떻게 됐을까. 두 사람의 갈등이 해결된 후에도 어쩌면 오랫동안 두 부자와의 관계가 어

색해졌을지 모른다. 설사 다른 사람의 갈등에 개입해달라는 요청을 받을 때조차도 충분히 고민하고 조언을 받은 후에 그렇게 하라. 거절하는 것을 두려워하지 말고, 그것이 내가 할 일이 아니라는 사실을 갈등의 당사자들에게 알려라. 때로는 이렇게 하는 것이 올바른 행동의 법칙이다.

모두가 이기는 솔로몬식 해법

승리의 개념을 가능한 한 최선의 결과를 이끌어내는 것으로 제대로 이해했다면 이제 갈등을 극복하고 진정한 승리를 거두기 위해 솔로몬 왕의 조언을 되새길 준비가 된 것이다. 솔로몬은 갈등 속에서도 최선의 결과를 이끌어 내는 여덟 가지 통찰을 우리에게 제공해준다.

1. **갈등이 초래할 결과를 충분히 이해해야 한다.** 솔로몬은 싸웠던 형제와 화해하기란 견고한 성을 함락시키기보다 더 어렵다고 말한다(잠언 18:19). 솔로몬은 우리가 논쟁이나 갈등에 얽이게 되었을 때 그것이 가져올지 모르는 결과들을 미리 깨닫기를 원했다. 어쩌면 그 결과들은 우리가 생각하는 것보다 훨씬 더 나쁠 수 있으며

깨어진 우정과 신뢰를 회복하는 것이 거의 불가능해질 수 있다. 이렇듯 논쟁은 극복할 수 없는 장벽을 만들 수 있다. 그렇다고 정당한 대립까지 피하라는 뜻은 아니다. 다만 우리가 선택을 할 때 그 갈등이 부를 잠재적인 결과까지 신중하게 고민해야 한다는 의미이다.

2. "모든 당사자들에게 최선의 결과를 제공한다"는 목표를 유지한다. 갈등의 진정한 목적은 상황을 악화시키는 것이 아니라 개선하는 것임을 기억하자. 다시 말해 우리의 목표나 목적도 관련한 모든 사람들에게 가능한 한 최선의 결과를 제공하는 것이다.

3. 갈등에 엮이기 전에 조언을 구한다. 솔로몬은 "모든 목적은 조언을 통해 세워진다"고 말한다. 갈등과 관련된 우리의 목적이나 목표가 가능한 최선의 결과를 얻는 것임을 잘 알고 있는 그는 그렇게 하기 위한 가장 좋은 방법은 이 갈등과 상관없는 사람들에게 객관적인 조언을 구하는 것이라고 말하고 있다.

4. 바보 같은 공격에는 대응하지 않는다. 대부분의 논쟁과 갈등은 기껏해야 유치한 수준이고, 최악의 경우 정말 어리석은 모습으로 끝나고 만다. 솔로몬은 상대가 어리석은 공격을 할 때 거기에 맞춰주지 말라고 조언한다. 누군가 거친 말을 하거나 인신공격을 해온다 해도 거기에 똑같은 방식으로 대응하면 안 된다. 솔로몬은 이렇게 이야기한다. "어리석은 사람의 어리석은 말에 똑같이 대답하지 말라. 그렇게 하면 같은 사람이 된다. 어리석은 사람에게는 그에 상응하는 대접을 해주면 된다"(잠언 26:4~5). 공격과 폭로는 상대의

주장에 대해서만 하되 인격을 공격해서는 안 된다. 그가 나의 의견을 받아들이지 않는다면 그냥 그 자리를 피하라. 그 어리석음의 결과는 그가 겪어야 할 몫이다.

5. 다른 사람의 비밀을 누설해서는 안 된다. 논쟁이나 갈등에 엮이게 되었을 때 나의 주장을 내세우기 위해 다른 사람의 의견이나 감정, 혹은 진술을 인용하는 것은 어쩌면 당연한 일이다. 하지만 이런 내용들은 종종 당사자와 나 사이에서만 비밀로 공유된 것이며 논쟁 중에 그런 내용들이 드러나게 된다면 서로의 신뢰를 저버리는 것이나 마찬가지이다. 솔로몬은 "다른 사람의 비밀을 누설하지 말라. 듣는 자가 너를 꾸짖을 것이요 또 그 악평이 네게서 떠나지 않을까 두렵다"(잠언 25:9~10)라고 경고한다. 비록 논쟁 중이더라도 다른 사람의 신뢰를 저버리게 된다면 나의 평판과 관계에 오래도록 큰 상처를 남기게 될 것이며 반드시 후회하게 될 것이다.

6. 논쟁을 길게 이어가면 안 된다. 논쟁을 할 때 우리는 마지막 말의 주인공이 되거나, 마지막에 한 방을 날리는 사람이 되기를 원한다. 솔로몬은 이러한 타고난 성향을 이겨내야 한다고 촉구한다. 그는 "부드러운 말은 분노를 가라앉혀도 과격한 말은 분노를 더 자극한다"고 말한다. 부드러운 목소리와 친절한 말, 건설적인 내용을 들려준다면 긴장과 갈등을 빠르게 풀 수 있다. 우리는 "장작이 다하면 불은 꺼지고 이야기꾼이 없으면 다툼도 사라진다"(잠언 26:20)는 조언도 함께 듣는다. 말을 보태면 보탤수록 논쟁은 커지고 상처

도 깊어진다. 그러니 험담을 멈추고 더 이상 말을 보태지 마라. 장작이 다하면 불은 꺼지게 마련이다.

7. 예상치 못한 선물을 선사하라. 솔로몬은 "은밀한 선물은 화를 가라앉히며 품에 넣어주는 뇌물은 강렬한 분노를 그치게 만든다"(잠언 21:14)라고 말한다. 나는 이 대목을 읽은 후 아주 여러 번 이 전술을 사용했으며 그때마다 효과를 봤다. 언젠가 한 번 동업자와 크게 싸운 적이 있었는데 당시 나는 관계를 끝내야겠다고 생각했다. 이제 마지막 선을 넘었으니 그 사람과는 더 이상 엮이고 싶지 않다고 생각했다. 그런데 다음날 출근을 해보니 내 책상 위에는 화려하게 포장된 깜짝 선물이 놓여 있었다. 선물 위 쪽지에는 이렇게 적혀 있었다. "정말 미~~안하네. 한 번만 용서해주게나." 잠시 후 모든 분노는 다 사라졌고 우리의 관계는 다시 새롭게 시작되었다. 그렇다고 항상 거창한 선물이 필요한 것은 아니다. 진정한 사과와 함께 깜짝 선물만 있으면 된다. 사과의 마음을 담은 짧은 쪽지 하나로도 충분하다.

8. 빨리 용서하라. 솔로몬은 "미움은 다툼을 일으켜도, 사랑은 모든 허물을 가리운다"(잠 10:12)고 말한다. 누군가에게 상처를 받는다는 것은, 다르게 보면 용서와 친절, 그리고 사랑을 보여줄 수 있는 기회가 생겼다는 의미이기도 하다. 용서하는 마음보다 더 사랑스럽고 칭찬받을 것은 없다. 그런데 용서는 우리가 부당하게 공격을 당했을 때만 베풀 수 있다. 그렇기 때문에 우리는 가장 아픈 상

처를 준 사람에게도 진정으로 감사할 수 있다. 상처가 클수록 용서의 기회는 더 소중해진다. 용서가 커질수록 우리의 인격은 더 바르고 관대해진다.

언제든 통하는, 솔로몬이 역경을 다루는 지혜

솔로몬은 우리가 역경에 처했을 때 그 원인이나 정도와 상관없이 언제든 이용할 수 있는 통찰을 제공한다.

역경은 우리 인생의 소중한 일부분이다. 역경은 역경의 도전만이 제공해줄 수 있는 자연스럽고 반복적이며 또 강력한 방법으로 우리의 인격을 갈고닦는다. 솔로몬에 따르면 오직 역경만이 우리 인격을 금이나 은처럼 단련할 수 있다(잠언 17:3). 역경을 좋아할 사람은 아무도 없다. 하지만 역경을 거치지 않고서는 우리 인격의 '근육'은 그 잠재력을 최대한으로 발휘할 수 없다.

아버지가 돌아가실 때까지 나는 부모를 잃은 사람들에게 진정으로 연민을 느꼈던 적이 없었다. 그렇지만 아버지가 세상을 떠나자 나는 전에는 절대로 알지 못했던 슬픔을 경험하게 되었다. 나는 내가 예상했던 것보다 수천 배는 더 아버지를 그리워했다. 다른 사람들이 부모님을 잃었을 때 겪는 감정을 나도 그때 처음 깨달은 것이다. 전에는 그런 사람들을 보면 등을 토닥여주며 그럴듯한 위로의 말 몇 마디를 건네는 게 다였지만 이제는 진심으로 공감하며 훨씬 더 많은 것을 도울 수 있게 되었다.

상황에 대해 내가 할 수 있는 책임을 다한다. 대부분의 역경은 우리가 저지른 행동의 직·간접적 결과로 찾아온다. 우리는 잘못된 선택이나 결정을 내리기도 하고, 또 마땅히 해야 할 일을 안 하기도 한다. 잘못된 투자 결정을 내렸을 때 나는 나 자신의 탐욕과 미련함에 대한 책임을 받아들여야만 했다. 몇몇 사람들이 나에게 잘못된 길을 알려준 것도 사실이지만 어쨌든 결정을 내린 사람은 바로 나 자신이었다. 그리고 나는 솔로몬이 이미 독자들에게 경고했던 바로 그 결과, 추락과 파멸을 경험했다. 역경이 나로 인해 비롯되었을 때 그에 대해 책임을 다해야 한다. 비난할 다른 누군가나 이유를 찾아서는 안 된다.

하지만 우리는 살아가면서 나 자신의 행동과는 무관한 역경들도 경험하게 될 것이다. 그럴 때 중요한 것은 스스로를 자책하거나 그 일과 무관한 사람들을 비난해서는 안 된다는 것이다. 내 친구가 백혈병으로 딸을 잃었을 때, 그는 신이 자신이 과거에 저질렀던 죄로 인해 벌을 내리시는 것 같다고 털어놓았다. 그는 스스로를 비난하고 있었다. 솔로몬은 역경에는 때때로 우리가 알지 못하고 이해할 수도 없는 그런 목적이 있다고 믿었다. 그러한 수수께끼를 알아내려고 애쓰는 건 비록 큰 유혹으로 다가오겠지만 그저 헛된 일일뿐만 아니라 또 어리석은 일에 불과하다.

역경을 주의 깊게 살펴보고 배울 점이 있는지 찾아본다. 내 이웃은 2004년 12월 26일 태국을 강타했던 쓰나미로 인해 당시 열다섯 살밖에 안 되었던 어린 딸을 잃고 말았다. 딸의 아버지는 그 사건이 자신에게 일어난 이유를 결코 깨닫지 못했지만 생명의 유한함에 대해서는 깊이 깨닫게 되었다. 이후 그는 자신의 남은 생을 최대한 온전히 쓰기로 결심했다. 자신처럼 사랑하는 가족을 잃은 태국 주민들이 재난 속에서 보여준 사랑과 친절 덕분에 그는 무력했던 자신을 적극적으로 일깨워 세울 수 있었다. 허리케인 카트리나가 미국 해안 지역을 초토화시켰을 때 그는 즉시 지역 사회를 돕기 위해 캠페인을 펼쳤다.

다른 사람들로부터 통찰을 얻는다. 많은 경우, 역경은 우리의 두 눈을 멀게 한다. 그렇다면 우리는 무엇을 어떻게 해야 할까? 솔로몬은 바로 이런 상황에서 외부의 자문을 구하라고 말한다. 다른 사람들을 찾아가 필요한 통찰을 얻어라. "무엇이 잘못되었던 걸까?" "왜 나는 그 일을 예측하지 못했을까?" "왜 아무것도 보지 못했던가?" "너무 무감각한 건가?" "아니면 너무 순진한 건가?" 다른 사람들은 때때로 우리가 상황에 파묻혀 보지 못하는 것을 볼 수 있다.

역경을 헤쳐나가는 가장 좋은 방법, 정면으로 맞서라!

역경과 마주할 때마다 우리는 본능적으로 당황하고 움츠리고 항복하고 뒤로 물러선다. 그런데 솔로몬은 더 나은 방법, 즉 정면으로 맞서는 방법이 있다고 말한다. "사악한 사람은 쫓아오는 사람이 없어도 도망치지만 의로운 사람은 사자와 같이 담대하다"(잠언 28:1). 다시 말해 역경이 닥쳐왔을 때 절대 소심하게 뒤로 물러서지 말라는 뜻이다. 솔로몬이 말한 것처럼 "역경이 닥쳐온 날에 낙담한다면 내 힘이 미약한 것"(잠언 24:10)이다. 하지만 낙담하지 않고 끝까지 매달리는 사람은 그 인격의 힘이 강하게 자란다. 인내심은 탁월한 성공과 성취를 이루는 데 중요하다. 하지만 역경이 없으면 인내심은 성장하지 않는다. 솔로몬은 "의로운 사람은 일곱 번 넘어져도 다시 일어난다"(잠언 24:16)고 말한다. 넘어질 때마다 일어나는 자에게는 결국 인내심과 힘이 생겨나 일생토록 그를 섬길 것이다.

결론적으로 말해, 역경에는 다른 방법으로는 결코 얻을 수 없는 두 가지 이점이 있다. 첫째, 인내심과 힘, 용기, 연민, 친절, 사랑, 겸손, 그리고 믿음과 같은 품성이 개발된다. 둘째, 다른 사람들이 역경을 겪게 될 때 나의 가치가 크게 올라간다. 역경을 극복한 사람이야말로 역경을 만난 사람에게는 최고의 자격을 갖춘 조언자인 셈이다.

게리 스몰리의 갈등 해결법

건설적인 갈등을 위해 하지 말아야 할 것들

우리를 괴롭히는 문제나 고통을 묻어 두어서는 안 된다. 갈등을 피하거나 부정하며 덮어버리는 것은 해결책이 아니다. 만일 그렇게 한다면 갈등으로 인한 상처는 치유되지 않은 감염병처럼 점점 번져 이후에 더 큰 문제를 일으키게 된다.

대립이 상대의 인격을 공격하는 것으로 변질되어서는 안 된다. 갈등의 원인에만 집중하라. 상대의 약점이나 인격에 초점을 맞춰 논점을 흐려서는 안 된다.

분노를 자아내고 빈정대는 말이나 욕설을 사용해서는 안 된다. 지나친 일반화나 과장도 삼가라. 논쟁 중에 이러한 말이 나오게 되면 논점은 완전히 바뀌어버린다. 상대는 자신을 방어하고 변명하기 바빠지며, 결국 진짜 문제로부터 멀리 이탈한다. 또한 그때부터는 내가 무슨 말을 해도 상대가 듣지 않게 된다.

우월감을 가진 채, 혹은 모든 걸 다 안다는 듯한 태도로 대화에 임해서는 안 된다. 최선의 결과를 이끌어내고 싶다면 어떤 논쟁이나 갈등에서도 배우겠다는 자세로 임해야 한다. 누구나 약점과 문제를 갖고 있다는 사실을 기억하라. 특히 상사나 배우자, 부모의 위치에서는 이렇게 하기가 쉽지 않겠지만, 상대에게 존중받기 원한다면 나도 상대를 존중해야 한다.

갈등이 관계없는 다른 문제로 확대되어서는 안 된다. 갈등이 격해지면 다른 문제들까지 꺼내고 싶은 유혹이 들겠지만 논쟁은 철저히 지금 문제에만 집중해야 한다.

절대로 최후통첩이나 위협적인 말을 사용해서는 안 된다. 최후통첩이나 위협적인 말은 상대를 궁지로 몰아넣게 된다. 그러면 상대측 역시 파괴적인 반격에 나설 수밖에 없다. 또한 논쟁의 초점이 완전히 흐려지면서 최후통첩과 위협 그 자체로 논점이 옮겨가게 된다.

무례한 몸짓언어나 모욕적인 비언어 소통수단을 사용하지 않는다. 눈을 굴리거나 고개를 흔들고 손바닥으로 이마를 때리며 노골적으로 혀를 차는 것 같은 행위는 모욕적일 뿐만 아니라 무례하기 짝이 없다.

상대의 말을 가로채지 않는다. 상대가 하고 싶은 말을 다 하도록 두라. 그리고 그의 말에 주의를 집중하라. 고개를 끄덕여 관심을 표현하라. 인내심을 보이라. 그리고 말을 조심하라. 이 모든 것들이 내가 상대를 존중하고 있다는 신호가 되어, 상대 역시 내가 정말로 염려하는 것들에 대해 훨씬 더 진지하게 받아들이게 될 것이다.

목소리를 높이지 않는다. 부드러운 말은 분노를 가라앉혀도 과격한 말은 분노를 더 자극한다는 솔로몬의 조언을 기억하자. 상대를 존중하며 목소리를 높이지 않도록 늘 주의하자.

절대로 대화 중에 자리를 박차고 나가거나 전화를 끊어서는 안된다. 상대가 내 말에 진심으로 귀를 기울이도록 만드는 최고의 방법은 나 역시 존중의 마음을 보여주는 것이다. 대화 중간에 자리를 박차고 일어서거나 전화를 끊는 것은 정반대의 표현이다. 이 행위들이 허용되는 순간이 있다면 상대의 언사와 감정이 폭력적으로 바뀔 때뿐이다.

건설적인 갈등을 위해 해야 할 것들

시간을 갖고 감정을 추슬러야 한다. 대화에 임하기 전에 먼저 침착함을 되찾아라.

먼저 준비를 해야 한다. 앞뒤 생각 없이 성급하게 행동에 나서기 전에 충분한 시간을 갖고 내가 이 논쟁을 통해 이루려는 목표를 먼저 결정한다. 그저 지금 일어난 다툼을 해결하고 싶은 건가? 아니면 반복적으로 발생하는 파괴적인 행동을 완전히 해결하고 더 건설적인 방향으로 나아가고 싶은가? 아니면 잘못을 고치거나 용기를 북돋거나 처벌을 원하는가? 안 좋아진 상황을 더 악화시키는 것이 아니라 선택한 목표를 달성하기 위해서 건설적인 대화에 임해야 한다. 시간이 허락한다면 목표를 적어보고, 어떻게 해야 상대를 덜 자극하면서 갈등을 해결할 수 있을지 고민하라.

상대를 비판하는 게 목표라면 '샌드위치 작전'을 사용하라. 상대에 대한 칭찬 두 조각 사이에 비판 하나를 넣어 전달하는 방식이다. 상대의 긍정적인 면을 먼저 언급하고 그다음 비판하고 다시 긍정적인 표현으로 마무리를 한다(10장 참조).

해결하려는 문제와 관련된 긍정적이고 격려가 되는 표현들을 가능한 많이 사용하라. 우리의 목표는 상대를 무너트리는 것이 아니라 문제를 건설적으로 해결하는 것이다. 주장을 펼쳐 나갈 때 긍정적이면서 격려가 되는 표현들을 많이 더한다면 상대도 나의 목적이 문제를 악화시키는 것이 아니라 해결하려는 것임을 알게 될 것이다. 그러면 상대는 더 쉽게 귀를 기울이고 내 말을 이해하며 역시 긍정적인 방식으로 반응할 것이다.

문제에 대한 점진적인 해결책을 제안하거나 수용할 수 있어야 한다. 다시 말해, 문제가 즉석에서 빠르게 해결되기를 기대하지 말라는 뜻이다. 상대방과의 협력을 꺼리지 말아야 하며, 때에 따라서는 시간이 긍정적인 변화를 위한 가장 중요한 요소라는 사실을 기억하자.

문제를 해결하기 위해 내가 무엇을 하면 좋을지 조언을 구하라. 그저 내 입장에서 겸손함을 보이라는 것이 아니라 문제 해결을 위해 어떤 책임도 질 수 있다는 진실된 의지를 보이라는 뜻이다. 또한 이는 상대와 함께 (적이 아닌) 한 팀으로서 힘을 합쳐 주어진 문제를 해결하고 싶다는 의지도 보여준다.

상대가 공격해 오더라도 보복해서는 안 된다. 그 대신 공격을 받을 때는 상대가 하고 싶은 말을 다 쏟아내게 하라. "혹시 나에게 또 다른 불만이 있나요?" 이렇게 물으면서 나에게도 약점이 있다는 사실을 알리고 상대의 도움이 필요하다고 설득한다. 그렇게 하면 최선의 결과를 이끌어내려는 것이 나의 진짜 목표라는 사실을 상대에게 분명하게 전달할 수 있다.

가능한 한 상대에 대한 나의 신뢰가 변함이 없으며 관계를 구축하고 더 강화하고 싶은 마음이 있다는 사실을 정확하게 알리도록 한다. 지금 당면한 문제나 갈등을 해결하려는 이유가 바로 이런 신뢰와 관계를 계속 유지하기 위해서라는 사실을 상대가 알 수 있게 노력한다.

10장

최악의 적을
최고의 친구로 만들기:
"나에 대한 비판은
연인의 달콤한 속삭임보다 낫다!"

훈계를 듣기 싫어하는 사람은 자신을 진심으로
소중하게 생각하지 않는 것이며
책망을 달게 받는 사람은 지혜를 얻게 된다.
[잠언 15:32]

앞서 언급했던 PBS 방송에 출연했을 때 나는 청중들에게 "비판받는 걸 좋아하는 사람이 얼마나 되는지" 물었다. 그러자 모두 잠자코 있었다. 내가 다시 "그렇다면 비판받는 걸 싫어하는 사람은요?" 하고 묻자 이번에는 거의 모든 사람이 손을 들었다. 마지막으로 "어릴 때 부모님이나 선생님, 친구 혹은 다른 사람들로부터 받았던 정말 상처가 되었던 비판을 기억하는 사람은 얼마나 될까요?" 하고 물으니 이번에도 거의 모든 사람이 바로 손을 들었다. 70대 후반의 어르신마저도 수십 년 전에 들었던 비판을 기억했다. 비판이란 것이 그만큼 무섭다. 대부분의 사람은 비판을 싫어하며 두려운 적처럼 취급한다. 사람들은 비판을 피하기 위해서라면 무슨 일이라도 다 하며, 비판을 받을 때는 방어하고 합리화하며, 혹은 도망치거나 비판하는 쪽을 공격하기도 한다.

마찬가지로 나 역시 비판받는 걸 싫어했다. 그럼에도 불구하고 내 인생은 비판으로 가득한 것 같다. 친구며 직장 상사, 심지어 내 아내까지 모든 사람이 다 나를 비판했다. 나는 비판을 들을 때마다 무시하고, 도망치고, 부정하고, 방어하고, 논쟁하고, 변명하고, 비판을 다른 사람에게 돌리거나 상대를 공격하는 등 정상적인 범위 안에서 할 수 있는 모든 방법을 동원해 나에게 쏟아지는 비판을 막아보려고 노력했다.

비밀스러운 사랑보다 더 좋은 것

〈잠언〉을 공부하면서 나는 이러한 반응과 대응이 비판 그 자체보다 훨씬 파괴적일 수 있다는 사실을 깨닫게 되었다. 비판에 대한 솔로몬의 독특한 견해는 "공개적인 질책은 비밀스러운 사랑보다 더 낫다"(잠언 27:5)는 구절에 잘 드러나 있다. 그는 비판을 적대시하지 말고 오히려 사랑하는 연인처럼 대하라고 말한다. 한번 생각해보자. 연인에게 연애편지를 받았던 때를 기억하는가? 다음 데이트까지 왜 그리 시간이 느리게 흘러가는지 답답하지 않았는가? 처음 손을 잡고 입을 맞췄을 때의 기분은? 솔로몬은 비판이나 질책이 그런 사랑만큼, 아니 그보다 더 좋은 것이라고 말한다.

나는 처음 이 구절을 읽었을 때 솔로몬이 도대체 무슨 뜻으로 이런 말을 하는지 알 수 없었다. 그렇지만 그의 조언을 받아들여 실천하기로 결심했다. 그 이후부터 나는 누군가가 나를 비판할 때 반발하지 않고 있는 그대로 받아들였다. 처음으로 중요한 TV 광고의 대본 작업을 맡은 때였다. 며칠에 걸쳐 완성한 대본을 들고 상사의 집까지 찾아가 보여주면서 나는 그가 크게 만족하리라 예상했다. 그렇지만 대본을 다 읽은 그는 얼굴을 찡그리며 실망스러운 듯, "꽤 괜찮아 보이기는 하지만 '훅(hook)'이 없군" 하고 말했다. 참담한 기분이었다. 하이파이브를 기대했는데 돌아온 건 비판뿐이었다. 그런데 그 순간 나는 솔로몬의 충고를 떠올리며 상사의 비판을 사랑하는 연인의 말처럼 받아들이기로 했다. 그리고 변명 대신 그의 비판을 받아들이면서 그 부족한 '훅'이 무슨 뜻인지 물었다. 그는 그 뜻과 함께 TV 광고의 첫 부분에서 시청자들의 시선을 단번에 끌어당기는 '훅'이 얼마나 중요한지 설명해주었다. 몇 분 후 나는 시작 부분에 몇 줄을 더 덧붙여 상사에게 읽어주자 그는 환하게 미소를 지으며 고개를 들고 말했다. "그래, 바로 그게 훅이야!"

그 광고 덕분에 우리 회사를 세울 수 있었고 그 광고 상품은 주당 100만 달러의 매출을 기록했다. 상사의 비판을 받아들임으로써 나는 해당 광고뿐만 아니라 이후에 내가 만드는 모든 광고의 시작 부분에 그 강력한 훅을 넣을 수 있게 되었다. 그렇게 지난 29년 동안 내가 만든 광고는 우리 회사에 수십억 달러의 매출을 가져다주었다.

그렇다면 이제 한 가지 질문을 하겠다. 누군가 낯선 사람이 다가와 수백만 달러짜리 수표를 건네준다면 그를 적으로 대하고 싶은가 친구로 대하고 싶은가? 앞서 내가 받았던 비판은 그야말로 나에게는 완전히 낯선 사람이나 마찬가지였다. 솔로몬의 말은 결국 옳았다. 실제로, 비판에 대응하는 올바른 방법을 배우게 됨으로써 직장생활을 포함해 내 인생의 모든 부분이 내가 꿈꿔왔던 것보다 훨씬 나아지게 된 것이다.

비판에 어떻게 대처하고 있는가

우리가 보통 사람들이라면 대개 한 가지 이상의 잘못된 방식으로 비판에 대응하거나 반응할 것이다. 혹시 즉각적으로 방어에 들어가는가? 그렇게 하면서 비판한 사람을 계속해서 공격하는가? 비판의 방향을 재빨리 바꿔 제삼자에게 전가하지는 않는가? 비판하는 사람으로부터 물리적으로나 감정적으로 물러서면서 변명을 하거나 도망을 치는 등 그렇게 현실을 부정하려 하는가? 비판 앞에서 혹시 내가 이런 행동들을 하고 있다고 해서 죄책감 같은 걸 느낄 필요는 없다. 왜냐하면 그건 인간으로서 지극히 자연스러운 반응이기 때문이다. 그렇지만 그러한 자연스러운 반응이야말로 비판에 대한 잘못된 대응 방법이라면 어떻게 하겠는가. 비판으로부터 등을 돌려 멀어질수록 나에게는 더 치명적인 결과가 일어날 수 있다.

비판에 부정적으로 대응할 때

불행, 성취 부족, 그 밖의 나쁜 결과들. "훈계를 듣기 싫어하는 사람은 자신을 진심으로 소중하게 생각하지 않는 것이며 책망을 달게 받는 사람은 지혜를 얻게 된다"(잠언 15:32). 여기서 솔로몬이 말하는 '책망(reproof)'은 '비판(criticism)'과 동의어이고, 히브리어로 '훈계(instruction)'는 '징벌(chastening)' 혹은 '훈육(disciplinary instruction)'을 의미한다. 요즘식으로 바꿔 말하면 아마도 '건설적 비판' 정도 될 것이다. 따라서 솔로몬은 우리에게 건설적인 비판을 받아들이지 못하는 사람은 스스로를 크게 해치는 것이라고 말하는 것이다. 그러면서 그는 비판이나 질책을 경청하고 거기에 제대로 반응하는 사람은 지혜나 지식의 수준이 크게 올라가게 된다고 덧붙인다.

솔로몬은 〈잠언〉 첫 장에서 비판을 제대로 받아들이지 못하는 사람들에게 무시무시한 경고를 보낸다. "나의 조언을 받아들이지 않고 나의 모든 비판을 거부하는 사람은 자기가 한 일들의 결과를 맛보게 될 것이며 결국 자신의 꾀에 빠지게 될 것이니, 어리석은 사람은 자기 마음대로 살다가 스스로를 죽이며 미련한 사람은 편한 것만 찾다가 스스로를 망치게 된다"(잠언 1:30~32). 다시 말해서 조언이나 비판을 받아들이기를 거부하고 자신이 정한 길만을 가다가는 결국 파멸의 길로 들어서게 된다는 뜻이다.

빗나가 버린 인생. 솔로몬은 조언이나 건설적인 비판에 귀를 기울이는 사람은 충만하고 생산적인 인생길을 걷게 되지만 그런 질책을 무시하거나 거부하는 사람은 그 길에서 벗어나게 된다고 말한다(잠언 10:17). 예를 들어 달을 향해 가는 우주선이 출발할 때 항로에서 단 3만도 벗어나도 최종적으로는 달에서 약 2만 1000킬로

미터나 벗어나게 된다. 만일 우리가 건설적인 비판에 잘못 대응한다면 성공한 인생, 충만한 인생의 길에서 완전히 벗어나게 된다는 것이 솔로몬의 말이다. 처음 시작은 아주 미미할지 모르지만 평생에 걸쳐서 혹은 사회생활 전반에 걸쳐 그러한 일들이 쌓인다면 그 결과는 치명적이다. 솔로몬은 이렇게도 경고한다. "자주 질책을 받으면서도 고개를 뻣뻣하게 치켜들고 받아들이지 못하는 사람은 어느 날 갑자기 아무런 준비도 없이 무너지게 된다"(잠언 29:1). 나는 개인의 사생활이나 결혼 생활, 부모 자식 사이의 관계, 그리고 기업 세계에서 이 잠언이 증명되는 것을 수없이 목격하고 있다.

가난과 굴욕. 솔로몬은 또 이렇게 경고한다. "훈계를 무시하는 사람에게는 가난과 굴욕이 뒤따르지만 질책을 겸허히 받아들이는 사람은 영광을 얻게 된다"(잠언 13:18). 아내는 물론 동업자들과 금융 고문들까지 모두 건설적인 비판을 통해 내게 특정 금융 벤처 사업에는 투자하지 말라고 경고한 적이 있었다. 나는 그들의 경고와 비판에 귀 기울이기를 거부한 채 '절대 놓칠 수 없는' 기회라고 믿은 투자처에 수백만 달러를 쏟아부었다. 하지만 필경 그냥 놓쳐버렸어야 할 그 기회 '덕분에' 나는 전 재산을 잃었다. 그리고 나의 가장 소중한 사람들, 가족과 동료, 내가 지금까지 믿어왔던 금융 고문들 모두가 그 모습을 지켜보았다. 굴욕적이고 부끄럽다는 말로는 결코 표현할 수 없는 상황이었다.

우둔함. 솔로몬은 비판을 거부한 결과를 이렇게 간단하게 요약

한다. "질책을 싫어하는 사람은 어리석다"(잠언 12:1). 나 역시 살아오면서 정말이지 두 손으로 귀를 틀어막고 다른 사람들의 비판을 무시한 적이 한두 번이 아니었다. 그렇게 경고를 무시한 채 맹렬하게 내 멋대로 가던 길을 간 것이다. 그때마다 결과는 참담했다. 지금 와서 돌이켜보면 당시 내 모습은 그저 "어리석다"라고밖에는 설명할 길이 없다. 분명히 장담하지만 그때 내 모습을 목격했던 사람들도 다 그렇게 생각했을 것이다.

좋은 소식은 있다

병에 걸렸는데 의사가 병에 잘 듣는 새로운 약을 처방해 주었다고 상상해보자. 그리고 사흘 뒤 다시 병원에 오라고 한다. 만일 다시 병원을 찾아갔는데 의사가 걱정스러운 표정으로 내 몸이 약에 '거부 반응(reacting)'을 보인다고 한다면 분명 크게 염려되지 않겠는가? 반면 의사가 웃으면서 내 몸이 약에 아주 잘 '반응(responding)'하고 있다고 말해준다면 한껏 안심이 될 것이다. 거부 반응과 반응의 차이를 보여주는 간단한 예시다. 이렇듯 비판에 '거부 반응'을 한다면 인생을 뒤집어엎을 부정적인 결과가 일어날 수 있다. 반대로 올바르게 잘 '반응'한다면 엄청난 유익이 다가올 것이다.

비판을 적절하게 받아들일 때

더 생산적이고 충만한 인생. 〈잠언〉 10장 17절에서 솔로몬은 조언이나 건설적인 비판에 귀를 기울이는 사람은 충만하고 생산적인 인생길을 걷게 된다고 말한다.

분별력과 지혜. 비판을 달게 받는 사람은 지혜를 얻게 된다(잠언 15:32). 그리고 그렇게 얻게 된 분별력과 지혜는 온전히 나의 소유가 되어 그 유익을 평생 경험할 수 있게 된다! 또한 질책에 귀를 기울여도 지혜를 얻게 된다(잠언 15:31, 29:15). 진정한 지혜와 분별력이란 얼마나 귀한 것인가. 인류 역사상 가장 부유했던 사람이 자신이 쓴 책 전체를 통해 분별력과 지혜가 금은보화보다, 또 헤아릴 수 없이 많은 재물보다 더 값지다고 말하고 있다.

더 큰 기쁨. 솔로몬은 또다시 비판이 첫사랑보다 낫다고 하면서, 진심 어린 조언은 향기로운 기름과 향수보다 더 큰 기쁨을 가져다준다고 말한다(잠언 27:9). 이어 조언을 받아들이고 따르는 사람에게 현명한 비판자는 아름다운 보석보다 더 값지다고 말한다.

영광. 솔로몬은 질책을 겸허히 받아들이는 사람은 살아가면서 영광을 얻게 된다고 말한다(잠언 13:18). 그런 영광이나 명예는 돈을 주고도 살 수 없는 것들이다. 최근에 있었던 어느 피아노 연주회에서 아홉 살 먹은 내 아들이 뮤지컬 〈오페라의 유령〉의 주제곡을 연주했다. 아들은 여섯 장이나 되는 작품을 악보 없이 열정적으로 연주했다. 그 연주회는 십대 참가자들조차 훨씬 더 쉬운 곡을 연주하는 분위기였다. 아들의 연주가 끝나자 한 참가자의 부모는 너무 놀랐는지 입을 다물지 못한 채 나를 쳐다보았다. 아들은 청중들의 열렬한 박수를 받았다. 하지만 청중들은 내 아들이 몇 주에 걸쳐 힘겹게 연주회를 준비하면서 피아노 선생님으로부터 얼마나 많은 지도와 건설적인 비판을 받았는지는 미처 알지 못했을 것이다.

예리함. 나는 사회생활을 하면서 수천 개의 항공편으로 수백만 마일을 여행했다. 그때마다 옆자리에 앉은 사람들과 이런저런 이야기를 나누었는데, 대개는 평범했고 일부는 재미있는 사람들이었다. 그런데 그중에는 아주 예리한 사람들도 있었다. 그런 사람들은 남다른 이해력과 지성, 예리한 재치로 나에게 깊은 인상을 주었는데, 그렇게 예리하고 영민한 사람들은 입을 여는 순간 어떤 일에서든 자신의 가치를 분명히 드러낸다.

앞에서 언급했던 쇠붙이를 날카롭게 벼리는 과정을 떠올려보라. 뭔가를 날카롭게 하는 과정은 굉장히 시끄럽고 녹초가 될 정도로 힘들다. 부싯돌처럼 날카롭게 하는 쪽과 쇠붙이처럼 날카로워지는 쪽 모두 엄청난 열을 내뿜게 된다. 나의 가장 친한 친구들은 동시에 나에 대한 최고의 비평가들이었고 그들은 일생에 걸쳐 나를 예리하게 다듬어 주었다. 물론 그 과정이 결코 쉬운 것은 아니었지만 그 궁극적인 결과를 보면 그 과정에서 일어난 뜨거운 불꽃이 그만큼의 가치가 있다는 사실을 깨닫게 된다. 솔로몬은 "친구의 아픈 책망은 친구로서의 신실함에서 나오는 것"(잠언 27:6)이라고 말한다. 다시 말해 친구에게 좋은 비판을 받는 것이 사실은 내 문제에 별 신경 쓰지 않는 사람의 격려나 토닥거림보다 낫다는 뜻이다. 우리가 친구의 비판을 올바르게 잘 받아들인다면 결국 그 비판은 우리를 일으켜 세우고 인생이 우리에게 던지는 모든 문제들을 잘 처리할 수 있게 도와줄 것이다.

비판을 잘 받아들이는 법

나는 수년에 걸쳐 비판에 올바르게 대응하고 그것을 잘 받아들이는 방법은 오직 하나뿐이라는 사실을 알게 되었다. 좋은 소식은 우리가 적절하게 대응한다면 어떤 비판 앞에서도 상처받을 일은 없다는 것이다.

두려운 적이 가하는 비판마저 나의 동맹군으로 바꾸려면 세 단계를 거쳐야 한다. 첫째로 비판을 해오는 상대에 대해 생각한다. 둘째, 그 비판이 얼마나 정확한지 판단한다. 마지막으로, 진실이라고 판단되는 비판이라면 거기에 맞춰 나의 행동이나 반응을 바꿔야 한다.

비판을 하는 사람

나에게 비판을 가하는 사람은 그런 비판에 합당한 지식과 경험을 가지고 있는가? 그 사람의 관점은 완전하고 정확한가, 아니면 불완전하고 왜곡되어 있는가?

세 번째 직장에서 해고를 당할 때 당시 내 상사는 나를 보고 "광고 마케팅 영역에서 절대로 성공하지 못할 것"이라고 말했다. 하지만 그에게는 그런 예측을 할 자격이 없었다. 물론 그는 마케팅 전문가였지만, 그렇다고 예언자나 점쟁이는 아니었다. 종종 비판을 할 만한 자격이 없는 사람이 비판하는 경우를 볼 수 있다. 그리고 그 사실을 깨달을 때, 우리는 그 비판으로부터 자유로울 수 있다.

반면에 열 번째 직장에서 만난 상사가 내 첫 번째 광고 작업에 대해 "훅이 없다"고 말했을 때 그에게는 그런 비판을 할 만한 자격이 충분했다.

비판의 정확성

세 번째 상사가 나를 보며 "내가 직장생활을 하면서 자네만큼 실망했던 사람은 처음"이라고 말했을 때 나 역시 처음에는 크게 실망했다. 그렇지만 그날 밤 나는 그의 비판이 얼마나 정확한 것인지 생각해보았다. 내가 그의 경력에서 가장 큰 실망이 될 만한 이유는 없었다. 나는 그에게 그다지 중요한 직원도 아니었다. 그는 대기업의 마케팅 수석 부사장이었고 나는 상품 매니저 보조로서 대단히 낮은 직책이었다. 그의 오랜 마케팅 경력에서 볼 때, 어느 변변찮은 하급 관리자가 지난 9개월간 낸 실망스러운 실적보다 더 실망스러웠던 경우가 과연 없었겠는가.

이런 확신이 들자 부사장의 말은 지나친 과장이었다는 사실을 깨달을 수 있었고 더 이상 고통스럽지가 않았다. 분명 그는 나를 공격하기 위해 고의적으로 그런 과장된 표현을 사용한 것이다. 이런 식으로 나에게 가해지는 비판을 곰곰이 생각해보면 그 대부분이 정확하지 않다는 사실을 알게 될 것이다.

진실이라고 판단되는 비판이라면 거기에 맞춰 나의 행동이나 반응을 바꾼다

이 마지막 단계가 가장 중요하다. 비판에 즉각적으로 반응하지 않고 오히려 그 비판에 대해 '심사숙고'하기로 선택하는 게 이 마지막 단계의 시작이다. 심사숙고의 과정을 통해 우리는 비판을 분석하고 그 이유와 정확성을 고려한 다음 최선의 대응책을 결정할 시간적 여유를 갖게 된다.

미국 샌디에이고 근처에 해변이 있는데, 아침이면 빛나는 금가루가 수없이 뿌려진 것처럼 반짝거린다. 어느 날 해변에 누워 잠시 일광욕을 하려고 하는데 내 어린 아들들은 물통을 들고 와서 나를 깜짝 놀라게 하면 재미있겠다고 생각했던 것 같다. 비판을 받는다는 건 차가운 물세례를 당하는 것과 비슷하다. 물론 깜짝 놀라겠지만 물 한 바가지 얼굴에 끼얹는다고 해서 다치지는 않는다. 마찬가지로 대부분의 비판은 기습적으로 날아와 잠시 우리를 놀라게 할 뿐이다.

그렇다고 해서 벌떡 일어나 도망치거나 비판을 해온 상대를 공격할 필요는 없다. 비판의 말은 얼굴에 끼얹은 물과 같다. 수건을 들고 조용히 닦으면 된다. 비판에서 그 차가운 물은 지나친 과장이나 일반화와 같은 의미 없는 것들이다. 그런데 아이들이 끼얹은 바닷물처럼 비판에는 항상 작은 모래가 포함되어 있다. 눈으로 들어간 모래는 눈을 찔러 따끔거리고 시야도 흐리게 만드는데, 그때 우리는 잠시 주의를 빼앗기기도 한다. 그런 모래라면 가능한 한 빨리 눈에서 빼내고 싶을 것이다.

한 가지 좋은 소식이 있다면 그런 모래는 쉽게 씻겨나간다는 것이다. 그러고 나면 다시 주변의 중요한 문제에 주의를 집중할 수 있다. 비판에서 모래는 나를 아프게 하는 부분이다. 비판하는 사람의 감정이나 분노, 표현의 가혹함, 함축된 의미, 심지어 나를 비판하는 동기나 이유까지 그런 부분에 포함된다. 이런 모래를 눈에서 씻어내는 가장 좋은 방법은 비판 내용을 정확하게 기록하는 것이다. 나중에 몸짓언어나 목소리 같은 상대방의 외적인 표현 없이 적어놓은 내용만 읽는다면 조급하게 반격하게 만들던 감정적인 부분이 느껴지지 않을 것이다.

그런 다음에는 상대의 동기를 헤아려라. 만일 비판의 목적이 단순히 나를 괴롭히기 위한 것이라면 그 사람과의 관계를 다시 생각해봐야 할 수도 있다. 그렇지만 대부분의 경우 우리를 바로잡거나 보호하고, 또 우리에게 이익이 된다고 믿는 방향으로 이끌려는 것이 비판의 동기나 이유다. 이런 동기를 이해하면 아픔이 줄어들면서 훨씬 더 객관적으로 비판을 받아들일 수 있다. 사실, 그 동기가 무엇이든 상관없이 우리가 비판을 이해하려는 두 번째, 세 번째 단계를 밟아갈 때쯤이면 그런 비판이 우리에게 상처를 주는 것은 불가능해진다. 설사 아주 나쁜 동기나 이유로 비판이 가해진다 해도 우리는 그 비판을 이용하여 우리에게 장기적인 유익이 되게 만들 수 있다.

금 캐기

내게 쏟아지는 모든 비판에는 항상 귀한 금이 포함되어 있다. 그 금은 아주 작을 수도, 꽤 큰 덩어리일 수도 있다. 광고 대본에 '훅'이 부족하다고 한 상사의 비판은 사실 황금 창고나 다름 없었다는 건 그 이후를 보면 분명하다. 반면 나를 해고한 세 번째 상사의 비판에서는 그야말로 돋보기를 들고 두 눈을 부릅떠야 작은 금 조각 하나를 찾아낼 수 있었다. 직장생활을 하면서 이렇게 큰 실망을 안겨준 사람은 처음이라고 말했을 때 나는 상사에게 도대체 왜 그렇게 화를 내는지 한번 물어봤어야 했다. 그는 왜 이제 갓 스물세 살밖에 안 된 말단 직원에게 그토록 매정한 말을 했을까? 그 상사 밑에서 일했던 9개월을 돌이켜보니, 나는 단조로운 업무에 지루함을 느꼈고 다른 자회사를 위해 외부 프로젝트를 따내 부업을 하고 있었다. 그런데 상사는 이걸 자신에 대한 거부나 반항이라고 여겼던 것 같다. 그것이 그가 그렇게 분노하며 나를 비난한 근본적인 이유이자 동기였다. 그때 나는 다른 직장에서는 절대 다른 곳에 한눈 팔지 않고 오직 상사에게만 충성을 다하기로 다짐했다. 이런 결심은 내게 정말 큰 성공을 가져다주었다. 그 상사의 의도는 나를 괴롭히려는 것이었겠지만 그 비판 속에서 나는 미래에 꼭 필요한 부분을 찾아낼 수 있었다. 우리가 받은 비판을 면밀하게 조사한다면 그 비판이 아무리 해롭거나 파괴적일지라도 이후의 우리 인생을 바꾸고 발전시킬 수 있는 귀한 순금 조각 하나 정도는 발견해 낼 수 있을 것이다.

올바르게 비판하는 법

상사이기 때문에, 혹은 배우자, 부모이기 때문에 누군가를 애써 비판하려고 노력하고 있다면 당장 멈춰야 한다. 사실 우리가 가하는 비판의 대부분은 불필요한 것들이다. 아니, 일부는 극도로 해를 끼치며 문제를 해결하기보다는 더 악화시킬 수 있다. 비판을 받아들이는 데에는 신속해야 하지만 비판을 가할 때는 천천히, 신중하게 고심해야 한다. 솔로몬은 비판에는 사람의 마음을 상하게 하고 무너트리는 힘이 있다고 경고한다. 말 그대로 한 사람의 인생을 완전히 뒤바꿀 수 있다. 솔로몬 왕은 "사람의 마음은 그 병을 이기지만 마음이 상하면 누가 그를 일으켜 세우겠는가"(잠언 18:14) 하고 묻는다. 다시 말해 사람은 몸이 아프거나 다쳤을 때는 극복할 수 있는 힘을 얻을 수 있지만 상처받은 마음은 정말 견뎌내기 어렵다는 것이다.

이미 설명했듯이 건설적인 비판은 인생에서 대단히 중요하고 꼭 필요한 부분이다. 정말 고민해서 아껴 사용해야 하지만 꼭 필요할 때는 반드시 사용해야 한다. 그렇지만 비판하는 방법에는 수백 가지 잘못된 방법이 있으며, 올바른 방법은 단 한 가지뿐이다. 우선 화가 났을 때는 비판해서는 안 된다. 비판의 타당한 목적은 단 한 가지, 그에게 긍정적인 변화를 가져오는 것뿐이라는 사실을 기억하라. 그러니 화가 나면 시간을 내서 화가 식을 때까지 기다려라. 그런 다음 말하고 싶은 내용과 가장 좋은 표현 방법을 결정하라. 사실, 앞서 9장 끝에 건설적인 갈등을 위해 언급한 '게리 스몰리의 갈등 해결법'은 비판을 주고받는 과정에도 똑같이 적용된다.

나는 수년 동안 게리 스몰리가 가르쳐주는 비판의 기술을 사용해왔는데, 이 방법은 거의 항상 긍정적인 결과를 가져왔다. 그는 이것을 '샌드위치 작전'이라고 부른다. 모든 샌드위치는 빵 두 조각 사이에 육류나 그 밖의 내용물을 끼워 넣는데, 비판에서의 '빵 두 조각'은 칭찬이나 긍정적인 말이다.

따라서 비판이라는 진짜 내용물 앞뒤에 칭찬이나 격려의 말이 있어야 한다. 우선 부드러운 말투와 상냥한 표현, 혹은 아이컨택을 통해서 상대에게 존중의 태도를 보여라.

그다음, 비판의 진짜 내용물을 맛보여준다. 상대가 진행하고 있거나 이미 완료한 행동들 중에서 무엇이 잘못되고 불완전한지를 말해주고 개선 방법을 제시한다. 그렇게 방법이나 방향을 제시할 때는 상대의 의견을 구해야 한다. 태도와 표현을 통해 나는 그 사람 편이며 최선을 다해 그를 도우려는 게 목표임을 확실하게 보여줘야 한다.

일단 비판의 맛을 보여준 뒤에는 격려나 구체적인 칭찬, 혹은 토닥거림으로 마지막 빵조각을 덮어 샌드위치를 완성한다.

경고: 절대 비판해서는 안 되는 사람들이 있다

비판의 목적은 누군가를 돕는 것이다. 솔로몬은 비판을 무시하거나 거부하고 또 반발하는 사람은 비판하지 말라고 경고하며 이렇게 썼다. "거만한 사람을 비판하지 말라. 그가 너를 미워할까 두렵다"(잠언 9:8). 또 이렇게도 썼다. "거만한 사람에게 도리어 모욕을 당하고 악한 사람을 꾸짖다가는 오히려 괴롭힘을 당하게 된다"(잠언 9:7). 우리는 이런 사람들에 대해 잘 알고 있다. 만일 그런 사람들을 비판하거나 질책하면 그들은 정말로 우리를 원망하거나 모욕하고 심지어 괴롭힐 수 있다. 그런 사람들이라면 차라리 인생의 진짜 쓴맛을 보게 내버려 두는 것이 더 낫다. 솔로몬은 이렇게 썼다. "어리석은 사람에게 말하지 마라. 그 사람은 너의 지혜로운 말을 무시할 것이다"(잠언 23:9).

습관을 바꾸는 가장 좋은 방법은 먼저 과거의 경험을 반추하고 거기서 배운 것들을 마음속으로 적용하는 것이다. 우리는 이 방법을 통해 비판에 반발하지 않고 적절하게 대응하는 습관을 효과적으로 키워나갈 수 있다. 또한 건설적인 비판으로 다른 사람들을 보다 효과적으로 도울 수도 있다.

비판의 수용

1. 가정이나 직장에서 들었던 비판 중에서 잊히지 않는 것들을 정리해 기록한다.

2. 기록한 비판 옆에 그 비판을 한 사람의 자격을 구분한다. 가장 자격이 있는 사람은 상, 어느 정도 있으면 중, 전혀 자격이 없다고 생각되는 사람은 하로 표시한다.

3. 또한 그런 비판이 나오게 된 이유를 구분해 표시한다. 그 구분은 다음과 같다.
   - 감정: 감정이나 기분 때문에
   - 과거: 그들 혹은 내가 과거에 겪었던 경험이나 실패 때문에

- 이해 부족: 상대가 나의 목표나 의도, 꿈을 제대로 이해하지 못했기 때문에
  - 관행: 상대의 습관적인 사고방식 때문에
  - 논리: 논리적으로 봤을 때
  - 현실: 현실 상황 때문에

  4. 비판의 진짜 동기나 이유는 무엇인가? 정말 당신이나 프로젝트 혹은 주변 사람들에 대한 진정한 관심이었는가, 아니면 그저 이기심과 질투, 두려움, 반감, 분노, 혹은 자신의 미숙함으로 인한 비판인가?

  5. 다시 생각해볼 때 그 비판들의 내용은 정확했는가?
  - 비판에서 '물', 즉 의미 없는 과장이나 비논리적인 부분을 찾아보자.
  - 비판에서 '모래', 즉 구체적인 표현이나 말투, 혹은 분위기 등을 통해 정말 상처가 되는 부분을 찾아보자.
  - 비판에서 '금', 즉 정말로 내게 도움이 되고 앞으로 더 나은 모습을 보일 수 있게 해주는 부분을 찾아보자.

  6. 당시 나는 그 비판에 어떻게 반응했는가? 분노나 변명, 부인, 책임 전가, 공격, 혹은 도망으로 반응했는가? 아니면 비판을 귀담

아듣고 이해하며 감사를 표했는가? 혹은 상대가 나의 입장이나 생각을 더 잘 이해할 수 있도록 설명을 했는가?

7. 나의 성장과 상대와의 관계에 도움이 되려면 비판에 대해 어떤 방법으로 반응하는 게 좋을까?

8. 앞으로 또 비판을 받게 될 때 최선이라고 생각되는 대응 방식은 무엇일지 적어보라.

비판하기

1. 나는 비판을 즉각적으로 하는 사람인가 아니면 시간을 들여 천천히 하는 사람인가. (가족이나 친구, 그리고 직장 동료들에게 물어본다.)

2. 비판을 하기 전에 신중하게 준비하는가, 아니면 그저 상황에 따라 성급하게 반응하는가?

3. 비판을 할 때 상대보다 내가 더 우월하다는 마음으로 하는가, 아니면 진정한 조력자의 마음으로 하는가?

4. 비판을 했을 때 상대의 기분이 나아지는가 더 나빠지는가?

5. 최근에 다른 사람을 비판했던 내용을 적어본다. 잘 기억나지 않는다면 배우자나 자녀, 부모, 혹은 직장 동료에게 물어본다. (만약 그들조차 그런 경우를 기억하지 못한다면 그건 이미 성자의 반열에 오른 것이다.)

6. 비판했던 내용들 옆에 어떤 방식으로 했는지, 또 상대는 어떻게 받아들였는지, 그리고 상대의 인생에 어떤 결과를 가져다주었는지를 적는다.

7. 과거로 돌아간다면 그때 했던 비판들을 어떻게 더 긍정적인 방향으로 전달할 수 있을지 적어본다.

8. '샌드위치 작전'으로 비판을 한다면 어떤 식으로 할 수 있을지 예시를 하나 작성해본다.

11장

삐뚤한 분노 다스리기:
"가장 치명적인
관계 파괴범은 분노입니다!"

분노는 잔혹하고 감당하기 어려운 홍수와 같다.

(잠언 27:4)

최근에 내가 살고 있는 동네에서 충격적인 사건이 일어났다. 어느 23세 여성이 우발적으로 살해당한 것이다. 그 여성은 언니와 세 살배기 딸과 함께 주차된 차 안에 앉아 있었는데, 그때 옛 남자친구가 나타났다. 두 사람은 서로 다투기 시작했고 갑자기 화를 참지 못한 남자친구가 총신을 짧게 자른 산탄총을 꺼내 그 여성을 쏴버렸다는 것이다. 또 오늘 아침 신문에는 자신의 고등학생 딸이 소프트볼 경기에 출장정지 당한 것에 화가 난 어느 아버지가 야구 방망이로 코치를 폭행했다는 기사도 실렸다.

이런 사례들이 극단적인 예외처럼 보일 수 있지만 사실 비슷한 사건들은 매일같이 발생하고 있다. 좀 약하게 표현될 뿐 여전히 끔찍한 결과를 부르는 분노가 수많은 인간관계에서 매일같이 발생하고 있다. 결혼한 지 4개월밖에 안 된 내 젊은 친구는 남편에게 별 뜻 없이 질문을 하나 던졌다. 그 순간 순식간에 분노가 폭발한 남편은 아내를 바닥에 쓰러트리고 다리로 목을 내리눌렀다. 그는 그때까지 폭력적인 행동을 보인 적이 없었고 게다가 아주 성공한 의사이자 교회의 주일학교 교사였다.

언급한 사람들 중 자신의 인생을 송두리째 바꿔버릴 끔찍한 일을 저지르겠다는 생각으로 하루를 시작한 사람은 아무도 없다. 총을 쏜 남자는 옛 여자친구에게 한때 둘이 공유했던 차를 자신에게 줄 수 없는지 물어보기 위해 잠시 들렀던 것이다. 코치를 때린 아버지는 딸을 팀에 복귀시켜 달라고 부탁할 계획이었다. 그리고 내 젊은 친구를 폭행한 남편도 평소처럼 퇴근해 아내와 함께 저녁 시간을 보낼 예정이었다.

왜 그렇게 많은 사람들이 자신의 모든 것을 잃을 수도 있는 어리석기 짝이 없는 결정을 내리는 걸까? 솔로몬은 그 답을 알고 있었다. 다들 하나같이 자기 안의 분노에 대처하는 법을 배운 적 없기 때문이다. 솔로몬은 이렇게 이야기한다. "노하기를 속히 하는 사람은 어리석은 행동을 한다"(잠언 14:17).

점검하지 않은 채 방치된 분노는 평생에 걸쳐 우리의 행복한 삶을 완전히 무너트릴 수 있다. 분노는 가정과 직장에서의 관계를 파괴한다. 실제로 결혼 생활 전문가인 게리 스몰리 박사는 이혼은 물론 모든 종류의 인간관계를 파괴하는 첫 번째 원인이 바로 분노라고 지적한다.

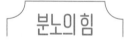

분노의 힘

"분노는 잔혹하고 감당하기 어려운 홍수와 같다"(잠언 27:4)

솔로몬은 분노가 갖고 있는 파괴적인 위력을 "잔혹하고 감당하기 어려울" 정도의 폭우나 홍수에 비교한다. 전혀 예상치 못했던 폭우를 겪어본 적 있는가? 지난해 고속도로를 달리다가 어느 인적

드문 곳에서 그런 폭우를 만난 적 있다. 앞 유리의 와이퍼를 최고속도로 작동시켰지만 말 그대로 한 치 앞도 보이지 않을 정도의 폭우였다. 나는 결국 차를 갓길에 세우고 비가 그치기를 기다릴 수밖에 없었지만 내 고등학교 선배 중 한 사람은 그리 운이 좋지 못했다. 나와 비슷하게 갑작스러운 폭우를 만난 그녀는 차를 몰고 가다가 도로 위에서 미끄러졌고 결국 담벼락에 부딪혀 그 자리에서 사망하고 말았다.

홍수는 폭우보다 더 감당하기 어렵다. 홍수는 도로, 다리, 건물, 그리고 사람의 생명까지 앞을 가로막는 모든 것들을 다 휩쓸어버린다. 이것이 분노의 진정한 본질이다. 처음에는 가느다란 빗줄기가 내리더니 이내 그야말로 엄청난 폭우가 쏟아져 내린다. 그리고 마치 해일이라도 몰려오는 것처럼 빗물이 모인 강줄기가 사방으로 범람하며 모든 것을 다 쓸어버린다. 그런데 우리의 성정은 어떠한가? 보통은 이렇게 말한다. "예, 성질은 좀 있는 편이지만 별거 아니에요." 하지만 실제로는 아주 조금 화가 났을 뿐인데 순식간에 그 화가 폭우나 홍수처럼 감당할 수 없는 분노로 뒤바뀌는 일이 얼마든지 일어난다. 그런 식으로 우리는 감정의 끈을 완전히 놓아버리게 된다.

가까운 사람이 갑자기 화를 내면 기분이 어떤가? 그 자리를 피하든 아니면 맞서 싸우든 간에 다른 사람의 분노의 표적이 된다는 건 대단히 불안한 일이다. 화가 난 사람 곁에 있고 싶은 사람은 없다. 반대로 내가 다른 사람에게 화가 났을 때는 어떤가? 화를 가라앉히고 차분하게 남은 하루를 보낼 수 있는가, 아니면 분노가 곪아 터져서 하루 종일 생각과 감정을 마구 헤집고 다니는가? 대부분은 분노의 표적이 되는 것 이상으로 자신이 화를 내는 것을 좋아하지 않는다.

분노의 치명적 결과

분노는 갈등을 일으킨다. 솔로몬은 "화를 쉽게 내는 사람은 다툼을 일으킨다"(잠언 29:22)라고 말한다. 혹시 내 삶에 갈등이나 다툼이 많다면 그것은 다른 사람 때문이 아닐 가능성이 높다. 제대로 해결되지 않은 분노가 내 안에서 끓고 있을 수 있다.

분노는 사람들을 우리에게서 멀어지게 한다. 솔로몬은 우리에게 "쉽게 화를 내는 사람과 사귀지 말며 거친 성정을 가진 사람과는 함께하지 말아야 한다"고 경고한다. 우리는 화가 나 있는 사람을 보면 본능적으로 피하고 싶다. 하지만 일단 화가 가라앉으면 상황을 합리화하고 관계를 다시 회복하려는 경향도 있다. 솔로몬은 해결되지 않은 분노로 가득 차 있는 사람과는 가까이하지 말라고 충고한다. 주위를 한번 둘러보자. (해결되지 않은 채) 가슴 속에 절대 꺼지지 않는 분노의 불길을 품은 이들에 의해 매년 수천 명의 배우자가 살해당한다. 또한 육체적으로 학대당하는 이도 셀 수 없을 정도로 많다.

분노는 우리 자신은 물론 다른 사람의 자존감까지 떨어트린다.
솔로몬은 "노하기를 속히 하는 사람은 어리석은 행동을 한다"고
말한다. 살아오면서 바보짓을 했다는 생각이 들 정도의 행동을 해
본 적 있는가? 쉽게 화를 내는 사람은 분노 때문에 시야와 관점이
왜곡되기 때문에 어리석고 바보같은 짓을 하게 된다. 분노는 상황
에 대한 우리의 관점과 상대의 말이나 행동을 제대로 파악할 수 있
는 능력을 비틀거나 왜곡한다. 그 결과 실제 상황에 효과적으로 대
처하기보다는 잘못된 방향으로 과도하게 반응하게 된다.

분노를 적절하게 조절할 때

다툼이나 갈등을 극복하는 힘이 생긴다. 솔로몬은 "참을성이 많
은 사람은 싸움을 그치게 한다"(잠언 15:18)라고 말한다. 우리의 성
정을 잘 조절할 수 있다면 우리는 다툼이나 논쟁의 한가운데에서
도 객관적인 시각을 유지할 수 있다. 객관적인 시각은 논쟁이 너무
뜨겁게 달아오르지 않도록 영향을 미칠 수 있다. 또 상황을 분명하
고 확실하게 판단한다면 화가 난 사람은 생각하기 어려운 해결책
을 제공할 수 있다.

더 큰 지혜를 얻게 된다. 솔로몬은 "화내기를 더디 하는 사람은 큰 지혜를 얻을 수 있지만 그렇지 못한 사람은 어리석은 모습을 드러낼 수밖에 없다"(잠언 14:29)고 말한다. 화를 내지 않으면 우리의 판단이 흐려지거나 흔들릴 이유가 없으며 실제 상황에 대해 더 빨리 이해할 수 있다.

더 큰 성취를 경험한다. 솔로몬 왕은 이렇게 기록한다. "화내기를 더디 하는 사람은 용사보다 낫고 자신의 마음을 다스리는 사람은 성을 함락시키는 사람보다 낫다"(잠언 16:32). 자신의 감정을 조절하지 못하는 이들로 가득한 현대 사회에서 감정을 조절할 수 있는 사람은 이미 그것만으로도 엄청난 이득을 보는 것이다. 직장에서 더 큰 성취를 경험할 뿐만 아니라 가정에서도 행복한 관계를 유지할 가능성이 훨씬 크다.

더 큰 존경을 받는다. 솔로몬은 "신중한 사람은 화를 억누르며 다른 사람의 허물을 덮어주고 영광을 누린다"(잠언 19:11)고 적었다. 내 아들 라이언은 미식축구팀에서 러닝백을 맡고 있다. 최근 경기에서 상대편 선수가 라이언에게 고의적으로 태클을 걸었다. 심판은 경고를 주었지만 아들은 몸을 일으키며 고통스럽게 얼굴을 찡그렸다. 5분쯤 지나 공이 상대팀에게 넘어갔고 라이언은 방어를 하고 있었다. 이번에는 라이언이 아까 그 선수에게 다이빙 태클을 걸었다. 운동장에 쓰러진 그 선수에게 다가간 라이언은 몸을 숙여 괜찮은지 물었다. 그가 숨을 고르고 나자 라이언은 손을 내밀어 그를 일으켜 주었다. 그동안 라이언은 퍼스트다운과 터치다운 같은 멋진 모습을 많이 보여주었지만 그때만큼 아들이 자랑스러웠던 순간은 없다. 라이언은 "화를 억누르며 허물을 덮어주고 영광을 누린다"는 솔로몬의 잠언을 행동으로 보여주었다.

분노의 근원

우리를 압도하는 분노의 위력을 줄이기 위해 무엇을 할 수 있을까? 본능적으로 끓어오르는 화를 줄일 수 있는 방법은? 화를 내고 있는 사람을 진정시키기 위해 할 수 있는 일은 없는가?

게리 스몰리 박사에 따르면 분노는 주된 감정이 아니다. 해결되지 않은 상처나 좌절, 두려움 혹은 이런 감정들의 조합으로 인해 만들어지는 이차적인 감정이다. 화가 날 때 우리는 세 가지 형태로 반응할 수 있다. 화의 근본적인 원인을 찾아 해결하고 화를 없앨 수 있다. 또한 사람이나 상황에 분노를 터트려 반응할 수 있다. 혹은 분노를 계속 유지하고 마음속에 담아둘 수 있다. 사람들은 대개 마지막 두 가지 형태로 반응한다. 분노를 표출하면 앞에서 살펴봤듯이 부정적인 결과들이 만들어지며 그 과정에서 다른 사람은 물론 자신에게도 깊은 상처를 남긴다. 분노를 담아두거나 덮어두는 것은 더 좋지 않다. 그러면 원한과 괴로움이 만들어지고 궁극적으로는 우리의 생각이 분노의 독으로 오염된다. 그러다 언젠가는 더 이상 분노를 참을 수 없는 시점이 오고, 그때부터 우리는 사소한 자극에도 폭발하는 성정을 갖게 된다.

분노를 효과적으로 해결하는 유일한 방법은 근본 원인을 찾아치유하는 것이다. 먼저 우리는 정기적으로 되풀이되는 감정적 상처나 좌절, 두려움에 대처해야 한다. 어떻게 해야 할까? 이런 각각의 원인을 다루는 일은 간단하지만 쉽지 않다. 간단한 이유는 이 모든 감정에는 하나의 근본적인 원인이 있기 때문이다. 충족되지 않은 기대감이 그것이다.

갓 태어났을 때 우리는 생존에 필요한 모든 것을 다른 사람에게 의존한다. 어린 시절을 보낼 때도 필요한 것들의 대부분을 다른 사람들이 채워준다. 그러다 보면 청소년기에 들어서서도 다른 사람들이 우리의 필요를 충족시켜주기를 기대한다. 그 결과 우리는 비현실적인 기대심리를 갖게 된다. 그런 심리는 행복을 가로막는 주요한 장애물이다. 우리는 다른 사람들에게 일정 수준의 기대를 하게 되며 다른 사람들이 우리를 행복하게 만들어주고 채워주기를 기대한다. 다른 사람들이 우리를 소중하고 가치 있게 대해주기를 기대하면서 맺고 있는 모든 관계에서 무의식적으로 '기대 리스트'를 만들어간다. 우리는 다른 사람들이 긍정적인 행동을 하고 부정적인 행동은 피하기를 기대하지만 누군가가 우리의 그런 기대를 채워주지 못하거나 기대에 어긋나는 행동을 할 때마다 좌절감과 상처를 입게 된다. 그리고 기대치가 채워지지 않을수록 원하는 것을 못 가질 수 있다는 두려움도 점점 커져간다. 이렇게 해결되지 않은 상처나 좌절, 두려움은 계속해서 분노라는 이차적인 감정을 만들어낸다.

우리의 기대치나 기대감을 어떻게 효과적으로 처리할 수 있을까? 먼저 우리가 무엇을 기대하고 있는지 그 정체를 밝혀야 한다. 상처를 받거나 좌절하고 두려울 때마다 어떤 기대가 무시되고 거부되었는지 스스로에게 물어보라. 일단 다 살펴보았다면 이제 우리는 선택을 할 수 있다. 그런 막연한 기대를 감정적으로 계속 움켜쥘지, 아니면 그대로 내려놓고 잊어버릴지를 선택해야 한다. 우리는 본능적으로 그런 기대를 포기하기 싫지만 그러면 그럴수록 상처와 좌절, 두려움은 계속 쌓여가고 결국 분노와 원한, 괴로움만 불러일으키게 된다. 우리는 모든 것을 담담하게 내려놓고 삶을 살아가는 선택도 할 수 있다. 비현실적인 기대를 포기함으로써 마음의 평화와 분노로부터의 자유를 누릴 수 있다.

해결되지 않은 분노를 제거하라

게리 스몰리 박사는 우리는 모두 마음속에 '분노를 담아두는 잔'

을 갖고 있다고 이야기한다. 그런데 그 잔이 이미 가득 찬 경우도 있는데, 일생에 걸쳐 서서히 채워졌거나 단 하루 만에 다 찼을 수도 있다. 분노의 잔이 거의 가득 찬 사람에게 아주 작게라도 분노의 감정이 더해지면 잔은 흘러넘쳐 누구든 원인을 제공한 사람에게 그 분노가 향하게 된다. 그야말로 아무것도 아닌 일, 예컨대 누군가 내 차를 추월하거나, 아주 작은 기대가 거절당하는 일에도 분노의 잔은 넘칠 수 있다. 그렇게 넘쳐흐른 감정은 짜증이나 욕설, 혹은 신체에 대한 직접적인 공격으로 표출된다. 밖으로 표출되지 않을 때에는 내 몸 안으로 스며들어 냉소와 증오, 절망적인 생각과 감정으로 나를 중독시킨다.

이와 달리 분노의 잔이 90퍼센트 이상 비어 있는 사람도 있다. 이들도 자신의 기대가 채워지지 않는 짜증스럽고 화나는 상황을 경험하지만 잔은 넘치지 않는다. 우리의 잔은 어떤가? 거의 넘치기 일보 직전인가 아니면 4분의 3 정도 찬 상태인가? 아니면 거의 비어 있는가? 분노의 잔이 얼마나 채워져 있는지와는 상관없이 그 잔을 조용히 비우고 빈 상태를 유지하기 위해 할 수 있는 일에 초점을 맞추는 것이 중요하다.

스몰리 박사는 비디오 강연 〈행복한 관계를 위한 숨은 비결〉에서 가득 차 있는 분노를 비우는 일곱 가지 단계를 제시한다. 이유와 상관없이 화가 치밀어 오를 때마다 이 단계들을 기억하자. 단계를 밟아나가는 동안 분노의 잔은 서서히 비워질 것이며 그러면 갑작

스런 분노의 폭발을 미리 방지하고 마음이 독소에 물드는 것도 막을 수 있다. 솔로몬이 이야기한 "화를 억누르는 신중한 사람"이란 바로 이런 의미이다.

분노를 제거하기 위한 7단계

1단계: 구체적인 내용을 기록한다. 뭔가 기분 상하는 일이 있었다면 대부분의 경우 누군가 우리의 이익을 줄였거나 손실을 키웠을 때다. 그렇게 상대가 반칙을 했다고 느낄 때 그가 무슨 행동을 했고 나에게서 무엇을 빼앗아 갔는지 구체적으로 기록하라. 그로 인해 내가 입은 손해는 시간이 지나면 복구될 수 있는가 아니면 영원히 복구가 불가능한가? 그로 인해 나는 자존감과 감정에 상처를 입었는가? 순간적으로 흥분하면 감정적으로 균형 감각을 잃게 된다. 그때 잠시 여유를 갖고 상대가 어떻게 내 감정을 상하게 했는지 구체적으로 적어나간다면 좀 더 현실적인 관점에서 상황을 살펴볼 수 있게 된다.

2단계: 잃어버린 것에 대해 슬퍼할 시간을 갖는다. 때로는 아주 끔찍한 피해를 입기도 있다. 나는 어느 개인 투자자를 전적으로 믿고 평생 모은 재산을 안전하게 투자해달라고 부탁했다. 그런

데 그 사람은 아주 위험한 투기를 감행했고 발생한 손실에 대해서도 거짓말을 했다. 불과 몇 개월 되지 않아 내가 맡긴 돈의 95퍼센트가 사라지고 말았다. 말할 것도 없이 화가 머리끝까지 뻗쳤다. 아버지가 돌아가신 이후 나는 아내와 아이들, 회사 직원들에게 이전보다 더 성마르게 굴기 시작했다. 처음에는 그 이유를 알 수 없었는데 나중에서야 아버지를 잃은 것에 대해 분노를 품고 있었다는 사실을 알게 되었다. 이런 각각의 상황에서 게리 스몰리는 내게 내가 입은 피해나 손실을 구체적으로 적은 후 슬퍼할 혼자만의 시간을 가지라고 조언했다. 그렇게 슬퍼할 시간을 가지지 못한다면 해결되지 못한 상처가 계속 남아 우리 안의 분노의 잔을 채우게 된다.

3단계: 상대에 대해 더 잘 이해하려고 노력한다. 그 사람은 어째서 나에게 상처가 되는 그런 말과 행동을 한 것일까. 그 사람은 나에게 상처를 주었다는 사실을 알고 있을까, 아니면 아무것도 모르고 있을까. 그저 다른 사람들을 대할 때처럼 나를 대한 것뿐일까? 어쩌면 평소에 다른 사람들이 그 사람을 그렇게 대하고 있는지도 모른다. 뭔가 기준이나 자신만의 생각이 있는 걸까? 혹시 단지 사람을 대하는 법을 잘 몰라서? 누구나 제대로 못 보는 부분이 있으며 정말 의도하지 않게 다른 사람에게 상처를 주는 경우도 있다. 상대의 행동이 단지 성격이나 미숙함, 혹은 무지에서 비롯되었다는 것만 알아도 상처는 크게 줄어든다. 내 아내는 몇 년 동안

한 친구의 행동으로 인해 깊은 상처를 받아왔다. 그런데 그 친구가 누구에게나 그렇게 대하고, 정말로 상처를 주려는 의도가 아니라 그저 살아온 배경과 성격 때문에 그렇게 한다는 사실을 알게 되자 아내는 그동안 자신을 괴롭혀왔던 분노로부터 자유로워질 수 있었다.

4단계: 보물 찾기. 그러한 상황에서도 도움이 되는 것들을 찾아보자. 사람에게 더 따뜻한 마음을 갖게 되었는가? 내가 당한 것과 같은 방식으로 다른 사람들을 대하지 말아야겠다는 결심을 하게 되었는가? 내 친구는 뺑소니 사고로 아이를 잃었다. 그 사고가 있기 전까지만 해도 친구는 어린이 전용 병동 같은 곳을 찾아가본 적도 없었고 비슷한 사고를 뉴스로 들을 때도 슬프거나 안타까운 마음을 갖지 못했다. 그러던 친구가 딸아이를 잃고 나서 내가 아는 사람들 중에서 가장 마음이 따뜻한 사람이 되었다. 그는 집 근처에 있는 어린이 전용 병동을 정기적으로 찾아가 아픈 아이들을 돌보는 부모들을 위로하고 아픔을 함께 나누고 있다.

진주는 조개가 몸속에 들어온 이물질의 고통을 견디는 과정에서 만들어진다. 우리가 갈등과 역경, 분노, 고통을 경험할 때 우리 안에서는 어쩌면 찬란한 진주가 만들어지고 있는지도 모른다. 그 진주의 가치를 알아차리는 순간 마음의 상처와 분노는 감사함으로 바뀌게 될 것이다.

5단계: 보내지 않을 편지를 써라. 갑자기 보내지도 않을 편지라니? 하지만 그렇게 편지를 쓰는 동안 우리 안의 분노나 격한 감정이 서서히 풀린다. 다만 내 감정이 고스란히 담긴 편지를 상대에게 보내는 건 곤란하다. 그저 내가 느끼고 있는 감정을 가능한 한 솔직하게 모두 털어놓는 과정일 뿐이다. 감정을 끌어안고 참고 있으면 안 된다. 편지를 쓰는 목적은 모든 것을 다 털어놓기 위함이며, 그 안에서도 솔직해지지 못한다면 바라는 목적을 제대로 이룰 수 없게 된다.

6단계: 상대를 자유롭게 놓아준다. 솔로몬은 다른 사람의 허물을 덮어주는 것이 곧 나 자신에게는 영광이 된다고 말했다. 여기서 '덮어주다(overlook)'는 말은 히브리어로 한쪽으로 치워두고 그 너머로 지나간다는 뜻이다. '용서(forgiveness)'의 히브리어 의미는 '해방(release)'을 뜻한다. 누군가를 진정으로 용서한다는 것은 그 사람이 우리에게 상처를 입혔다는 죄책감에서 벗어나 자유롭게 해방된다는 뜻이다. 용서는 그저 단어나 느낌이 아니라 선택이다. 그리고 솔로몬은 그 선택이 우리에게 영광을 준다고 말한다. 상대를 과거의 잘못에서 풀어주고 상대에게 기대하는 바를 내려놓는다면 우리 역시 분노와 격한 감정들로부터 해방될 수 있다.

7단계: 먼저 손을 내민다. 신체적인 위험이나 가해의 가능성이 없다면 상대에게 먼저 손을 내밀어라. 그런 친절과 이해의 손길은 나와 상대 모두에게 엄청난 유익이 될 것이다. 내 동업자인 짐은 부친과 사이가 정말 안 좋았다. 어린 시절 짐의 아버지는 아내와 두

아들을 심하게 학대했고, 그 상습적이고 끔찍한 학대 때문에 성인이 된 이후에도 짐은 아버지를 용서하지 못했다. 그때 게리 스몰리가 지금까지 소개한 일곱 가지 단계의 과정을 짐이 거칠 수 있게 도와주었다. 가장 힘들었던 부분은 역시 손을 내미는 마지막 단계였다. 하지만 기적적으로 손을 내밀던 날, 두 사람은 완전히 새로운 관계를 시작하게 되었다. 짐은 평생을 품어왔던 분노를 털어버렸고, 아버지의 삶 또한 완전히 바뀌었다. 두 사람은 아주 친밀한 사이가 되었고 아버지가 세상을 떠날 때까지 20여 년간 그야말로 아름다운 관계를 유지했다.

다른 사람이 나에게 분노할 때

다른 사람의 분노를 다룰 때 우리는 두 가지 다른 상황에 직면하게 된다. 특정한 상황에서 발생한 분노를 줄여야 할 때가 있고, 상대의 마음속 분노의 잔을 비우도록 도와야 할 때가 있다. 다음은 화를 가라앉히는 솔로몬의 방법이다.

상대가 거칠게 나올 때 부드러운 모습을 보여준다. "부드러운 말은 분노를 가라앉혀도 과격한 말은 분노를 더 자극한다." 상대가 준 모욕에 모욕으로 되갚는 대신, 부드러운 목소리와 친절하고 품위 있는 표현으로 대응하도록 노력해보자. 십중팔구 상대의 분노도 함께 가라앉을 것이다.

상대를 자극하지 않는다. 솔로몬은 "장작이 다하면 불은 꺼진다"고 말한다. 우리는 끝까지 상대의 말을 받아치길 원한다. 하지만 그렇게 하면 그야말로 꺼져가던 불에 장작, 아니 기름을 끼얹는 셈이 된다. 나의 잘못된 말과 행동에 대해서 변명과 방어에 급급해하는 대신, 상대의 비난을 받아들이고 책임을 인정하면 타오르는 불길을 진화할 수 있다.

분노로 인한 피해를 복구하는 방법

누군가에게 화를 낼 때마다 우리는 상대에게 상처를 입히게 된다. 그들이 우리보다 성숙한 인격을 가지고 있다면 문제가 잘 처리될 수도 있겠지만 고통은 그리 쉽게 잊히는 것이 아니며 누구든 자신이 일으킨 피해에 대해서는 복구해야 할 책임을 져야 한다. 그렇게 하기 위해서는 해결되지 않은 분노를 제거했던 것과 동일한 과정이 필요하고, 거기에 다음 내용도 함께 실천해야 한다.

내가 상대를 어떻게 공격했는지 확인하라. 나는 정확하게 어떻게 공격했는가? 상대의 기대를 어떤 식으로 거절했는가? 상대에게 손해를 입혔는가? 내가 한 일의 본질과 그 정도를 정확하게 확인하라. (결코 스스로의 언행을 정당화하거나 변명하지 말라. 또한 최소화하거나 합리화해서도 안 된다.)

상대에게 내가 얼마나 미안한지를 말하라. 내가 저지른 잘못에 대해 구체적으로 이야기하라. 성의 없는 사과를 받아주고 믿어줄 사람은 어디에도 없다. 구체적인 내용을 담아 사과하지 않으면 내가 무슨 잘못을 했고, 그로 인해 상대가 얼마나 아픈지를 내가 절실히 깨닫고 있음을 알려줄 수 없다.

용서를 구한다. 상대가 구체적으로 나의 어떤 부분에 대해서 용서해주기를 바라는지 분명하게 전달한다.

관계를 이전 상태로 복원하기 위해 노력한다. 내가 상대가 정해 놓은 선을 존중하고 있으며 그의 속도에 맞춰 움직이겠다는 사실을 알려라.

진정한 지혜는 절대로 수동적이지 않으며 언제나 상황에 앞서 대책을 강구한다. 솔로몬은 상처와 좌절, 충족되지 않은 기대, 그리고 분노의 감정에서 우리를 구원할 수 있는 구체적인 조언을 제공하고 있다. 우리를 공격하는 이들을 대할 때는 내 안의 자연스러운 본성이 이끄는 방향과는 정반대로 거스르면 된다.

절대로 원한을 품지 말라. 솔로몬은 "그 사람이 나에게 한 것처럼 그 사람에게 똑같이 되갚아주겠다는 말은 하지 말라"(잠언 24:29)고 썼다. 또한 어떤 형태든 원한이나 보복은 고스란히 자기 자신에게 되돌아온다고 경고한다. "함정을 파는 사람은 자신이 그 함정에 빠질 것이며 돌을 굴리는 사람은 자신이 그 돌에 치일 것이다"(잠언 26:27).

나에게 상처를 준 사람이 상처를 입었을 때 절대로 기뻐하면 안 된다. 솔로몬은 "나를 해쳤던 사람이 넘어질 때 즐거워하지 말고 그가 비틀거릴 때 마음속으로 기뻐하지 말라"(잠언 24:17)고 말한다.

나에게 상처를 준 사람에게 도움을 줄 수 있는 기회를 찾아라. 솔로몬은 "나를 해쳤던 사람이 굶주릴 때 음식을 먹이고 목말라 할 때는 물을 마시게 하라"(잠언 25:21)고 적었다. 이것은 인간의 자연스러운 본성을 거스르는 행위다. 그렇지만 나를 해쳤던 사람을 도울 때 그의 분노의 불길을 꺼트릴 수 있고 내가 나 자신만큼이나 그를 걱정하고 있다는 사실을 보여줄 수 있다.

분노의 해결은 한 번의 승리로 끝나지 않는다

분노는 살아가는 동안 끊임없이 되풀이되는 감정의 폭력이다. 좋은 소식이 있다면 우리가 자신과 타인의 분노에 희생될 필요가 없다는 사실이다. 분노는 여기저기 한 방울씩 떨어지는 가랑비처럼 시작된다. 그대로 방치해 두면 솔로몬이 경고했던 모든 것을 집어삼키는 홍수로 변하게 된다. 하지만 우리는 그것이 우리를 압도하거나 우리의 인간관계를 깨트리지 않도록 조치를 취할 수 있다. 우리에게는 분노의 잔이 넘치지 않게 할 수 있는 힘이 있다.

내 마음속 분노의 잔은 얼마나 차 있는가?

1. '사소한 일'에도 쉽게 상처받거나 화가 나고 좌절하는가?

2. 짜증을 내고 좌절하는 일이 드문가? 자주 있는가? 아니면 거의 매일인가?

3. 현재 맺고 있는 관계들에서 원한이나 분노를 느끼고 있는가? 그 때문에 사이가 멀어진 사람이 있는가?

4. 가장 최근에 화를 냈거나 관계가 틀어진 건 언제인가?

  a. 그 이유는 무엇인가?

  b. 그 이유를 분명하게 알게 되었다면 이후 같은 상황에 처했을 때는 어떻게 대처하겠는가?

5. 관계를 회복해야 하는 사람, 내가 화를 냈던 상대, 나에게 화를 낸 사람의 이름을 모두 적어보자.

내 마음속 분노의 잔의 모습을 제대로 알고 싶다면 가족이나 친구, 혹은 직장 동료들의 의견을 물어봐야 할 필요도 있을 것이다.

12장

어리석음,
늘 우리의 발목을 붙잡는
인생의 부비트랩

어리석은 사람은 온갖 말을 다 믿지만
지혜로운 사람은 언제나 상황을 잘 살펴본다.
(잠언 14:15)

내 사촌들 중 두 명은 해병대 출신으로 베트남 전쟁에 참전해 조국을 위해 용감하게 싸웠다. 수많은 위험 가운데 그들이 가장 두려웠던 건 나뭇잎 아래 숨어 있는 '부비트랩(booby trap)'이었다고 한다. 이 무기는 건드리는 순간 순식간에 병사를 죽이거나 영구적인 장애를 입혔다.

솔로몬은 우리 인생에도 부비트랩과 같은 치명적인 폭탄이 숨어 있다고 이야기한다. 그 부비트랩의 이름은 바로 '어리석음(naivete)'이다. 이 폭탄은 지성이나 교육 수준, 경제력, 혹은 업적과도 상관없이 누구에게든 매복해 있다.

필로 T. 판스워스(Philo T. Farnsworth)는 천재였다. 고등학생 때 이미 그는 물리학과 수학, 그리고 당시 막 태동한 전자공학 분야에서 교사들의 이해 수준보다 몇 광년이나 앞서 있었다. 14세 때는 이미지를 한 줄씩 스캔해 전송하는 전자 장비를 구상하고 있었다. 19세에는 세계 최초의 TV 개발에 전념하기 시작했다. 당시 세계 최고의 과학자와 공학자들, 유수의 제조업체조차 시각 이미지를 전자적으로 포착해서 전송하는 장치의 개발 작업은 비용을 감당할 수 없는 규모라고 판단해 개발을 포기한 상태였다. 하지만 판스워스는 24세가 되던 해에 TV 카메라와 수신기를 발명해 두 개의 특허를 얻었다.

한편, 에드워드 H. 암스트롱(Edward H. Armstrong)은 오늘날 라디오와 TV, 휴대전화에 쓰이는 고음질 전송의 핵심인 주파수변조(FM)

라고 부르는 새로운 소리 증폭 방식을 발명했다. 암스트롱의 FM 방식이 없었다면 현대적인 사운드 전송은 불가능했을 것이다.

그렇지만 이런 비교할 데 없는 천재성과 엄청난 발명, 그리고 현대 통신 설비에 대한 공헌에도 불구하고 두 사람 중 어느 누구도 자신의 발명품으로 경제적인 이득을 보지는 못했다. 심지어 암스트롱은 파산 직전에 자살했으며 판스워스는 TV 특허를 전자 회사에 넘기고 수백만 달러의 이익 배분을 약속받았지만 한 푼도 제대로 받지 못했다.

어떻게 이런 일이 일어날 수 있었을까? 솔로몬은 "어리석은 사람은 온갖 말을 다 믿지만 지혜로운 사람은 언제나 상황을 잘 살펴본다"(잠언 14:15)고 말하고 있는데 여기에 바로 해답이 있다. 앞서 언급했던 두 사람은 과학계에서는 분명 엄청난 천재였지만 사업 세계에서는 어리숙한 사람들이었다. 판스워스의 경우 미국의 전기 제품 회사인 RCA의 CEO가 그의 발명품을 염탐할 목적으로 회사 소속 과학자를 보내자 오히려 크게 환영하며 심지어 발명품의 핵심 요소를 만드는 노하우까지 알려주었다고 한다. 전기 작가인 해럴드 에번스(Harold Evans)에 따르면 판스워스는 이 과학자가 경쟁 특허를 신청했다는 사실을 알았지만 '과학 하는 사람끼리의 신의'를 굳게 믿었다고 한다. 결국 블라디미르 즈보리킨(Vladimir Zworykin)이 판스워스의 기술을 모두 훔쳐 수년 후 최초의 TV 발명가라는 명예를 독차지하게 된다. 암스트롱 역시 자신이 굳게 믿었던 RCA

와 그 CEO 데이비드 사르노프(David Sarnoff)에게 배신당했다. 수년 간의 소송 끝에 파산 직전 자신이 살고 있던 건물 13층에서 뛰어내려 생을 마감했다.

어리석음의 대가

1993년 친구에게서 어느 억만장자를 소개받았다. 그는 혁신적인 특허 기술을 보유한 신생 회사에 자금을 투자하려고 했다. 그 회사의 미래가 밝아 보여 나는 250만 달러를 투자했다. 1998년에는 최근에 알게 된 친구가 회사를 곧 상장할 거라고 말했다. 나는 친구의 회사에 300만 달러를 투자하였다. 2000년에는 사촌이 주식 거래 전문가를 소개해 주었다. 그는 4년 만에 5000달러를 1400만 달러로 바꾸었다. 나는 사촌과 함께 200만 달러를 투자했다. 총 750만 달러에 달하는 이 세 번의 투자는 결과적으로 20만 달러가 되었다. 나는 97퍼센트의 손실을 본 것이다!

무엇이 잘못되었을까? 나는 직감을 믿었고 모든 것을 액면 그대로 믿었다. 나는 솔로몬의 조언을 제대로 따르지 않았다. 특히 그의 강력한 경고 세 가지를 어겼고 그 결과 비참하게 추락해 하얗게 타 버렸다. 세 가지 경고 중 하나라도 주의를 기울였다면 현재 내 금고에는 수백만 달러가 더 들어 있을 것이다. 세 가지 경고를 모두 잘 따랐다면 그 750만 달러가 적절하게 투자되어 적어도 2000만 달러 이상은 이득을 보았을 것이다!

어리석음과 지능지수

어리석음은 지능과는 상관이 없으며 전반적으로 처한 상황과 삶에 접근하는 방식과 관련이 있다. 어리석은 사람은 상황을 지나치게 단순화하는 경향이 있어서 결과를 좌우하는 중요한 요소들을 놓친다. 우리가 앞에서 살펴본 것처럼 천재 역시 평범한 지능을 가진 사람만큼이나 어리석을 수 있다. 솔로몬은 행동의 방향을 결정하기 전에 "상황을 잘 살펴보지" 않는 사람을 어리석다고 묘사한다. 대부분의 사람은 다음에 소개할 여러 가지 이유들 중 한 가지 이상의 이유로 인해 상황을 잘 살펴보지 않게 된다. 그렇다면 우리에게는 어떤 문제가 있는지 확인해보자.

지나친 단순화. 우리가 단순함에 끌리는 것은 자연스러운 현상이다. 우리는 일이 단순하길 원한다. 참고서를 읽거나 숙제를 하지 않고도 즉시 시험 문제를 파악할 수 있기를 바란다. 우리는 모두를 믿고 싶고, 듣는 모든 것들을 액면 그대로 받아들이고 싶어한다. 그러나 슬프게도 이 모든 게 어리석은 행동이다. 솔로몬은 "아, 어리석은 자들아, 언제까지 단순함(simplicity)을 사랑할 것이냐?"(잠 언 1:22)고 묻는다. 중요한 결정은 결코 단순하거나 간단하지 않으며 문제의 표면 아래에는 항상 찾아보고 생각해야 할 중요한 요소들이 숨어 있다.

추측과 가정. 솔로몬은 "내일 일을 미리 자랑하지 말라. 오늘 하루 동안 무슨 일이 일어날지는 아무도 알 수 없다"(잠언27:1)고 경고한다. 솔로몬은 지금 추측하고 가정하는 태도에 대해 이야기하고 있다. 우리는 우리 앞에 펼쳐진 조건과 기회들이 내일도, 다음 주에도, 내년에도 그대로일 거라고 생각한다. 우리는 오늘 저지르는 실수는 내일 바로잡으면 된다고 생각하면서 충동적이고 어리석게 행동한다. 나중에 언제든지 확인할 수 있다고 가정하기 때문에 어떤 결정을 내리기 전에 상황을 잘 살펴보지 않는 것이다. 그러나 사실 우리는 변화 없는 정적인 세상에 사는 게 아니다. 모든 것이 시시각각 변하는데 오늘과 같은 기회와 조건이 내일도 있을 거라고 가정하는 건 그야말로 어리석고 순진한 생각이다.

잘못된 신뢰. 우리는 잘 모르는 사람들을 필요 이상으로 믿는 경우가 있다. 하지만 그들은 겉으로 보이는 것보다 무능하고 경험이 적고 또 정직하지 않을 수 있다. 사람들은 늘 좋은 인상을 주기 위해 애쓰고, 우리는 그들의 첫인상을 단 몇 분 혹은 몇 초 만에 판단해 버린다. 내가 투자 결정에 실패했던 건 그들의 말을 액면 그대로 믿었기 때문이다. 그러나 세 사람 중 내가 생각했던 것만큼 자격을 갖춘 사람은 아무도 없었다. 한 사람은 매우 부정직한 사람으로 밝혀졌고, 다른 두 사람은 지나치게 낙관적이었고 자신들이 말하는 종류의 예측을 할 자격이 없었다. 하지만 나는 그들 모두 정직하며 자기 일에 유능하다고 믿었다. 솔로몬의 조언을 따라 그 사람들의 과거 행적들을 깊이 들여다보고 상황을 잘 살폈더라면 그들을 신뢰하지 않았을 것이다.

겉모습에 대한 집착. 사람이나 상황을 대할 때 겉으로 드러난 모습만 따질 때가 있다. 사람의 경우 카리스마와 매력을 지녔을 수 있고, 사업 기회 역시 언뜻 보기에 엄청나게 특별해 보일 수 있다. 그렇지만 겉으로 보이는 모습은 중요한 결정의 근거가 될 만큼 충분한 이야기를 들려주지 않는다. 나는 수십 개의 특허를 받은 새로운 상품의 시제품을 보고 투자를 결정했다. 그야말로 기념비적인 기술적 돌파구가 될 것처럼 보였다. 하지만 내가 몰랐던 것은 그 시제품이 판매 가능한 경제성 있는 상품으로 만들어지기 위해서는 경영진의 예상보다 수년이 더 걸리고 비용 또한 수억 달러가 더 필요하다는 사실이었다. 이 회사의 주식은 1998년에 주당 21달러로 상장되었고 현재 가치는 주당 17센트다. 이것이 겉모습에만 집착한 결과다!

게으름. 가능한 한 적은 노력으로 원하는 것을 얻고 싶은 게 우리의 본성이다. 이는 판단을 내릴 때도 마찬가지다. "상황을 잘 살펴보기" 위해서는 사람의 말을 액면 그대로 받아들일 때보다 훨씬 더 많은 노력과 창의성이 필요하다. 우리의 자연스럽고 본능적인 성향에 맞서기 위한 유일한 희망은 중요한 약속을 맺을 때마다 (2장에서 설명한) '진정한 성실함'을 의사결정 과정에 적용하는 것이다.

성급함. 성급하게 결정을 내린다는 건 결국 문제를 시간을 들여 충분히 살펴보지 않았다는 뜻이다. 어리석은 투자 결정을 내릴 때마다 나는 관련자들에게서 지금 당장 결정을 내려야 한다거나, 시간을 끌면 엄청난 기회를 놓칠 수 있다는 식의 말을 들었다. 솔로몬은 "그렇지만 조급하게 행동하는 사람은 분명 가난하게 될 따름"이라고 경고한다. 성급함은 어리석음의 가장 흔한 모습 중 하나이다. 더 빨리 결혼하자는 상대방의 재촉에 휘둘리는 바람에 얼마나 많은 결혼이 불행으로 이어지고 있는가? 누군가 우리를 재촉한다면 더욱 경계하고 제동을 걸어야 한다. 중요한 결정을 내릴 때 누가 옆에서 재촉하도록 해서는 안 된다. 지혜로운 결정을 내리기 위해서는 성실한 자세로 깊이 파고들고 더 많은 조언을 구할 시간을 충분히 확보해야 한다.

좁은 시야. 자신의 지식과 경험에만 의존하면 좁고 제한된 시야를 갖게 되어 최선의 결정을 내리기가 어렵다. 솔로몬은 "상담이 없으면 계획이 좌절하고 상담자가 많으면 성공한다"고 말한다. 중요한 결정을 다른 사람의 도움 없이 내리려 하는 건 순진함을 넘어 어리석다. 전문가의 조언과 다른 사람들의 도움이 있을 때 우리는 시야를 크게 넓힐 수 있고, 지혜로운 결정을 내릴 만한 충분한 자격을 갖추게 된다.

진실성(정직함). 정말 불행한 일이지만 나는 사람이 정직할수록(어리석을 정도로) 순진해질 가능성도 커진다고 확신한다. 왜 그럴까? 정직한 사람은 누군가에게 거짓말을 하고 속여 재산을 훔치는 일 따위는 생각조차 하지 않는다. 그런 생각 자체가 자신과는 너무 이질적이기 때문에 다른 사람들이 그런 일을 하는 것 역시 쉽게 상상하지 못한다. 가수 팻 분과 나는 거의 30년 동안 친구로 지냈다. 우리는 너무 순진하게 사는 것이 아니냐며 서로를 놀리는 일이 많았다. 우리 둘 모두 남이 힘들게 번 돈을 속여 빼앗는 일 같은 건 생각하지 않았기 때문에 반대로 누군가 우리에게 그런 일을 하리라고는 상상조차 하지 못했다. 그렇지만 우리 둘 다 그런 일을 너무 많이 겪었다. 장인은 내가 아는 사람 중 가장 정직한 분인데, IBM에서 영업 사원으로 크게 성공한 후 어느 작은 컴퓨터 회사의 경영진에게 스카우트 제안을 받았다. 경영진은 장인에게 IBM에서 받는 것보다 더 많은 계약 수수료를 주겠다고 했다. 장인 자신이 지키지 못할 약속은 하지 않는 분이었기 때문에 당연히 상대의 말도 의심하지 않았다. 게다가 경영진 모두 같은 교회에 다니며 종교 활동에도 열심이었다. 장인은 이런 이유들 때문에 "상황을 잘 살펴보지 않고" IBM에서의 20년 경력을 미련 없이 포기하고 직장을 옮겼다. 장인은 새 고용주들에게 엄청난 양의 사업 계약을 가져다 주었지만, 그들은 약속했던 수수료를 단 한 번도 제대로 지급하지 않았다. 장인은 큰 충격을 받았다. 어떻게 경영자가 그렇게 거짓말을 할 수 있단 말인가! 당신의 정직함과 진실한 성격 때문에 제대로 알지 못하는 사람을 지나치게 믿었고, 그들의 배경을 미리 확인할 필요를 느끼지 못했던 것이다.

탐욕. 때때로 우리는 뭔가를 너무나 열망하기 때문에 이번 기회가 로또 당첨이 되기를 희망하면서 들리는 말이 뭐가 됐든 무조건 믿으려 한다. 투자할 때마다 나는 낙관적인 사람들의 예상만 믿고 싶었고 의심하며 경고를 보내는 이들의 말은 모두 무시하고 싶었다. 재산을 몇 배로 늘릴 수 있다는 생각에 그만 눈이 멀어버린 것이다. 탐욕은 상황을 제대로 살피지 못하게 만드는 또 다른 원인이다.

교만. 어리석음의 가장 큰 원인 중 하나가 바로 교만이다. 교만한 사람은 자신이 다른 사람들보다 똑똑하다고 생각한다. 그래서 그들은 외부의 자문을 구하거나 상황을 미리 살펴볼 필요가 없다고 생각한다. 자신은 필요한 내용을 이미 다 알고 있다는 것이다. 솔로몬은 "교만은 패망의 지름길이고 거만한 마음은 몰락으로 이어진다"(잠언 16:18)고 말했다. 머지않아 교만한 사람은 그 교만함으로 눈이 멀게 될 것이다.

잘못된 우선순위. 때때로 우리는 중요한 결정을 내리기 전에 상황을 깊이 살펴보지 않는 선택을 한다. 사전 조사가 그리 중요하지 않다고 생각하기 때문이다. 오히려 그 대신 TV를 시청하고 인터넷

서핑과 취미생활을 즐기는 등 그보다 중요하지 않은 일로 시간을 보내려고 한다. 자신들의 그런 어리석음의 대가가 얼마나 큰지 깨닫지 못하기 때문에 이들은 절대로 그런 어리석음을 극복하는 일에 우선순위를 두지 않는다.

어리석지 않으려면

어리석음에 대한 솔로몬의 해결책은 그의 여러 처방들 중 가장 간단하다. 그는 우리에게 어떤 중요한 결정을 내리기 전에 항상 "상황을 잘 살펴보라"고 권면한다. 이 책 2장에서 우리는 이미 '진정한 성실함'에 대해서 살펴보았는데, "상황을 잘 살펴보라"는 건 결국 중요한 결정 과정에 성실함의 모든 요소를 적용하라는 뜻이다. 성실함이란 거대한 투광 조명등과 같아서 한 번 불이 들어오면 어리석음이 만든 어둠은 다 사라진다.

사람들은 뭔가를 묻거나 따질 때 상대가 기분 나빠하지는 않을까 걱정한다. 상대가 나를 믿지 못하는 거냐고 반문할까 두려워하는 것이다. 만약 그런 상황이 되면 이렇게 대응하자. "당신이 내게 믿지 못할 이유를 주지 않았으니 나는 당신에 대해 알고 있는 모든 것을 다 신뢰한다. 다만 나는 어리석은 실수는 하고 싶지 않다. 그래서 나름대로 항상 지키고 있는 원칙이 있다. 중요한 결정을 내리기 전에 먼저 상황을 잘 살펴보는 것이다. 상대가 누구이든 나는 늘 그렇게 해왔다." 만일 상대가 정말로 믿을 수 있는 사람이라면 나의 신중한 태도를 존중할 것이며 사전 조사와 확인 작업에 기꺼이 협력할 것이다.

잘못된 선택 앞에서 어리석게 행동하지 말라

솔로몬 왕은 우리에게 이렇게 경고한다. "신중한 사람은 위기를 보면 몸을 피하지만 어리석은 사람은 그대로 다가가 해를 입는다"(잠언 22:3). 갑작스럽게 비윤리적이거나 불법적인 상황에 빠지게 되는 사람은 거의 없다. 보통은 사전에 그런 위기 신호를 두세 번은 감지하게 된다. 그렇게 뭔가를 느꼈을 때 우리는 선택할 수 있다. 솔로몬은 신중하고 지혜로운 사람은 몸을 피하지만, 어리석은 사람은 위기의 신호를 보고 양심의 가책을 느끼면서도 방향을 바꾸지 않고 그대로 나아간다고 말한다. 엔론과 월드콤, 타이코, 앤더슨, 그리고 헬스사우스(Health South)의 경영진이 그랬을 가능성이 크다. 이 기업들의 경영진은 분명 위기 신호를 감지했으며 다른 선택의 기회가 있었다. 그중 한 명이라도 지혜롭거나 신중한 사람이 있었다면 거기서 몸을 피해 다른 정직한 일자리를 알아봤으리라. 하지만 안타깝게도 대부분이 정반대의 길을 선택했다. 그 결과 그들은 일자리는 물론 그간 쌓아왔던 재산과 명예를 모두 잃었고, 일부는 구속되어 일신의 자유까지 잃어버렸다. 그들 모두는 비즈니스 세계에서 가장 똑똑하고 성공했다는 사람들이었다.

비단 그들만의 문제가 아니다. 수많은 남녀가 새로운 관계를 시작하면서 마약이나 약물, 불륜 같은 양심에 위배되는 행동을 요구받을 때 경고 신호를 감지했을 것이다. 경고 신호를 보고 양심의 가책을 느꼈다면 이제는 선택을 해야 한다. "여기서 돌아설 것인가 아니면 가던 길을 계속 갈 것인가?" 결혼 상담사들에 따르면 가정 폭력 피해자의 대부분은 결혼 전에 이미 배우자에게서 한두 차례 이상 신체 학대를 경험했다고 말한다. 그때 이미 위기 신호를 봤지만 순진하게도 파국에 이를 때까지 관계를 계속 유지한 것이다. 매년 미국에서 음주운전 사고로 사망하는 사람은 2만 명이 넘는다. 음주운전자들은 그렇게 해서는 안 된다는 사실을 알면서도 계속 술을 마시고 또 운전을 하는 쪽을 선택했다. 술에 취한 채 차에 올라탔고 그렇게 차를 몰고 가겠다는 잘못된 선택을 내린 것이다.

어떤 길은 올바르게 보이지만……

솔로몬은 올바른 길처럼 보이지만 결국 잘못된 방향으로 이어지는 길을 선택할 수 있다고 경고한다. 그건 우리가 결정을 내릴 때 성실하게 노력을 기울이지 않았기 때문이다. 그는 이렇게 말한다. "어떤 길은 사람이 보기에 올바르게 보여도 결국 사망으로 이르게 된다"(잠언 14:12). 주어진 상황을 성실하게 살펴본다면 그런 일은 일어나지 않는다.

또 솔로몬은 이렇게도 말한다. "어리석은 사람은 어리석음을 물려받지만 신중한 사람에게는 지식이 주어진다"(잠언 14:18). 중요한 결정을 내리기 전에 상황을 신중하게 살펴보는 사람이 보상을 받게 된다는 뜻이다. 어리석은 사람이라는 평판 대신 지혜롭고 지식이 풍부한 사람이라는 명성을 얻게 된다.

지혜로운 선택을 하는 방법

자신의 어리석음을 인정하고 상황을 잘 살펴보는 쪽을 선택하라. 우리의 타고난 본성은 결정을 내릴 때 늘 게으르고 어리석은 방법을 택하려 한다는 사실을 인정하자. 따라서 중요한 결정을 내리기 전에는 미리 상황을 잘 살펴보는 쪽을 선택하자.

외부의 도움이나 자문을 구한다. 〈잠언〉 전체를 통해 솔로몬은 외부의 도움을 구하라고 조언하고 또 조언한다. 그는 "지혜로운 도움이 없이는 넘어지지만 상담자가 많을수록 안전해진다"고 말했으며 또 "상담이 없으면 계획이 좌절하고 상담자가 많으면 성공한다"고도 말한다. "모든 목적은 조언을 통해 세워진다"는 조언도 있다. 솔로몬 왕의 충고는 분명하며 그의 지혜는 언제나 틀림이 없다.

그러니 그가 말하는 그대로 따라가라.

나의 경우 동업자들의 조언이 없었다면 결코 사업에서 성공할 수 없었다. 게리 스몰리 박사의 도움이 없었다면 지금 누리고 있는 행복한 결혼 생활도 없었다. 또한 솔로몬 왕의 조언이 없었다면 지속적인 성공과 행복은 꿈도 꾸지 못했을 것이다.

친구와 동료를 지혜롭게 선택하라. 솔로몬은 이렇게 말한다. "지혜로운 사람과 동행을 하면 함께 지혜로워진다. 하지만 어리석은 사람과 있으면 함께 멸망한다"(잠언 13:20). 누구와 어울리고 누구를 동료로 선택하느냐에 따라 성공과 파멸이 결정된다. 물론 우리는 누구와도 친구가 될 수 있다. 하지만 동업자를 선택하고 중요한 관계를 맺을 때는 늘 신중해야 한다. 상대의 지혜로움과 진실함을 살펴보고 부정직함을 알려주는 위험 신호에 주의를 기울여야 한다. 그의 우선순위는 무엇이며 인생을 어떤 식으로 살아가고 있는가? 부모나 배우자, 형제자매 혹은 자녀를 어떻게 대하고 있는가? 무엇을 가장 소중히 여기는가? 절대로 어리석은 사람과 함께해서는 안 된다.

모든 순간을 신중하게 생각하고 결정하라

우리는 살아가면서 중요한 선택의 순간에 직면할 때가 있다. 그때마다 우리는 신중함을 선택해야 한다. 사업상의 선택이나 재무적 선택 혹은 개인적인 선택의 순간에 가장 먼저 "상황을 잘 살펴보기로" 선택해야 한다. 그렇게 한 이후 우리가 논의했던 단계들을 적용한다면 현명한 결정을 내리고 큰 유익을 얻게 될 것이다. 하지만 그렇게 하지 않을 경우, 우리의 타고난 본성은 우리를 실망과 실패로 이끄는 어리석은 자의 길로 이끌 것이다.

지식에서
지혜까지

1. 개인적인 문제나 직장과 사업 등에서 큰 실수로 이어진 결정을 두 가지 이상 기록해보자. 예를 들어 규모가 큰 거래나 투자에서의 실패, 잘못된 직업 선택이나 퇴사 결정, 혹은 결혼과 양육에서의 실수 등이다.

2. 상황을 제대로 살피지 않고 잘못된 결정을 내린 이유는 무엇인가?

___ 지나친 단순화

___ 추측과 가정

___ 잘못된 신뢰

___ 게으름

___ 겉모습에 대한 집착

___ 성급함

___ 좁은 시야

___ 진실성(정직함)

___ 탐욕

___ 교만

___ 잘못된 우선순위

3. 의사결정 과정에서 "상황을 잘 살펴보고" 더 나은 결정을 내리기 위해 할 수 있는 일이 있다면 적어보자.

4. 아인슈타인은 늘 똑같은 행동을 반복하면서 전혀 다른 결과가 나오기를 기대하는 것이야말로 진정한 광기라고 말했다. 그렇다면 어리석음에 끌려다니지 않고 현명하고 지혜로운 선택을 하려면 무엇이 달라져야 할지 적어보자.

5. 지금 당장, 혹은 조만간 선택해야 할 중요한 결정들이 있다면 적어보자.

6. 위 상황에 대한 최선의 선택을 하기 위해서는 의사결정 과정에 무엇이 필요할지 적어보자.

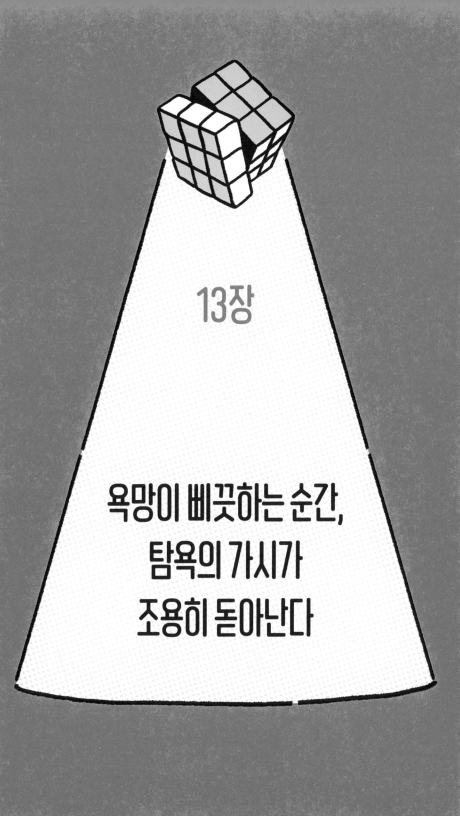

13장

욕망이 삐끗하는 순간,
탐욕의 가시가
조용히 돋아난다

이득을 탐하는 사람이 가는 길이 이러하니

결국 그 생명을 잃게 된다.

(잠언 1:19)

얼마나 간절히 갈망하는가?

깜짝 질문

진실 혹은 거짓

___ 부자는 가난한 사람보다 탐욕스럽다?

___ 사람은 돈이 많아질수록 탐욕스러워진다?

___ 나의 인생은 탐욕과는 거리가 멀다?

'탐욕'이라고 할 때 우리는 늘 자기 자신보다는 다른 사람을 먼저 떠올린다. 예를 들면《크리스마스 캐럴》의 스크루지 영감 같은 구두쇠를 상상한다. 사실, 탐욕의 씨앗은 모든 인간의 마음에 존재한다. 어떤 사람에게는 이 씨앗이 교묘하게 뿌리를 내려 점점 선택에 영향을 미치다가 결국에는 그가 가장 중요하게 생각하는 것을 이루지 못하게 한다. 또 다른 경우에는 인생의 즐거움을 말려 죽이는 거대한 잡초로 자란다. 다행스럽게도 솔로몬은 탐욕이 우리 인생에 뿌리를 내리고 영향을 미치거나 지배하지 못하도록 막을 수있는 방법을 알려주었다.

먼저 솔로몬이 탐욕을 어떻게 정의하는지 살펴보자. 위의 깜짝질문 중에서 몇 개의 질문에 '진실'이라고 대답했는가? 솔로몬의 정의에 따르면 위의 질문의 답은 모두 '거짓'이다.

탐욕은 돈이나 재물에 대한 것만이 아니다. 분명 탐욕은 부와 물질적 소유를 부추긴다. 하지만 탐욕은 어떤 행동도 하게 만드는 태도이다. 솔로몬은 이런 탐욕과 욕심을 표현하기 위해 두 개의 히브리어 단어를 사용했다. '무언인가를 간절히 바라고 원하다'는 뜻의 단어와 그렇게 너무 무엇인가를 바란 나머지 '다른 사람의 권리까지 기꺼이 침범하려고 한다'는 뜻의 단어다. 이 두 가지 의미를 하나로 합치면 솔로몬이 의도한 의미를 더 잘 이해할 수 있다. 탐욕이란 '무엇인가를 얻을 수만 있다면 무슨 일이든 기꺼이 할 수 있는, 무언가에 대한 깊은 갈망'이라고 할 수 있다. 다시 말해, 탐욕은 우리가 '무엇을' 원하느냐가 아니라 우리가 '얼마나 간절하게' 원하는지에 의해 정의된다.

사람은 우리가 상상할 수 있는 거의 모든 영역에서 탐욕을 드러낼 수 있다. 누군가는 권력과 명예를 탐내고, 누군가는 사랑이나 성적인 만족을 탐한다. 취미나 여가 활동을 탐하는 사람도 있다. 물론 우리 사회에서 가장 눈에 띄는 탐욕은 역시 '부의 추구'이다.

> 탐욕이란 무엇인가를 얻을 수만 있다면 무슨 일이든 기꺼이 할 수 있는, 무언가에 대한 깊은 갈망이다.

악성 종양처럼 탐욕은 자란다

마이클 랜든은 할리우드에서 나와 가장 친한 친구 중 한 명이었다. 그는 연예계에서 활동하는 사람답지 않게 친절하고 다정했다. 나는 마이클의 마지막 프로젝트에 함께 참여하는 영광을 누리기도 했는데, 촬영 일주일 전 그는 나를 자신의 새로운 홈짐(home gym)으로 초대했다. 내가 요즘 기분이 어떠냐고 묻자 그는 이렇게 답했다. "스티븐, 요즘 기분이 너무 좋아. 몸 상태가 최고야." 그로부터 불과 4주 후 그는 극심한 복통으로 응급실로 이송되었고 며칠 후에는 말기 췌장암과 간암 진단을 받았다. 다른 암과는 달리 췌장암은 몇 년에 걸쳐 서서히 진행된다. 또한 증상도 말기가 될 때까지는 거의 나타나지 않는다. 마이클은 암 진단을 받고 채 3개월도 되지 않아 세상을 떠났다. 반면 우리 아버지는 급속하게 진행되는 폐암 진단을 받았고 병이 생긴 지 몇 달 만에 증상이 나타났다. 그리고 암 진단을 받은 지 7개월 만에 세상을 떠났다.

탐욕도 이런 악성 종양들처럼 나타난다. 처음부터 아주 공격적이고 분명하게 자신을 드러내기도 하고, 혹은 끔찍한 피해가 날 때까지 아무도 눈치채지 못하게 교묘하게 자라기도 한다. 내 인생에 탐욕이 들어선 것도 이런 식이었다. 나는 어리석게도 세 차례에 걸쳐 잘못된 투자 결정을 내렸다. 내가 그들의 낙관적인 전망에 귀를 기울였던 건 결국 내 안의 탐욕 때문이었다. 나는 더 빨리 더 많은 돈을 벌고 싶었다. 내 안의 탐욕과 욕심을 알아차렸을 때는 이미 평생을 모은 재산이 다 허공으로 사라진 후였다.

그런데 누군가 우리에게 탐욕스러운 성격 때문에 어려움을 겪고 있는지 물어본다면 아마 우리 대부분은 그렇지 않다고 대답할 것이다. 심지어 거짓말 탐지기 테스트도 무사히 통과할지 모른다. 하지만 탐욕은 이미 우리 마음속에 조용히 뿌리를 내리고 있는지 모른다. 아직 놀라운 증상이나 치명적인 결과를 낳지 않았다고 해서 그것이 우리에게 없다는 의미는 아니다. 예방하고 교정하는 조치를 지금 취하지 않는다면 머지않아 탐욕이 우리의 가장 소중한 것들을 앗아갈지 모른다.

탐욕의 너무한 결과

1. 탐욕은 우리의 생명을 빼앗아간다. "이득을 탐하는 사람이 가는 길이 이러하니 결국 그 생명을 잃게 된다"(잠언 1:19). 이 경고를 처음 읽었을 때 그저 인생에 대한 비유 정도라고 생각했다. 그런데 나는 탐욕을 노골적으로 드러내는 수많은 사람들의 거의 모든 삶이 공허함과 목적의식 결여, 불행, 혼란, 갈등으로 점철되어 있는 것을 보았다. 그래서 이제는 탐욕이 말 그대로 진짜 목숨을 앗아갈 수 있다는 사실을 깨달았다. 이전에 함께 사업을 꾸려나갔던 동업

자 중 한 사람이 회사를 떠나 독립해 수백만 달러의 재산을 모았다. 그에게는 아름다운 아내와 착한 아이들도 있었지만, 탐욕이 그 모든 기쁨과 성취를 빼앗아갔다. 결국 사업이 무너지고 파산 위기에 처하게 되자 그는 차고로 들어가 조용히 목숨을 끊었다.

2. 탐욕은 우리의 재산을 빼앗아간다. 솔로몬은 서둘러 부자가 되려는 사람은 오히려 가난에 빠지게 될 것이라고 말한다. "악한 눈이 있는 사람은 재물을 얻기에만 급급하며 가난이 자신에게 다가오고 있는지 알지 못한다"(잠언 28:22). 솔로몬은 오직 부자가 되는 일에만 몰두하는 사람들에게 "재물이란 언젠가 날개가 돋아 마치 독수리처럼 멀리 날아가 버린다"(잠언 23:5)고도 경고한다.

3. 탐욕은 사랑하는 사람을 빼앗아간다. 독자 여러분도 나와 같다면 아마 이렇게 생각할 것이다. "이건 내 일이고 내 책임이야. 부모님, 아내, 아이들과는 아무 상관이 없어." 그렇지만 솔로몬은 "탐욕스러운 사람은 집안에도 어려움을 몰고 오게 된다"(잠언 15:27)고 경고한다. 세상에 '나만의 일'이라는 건 없다. 우리가 하는 일은 우리가 아끼는 모든 사람에게 영향을 미친다. 우리가 탐하는 것이 경제적인 것이든, 물질적인 것이든, 식욕이든, 중독이든 중요하지 않다. 분명 우리는 좋은 의도로 일을 시작했을 것이다. 그저 더 많은 돈을 벌어 가족들에게 더 나은 삶을 선사하고 싶었을 뿐이다. 하지만 거기에 탐욕의 씨앗이 뿌리 내리면, 정작 처음의 선한 목적이었던 가족은 내팽개친 채 오직 일과 출세만 좇게 될 것이다.

4. 탐욕은 우리의 영혼을 빼앗아 간다. 솔로몬은 "스스로 부유한 척 해도 실제로는 아무것도 없는 사람이 있다"(잠언 13:7)라고 말한다. 하워드 휴즈의 전기를 읽어본 사람이라면 누구나 이 말을 쉽게 이해할 수 있을 것이다. 휴즈는 평생 부와 권력, 명예, 그리고 사랑을 탐욕스럽게 좇았다. 당시 세상은 그를 세계 최고의 부자라고 선언했지만, 그는 사실 아무것도 없는 사람이었다. 행복도, 성공도, 심지어 신변의 안전까지도 오래가지 못했다. 우리도 탐욕스럽게 갈망하던 것을 얻을 수 있다. 하지만 솔로몬은 그런 것들을 얻게 되더라도 결국에는 아무것도 남지 않을 것이라고 장담한다.

5. 탐욕은 행복과 삶의 이유를 빼앗아간다. 처음에는 단지 조금만 더 바랄 뿐이다. 그다음 조금 더 바란다. 처음에는 그저 가끔 그 일을 생각하지만 얼마 지나지 않아 매일 조금씩 더 생각하게 되고 급기야는 하루 종일 그 생각에서 헤어 나오지 못하게 된다. 지금 내가 가지고 있지 않은 것에만 정신을 집중하다 보니 행복이나 성취감을 느낄 수 없다. 오직 지금 부족한 것만 좇다 보니 인생의 원래 목적이 무엇이었지 잊어버리게 된다. 이것이 바로 탐욕의 본질이다.

6. 탐욕은 우리의 고결함을 빼앗아 간다. 솔로몬은 "성급히 재산을 얻고자 하는 사람은 결국 죄를 짓게 된다"(잠언 28:20)고 말한다. 탐욕은 결코 인내하지 않는다. 원하는 것을 얻기 위해 항상 서두른다. 탐욕은 가능한 한 많은 것들을, 그것도 지금 당장 원하게 만든다. 이는 언제나 즉각적인 만족을 원하는 우리의 본성에 기름

을 붓는다. 더 빨리 재산을 불리기 위해 사람들은 윤리와 도덕은 물론이고 법마저 무시해버린다. 사실, 더 많은 것을 원한다고 해서 그것이 잘못은 아니다. 그렇지만 그 욕망이 우리의 전부가 되어 가치나 윤리, 다른 모든 우선순위를 제쳐 놓게 만들 때 욕망은 그대로 탐욕이 된다.

7. 탐욕은 잘못된 안전감을 만든다. 그래서 위험에 둔감해진다.

솔로몬은 "자신의 재물에만 의지하는 사람은 곧 무너진다"(잠언 11:28)고 말한다. 불행하게도 돈을 많이 벌수록 그는 교만해지기 쉽다. 자기는 계속해서 더 많은 돈을 벌 수 있다고 생각하는 순간 더 많은 위험을 감수한다. 그러다가 한 번 무너지게 되면 그 충격은 가히 엄청나다.

탐욕의 초기 단계

탐욕은 무엇을 원하느냐가 아니라 얼마나 간절하게 원하는지에 의해 정의된다는 사실을 기억하자. 탐욕은 단순히 돈이나 물질에 대한 욕망이 아니다. 탐욕은 성공, 사랑, 섹스, 약물, 부, 물질적 소유물 같은 우리 인생의 모든 욕망을 장악할 수 있다. 탐욕은 모두를 위한 최선의 이익이 무엇인지는 신경 쓰지 않으며, 인간의 자연스러운 욕구를 더 많은 것을 소비하고자 하는 강렬한 충동으로 바꿔 버린다. 탐욕이 우리 인생을 함부로 휘두르지 못하게 하려면 탐욕의 등장을 알리는 일종의 경고 증상을 찾아야 한다.

탐욕의 등장을 경고하는 초기 증상들

갈망. 누구나 다른 사람이 가진 것을 보면 나도 갖고 싶다는 생각을 순간적으로 하게 된다. 이것은 아주 자연스러운 현상이다. 하지만 갈망은 내게 없는 무엇인가를 끈질기고 강렬하게 원하는 마음이며, 이는 결국 우리 생각의 중심을 차지해 버린다. 원하는 것을 손에 넣는 일이 인생 최고의 우선순위가 되어 더 중요한 우선순위들을 미루거나 대체한다.

더 많이, 더 많이, 더 많이. 목표를 달성하고 원하는 것을 손에 넣었지만 자신이 가진 것에 대한 감사는커녕 가지지 못한 것으로만 자꾸 마음이 옮겨간다. 결국 마음이 욕망으로만 가득 차게 되고 정작 인생의 기쁨과 만족감은 누리지 못한다.

조급함. 우리가 원하는 것이 무엇이든 생각만큼 충분히 빨리 얻을 수는 없다. 그러다 원하는 것을 얻기 위해 참을성 있게 꾸준히 노력하는 대신, 더 빨리 얻을 수 있는 지름길만 조급하게 찾고 있는 자신을 발견하게 된다. 오늘날 많은 사람들이 엄청난 카드빚에 시달리는 건 정상적인 방법으로는 감당할 수 없는 수많은 것들을 지금 당장 원하기 때문이다.

부적절한 타협. 원하는 것을 더 빨리 얻기 위해 자신의 가치관이나 정직함과 타협하려는 생각이 든다면 우리는 이미 탐욕에 휘둘리고 있는 것이다. 실제로 자신의 가치관을 내팽개치고 부적절한 타협을 했다면 이미 늦은 것이다. 그나마 다행인 것은, 내가 탐욕에 굴복당하고 있다는 걸 깨달았다면 적어도 거기서 가던 길을 멈추고 방향을 바꿀 수 있다.

소란스러움. 평소보다 갈등이 잦고 어려움이 많아지고, 더 많은 문제로 인생이 소란스럽다면, 내가 지금 무엇에 정신이 팔려 있는지를 한번 돌아보라. 계속해서 가지지 못한 것들만 좇게 되면 나 자신은 물론이고 주변 사람들의 삶까지 어려워진다. 그러한 소란스러움은 탐욕이 우리 인생 속으로 파고들고 있다는 신호이다.

탐욕이 우리 마음속으로 파고드는 법

대학을 졸업할 때만 해도 나에게는 경제적인 목표나 물질적인 욕망이 거의 없었다. 그저 경력을 잘 쌓고 가족들에게 적당히 필요한 것들을 마련해줄 수 있는 가장이 되기를 바랐을 뿐이다. 둘째 아이가 태어났을 때 나는 빚에 허덕이고 있었고 각종 청구서가 쌓일 정도로 생활비조차 제대로 벌지 못하는 처지였다. 많은 실패를 겪은 끝에 나는 동업자들과 새로운 사업을 시작했다. 정말 신바람 나는 시간이었다. 하지만 미처 깨닫기도 전에 나는 가정은 뒤로한 채 사업에만 몰두하고 있었다. 1년에 160일은 출장을 다니며 프로젝트에 몰두했고 그러다 출장 기간은 230일로 늘어났다. 사업을 시작한 지 10년이 되었을 무렵에는 1년 중 거의 300일을 집 밖에서 보내게 되었다. 돈이나 물질적 소유가 내가 일하는 목표는 아니었다. 하지만 나는 성공적인 프로젝트를 더 많이 만드는 데 탐욕스러웠다. 나는 일을 사랑했고 그 과정에서 가족을 희생시켰다. 나는 돈과 물질을 좇지 않았기에 스스로를 탐욕스럽다고 생각한 적이 없었다. 하지만 실제로는 탐욕스러웠던 것이다. 성취감과 동료들의 찬사와 감사에 대한 탐욕이었다.

탐욕은 모든 목표를 변질시킨다. 소유욕은 배우자나 자녀와의 관계마저 비틀어버린다. (소유욕이란 그가 줄 수 있는 것보다 더 많은 시간과 관심을 탐하는 마음을 일컫는다.)

하지만 탐욕스럽지 않고 어떻게 놀라운 성공을 거둘 수 있는가?

여러분은 아마 이렇게 생각할지 모르겠다. "작가 양반, 잠깐만. 내가 이 책을 산 이유는 큰 성공과 부를 이루는 솔로몬의 비결을 배우기 위해서였소." 맞다. 솔로몬의 비밀을 이용하면 놀랄 만한 성공과 부를 성취할 수 있다. 성공은 도덕적으로 문제가 되지 않는다. 욕망이 탐욕으로 물들 때 도덕적으로 문제가 생긴다. 진정한 성공은 성실함과 소통, 협력 관계를 비롯해 이 책에서 다루는 여러 주제들에 대한 솔로몬의 지혜를 실천할 때 자연스럽게 이루어진다. 핵심은 성공을 위해 도덕적으로 올바른 관점에서 계속 노력하는 것이다. 탐욕의 신호가 나타나는지 늘 주의해야 한다. 나와 내 가족을 아끼는 다른 사람들의 조언을 구하라. 그렇게 하면 탐욕이 우리의 마음과 인생 속으로 파고드는 것을 막아낼 수 있다.

탐욕 없이도 성공하는 솔로몬의 지혜

솔로몬 왕은 성공과 부를 모두 손에 넣을 수 있는 몇 가지 비결을 우리에게 알려주고 있다.

돈이 아니라 성취에 집중하라. 인생과 가족, 경력, 혹은 특정한 직업이나 프로젝트를 통해 정말로 성취하고 싶은 것은 무엇인가? 그것이 무엇인지 안다면 이제 성실함을 비롯해 지금까지 우리가 이야기를 나눴던 전략들을 적용하는 일만 남았다. 솔로몬은 "모든 수고에는 이득이 있어도 그저 입으로만 떠들면 가난에 이르게 될 뿐이다"라고 말했다. 어떤 계획이든지 '진정한 성실함'으로 노력을 기울인다면 대부분의 경우 상당한 수준의 성공을 경험할 수 있다. 다만 성공을 향해 노력할 때 더 중요한 가치와 우선순위를 옆으로 제쳐 두지 않아야 한다.

엉뚱한 곳에서 부를 좇지 말고 오직 성실한 노동에 의지하라. 솔로몬은 모든 수고(노동)에는 그만큼의 이익이 뒤따른다고 말한다.

그리고 그는 노동에 성실함과 탁월함을 더하라고 조언한다. 나에게는 마케팅 업무가, 워런 버핏에게는 투자 업무가 자신의 노동이다. 나는 나의 노동인 마케팅 업무로 많은 돈을 벌었지만 전문 분야가 아닌 곳에서 돈을 좇다가 큰 실패를 경험했다. 노동에 성실함과 탁월함을 더한다면 많은 돈을 벌 수 있다. 빚을 자산 규모로 제한하라는 솔로몬의 지혜를 지출에 적용한다면 우리의 금고는 그득해질 것이다. 많은 조언을 구하고 성급하게 부자가 되려 하지 말라는 솔로몬의 지혜를 투자에 적용한다면 우리의 재산은 오히려 빠른 속도로 늘어날 것이다.

부자가 되려고만 노력하지 마라. 솔로몬은 우리에게 부자가 되는 것에만 초점을 맞추지 말라고 분명히 말하고 있다. 그렇게 하는 것은 파산에 이르는 지름길이다. 그는 이렇게 말했다. "부자가 되려고 애쓰지 말고 절제의 지혜를 배워라. 늘 재물을 보고 탐해도 재물이란 언젠가 날개가 돋아 마치 독수리처럼 멀리 날아가 버린다"(잠언 23:4~5). 단지 부자가 되려는 목적으로 투자했을 때 나는 큰 손해를 입었다. 반면 목표를 달성하는 데 나의 수고를 집중했을 때는 기대 이상의 성공을 거두었다. 누구나 복권에 당첨되기를 원하고, 더 적은 노력으로 부자가 되기를 바란다. 하지만 복권을 구입한 5000만 명 중 1등에 당첨되는 건 단 한 사람뿐이며 나머지 4999만 9999명은 종잇조각이 되어버린 복권(그러니까 돈)을 쓰레기통에 던져 버린다. 빨리 부자가 되기 위한 계획도 마찬가지다. 한 사람의 승자 뒤에는 수백만 명의 패자가 있다. 반면 성실함과 탁월함으로 수고하는 사람은 백이면 백 모두 성공을 거둔다. 물론 더 많은 노력이 필요하겠지만 그렇게 하는 것이 훨씬 성공 확률이 높다.

탐욕을 극복하는 방법

이미 탐욕에 물들었을 때는 어떻게 해야 그것을 없앨 수 있을까? **도움이 필요한 사람에게 관대하게 베풀어라.** 솔로몬은 "의로운 사람은 늘 아끼지 않고 베푼다"(잠언 21:26)고 말한다. 관대함은 탐욕의 백신이자 해독제이다. 삶에서 탐욕을 제거하는 가장 빠른 방법은 다른 사람을 돕는 일에 집중하는 것이다. 굳이 부자가 될 때까지 기다릴 필요가 없다. 우리의 시간과 친절한 마음, 격려의 말, 그리고 잠깐의 수고나 지금 갖고 있는 물질적 재산만으로도 도움이 필요한 사람들에게 관대하게 베풀 수 있다. 《목적이 이끄는 삶》의 저자 릭 워렌 목사는 책 판매로 받은 수백만 달러의 인세로 무슨 일을 했는지 묻자 그는 제일 먼저 자신이 사역했던 교회에 지난 20년 동안 받았던 보수를 계산해 되돌려 주었다고 한다. 그리고 '십일조'가 아닌 '십구조'를 드렸다고 한다. 다시 말해 수입의 10퍼센트가 아니라 90퍼센트를 자선 단체에 기부한 것이다. 하지만 그는 책으로 큰 성공을 거두기 이미 오래 전부터 기부 활동을 해왔다. 나는 그의 다음 사연을 듣고 큰 감명을 받았다. 워렌은 처음 자신이 다니는 교회의 목사가 되었을 때 수입의 10퍼센트를 필요한 다른 사람들과 나누고 매년 그 비율을 조금씩이라도 늘리자고 아내와 약속했다고 한다. 10년 후 그들은 수입의 20퍼센트를 자선 단체에 기부했고, 20년 후에는 30퍼센트를 기부했다. 그것도 책으로 인세를 받기 전 목사의 봉급으로 그렇게 했다.

부를 좇지 마라. 솔로몬은 우리에게 "사람은 그 마음속 생각대로 따라간다"(잠언 23:7)고 말한다. 생각과 감정이 오직 부자가 되는 것에만 집중되어 있다면 우리는 탐욕에 감염되고 말 것이다. 그 대신 성실한 노력으로 계획을 성취하고, 다른 사람들의 진정한 필요를 관대하게 충족시키는 데 생각을 집중하자.

탐욕의 본질을 기억하라

내 친구가 어린 시절에 겪었던 끔찍한 이야기다. 친구는 어머니와 함께 마을에 찾아온 순회 서커스단을 구경하러 갔다. 친구는 조련사가 거대한 비단뱀과 함께 작은 우리 안에 들어가는 장면을 회상했다. 평소처럼 비단뱀이 몸을 감싸기 시작하자 조련사는 움직이지 않고 가만히 서 있었다. 그 후 사람들이 깜짝 놀랄 일이 벌어졌다. 뱀이 조련사의 몸을 조이기 시작한 것이다. 조련사는 표정으로 사람들에게 뭔가 대단히 잘못되고 있다고 말하고 있었지만 가슴이 꽉 조여들어 비명조차 지를 수 없었다. 곧 사람들의 귀에는 뼈가 부러지는 소리가 들리기 시작했다. 다른 조련사들이 서둘러 우리 안으로 들어갔지만 조련사는 이미 세상을 떠난 뒤였다. 친구는 내게 이 이야기를 들려주고 나서 조련사가 무슨 실수를 했는지 알 겠느냐고 물었다. 내가 잘 모르겠다고 하자 친구는 이렇게 말했다. "조련사는 자신이 비단뱀을 완전히 길들인 줄 알았던 거야. 하지만 뱀의 본성은 누구도 바꿀 수 없어."

탐욕도 이와 다르지 않다. 우리는 인생에서 약간의 탐욕 정도는 통제할 수 있다고 생각하지만 실제로는 그렇게 할 수 없다. 우리는 탐욕의 본질을 없앨 수 없다. 탐욕이 아주 조금이라도 마음속으로 스며들게 내버려 둔다면 그 탐욕은 서서히 자라 우리의 인생을 통째로 훔쳐갈 것이다. 그것이 비유적으로든 문자 그대로든 간에 말 이다.

내 인생에 파고든 탐욕의 씨앗을 찾아라

1. 탐욕의 경고 증상이 내 삶에서 나타나고 있는지 확인하라.

___ 다른 사람이 가진 것을 갈망하는가?

___ 무엇을 손에 넣든 얼마 지나지 않아 더 갖고 싶어지는가?

___ 원하는 것을 손에 넣기 위해 조급하게 서두르는가?

___ 원하는 것을 손에 넣기 위해 자신의 우선순위나 가치, 혹은 윤리와 타협하게 되는가?

___ 만족감과 성취감이 떨어지는가?

___ 현재 삶에서, 혹은 원하는 길을 가려 할 때 이전보다 더 많은 소란스러움(갈등과 어려움, 여러 가지 크고 작은 문제들)을 겪고 있는가?

2. 탐욕으로 인해 어떤 문제를 겪고 있는가?

___ 직장이나 업무에서

___ 투자나 재테크 계획에서

___ 무엇인가를 손에 넣고 싶은 욕망에서

___ 인간관계에서

___ 취미나 여가 활동에서

3. 탐욕을 제거하기 위해 할 수 있는 행동들을 구체적으로 적어 보자.

4. 당장 쓰지도 않을 불필요한 물건들을 감당할 수 없을 만큼 신용카드로 사들이고 있는가?

5. 그것이 정말 불필요하고, 감당할 수도 없는 물건들이라면 그런 충동 구매를 막기 위해 어떤 행동을 취해야 할까?

14장

삐뚫한 자존심
걷어차기:
"순간의 교만이
평생의 불행을 낳는다"

교만은 패망의 지름길이고
거만한 마음은 몰락으로 이어진다.
(잠언 16:18)

우리 삶 전반에 걸쳐 가장 치명적이고 파괴적인 결과를 초래하는 한 가지 태도가 있다면 거만함(arrogance)이나 자만심(conceit)이라고도 불리는 교만(pride)이다. 우리 마음속에는 교만의 씨앗이 들어 있다. 이 교만함은 개인의 삶을 망치고 가족을 해체하며 기업을 무너트리고 심지어 국가마저 패망으로 이끌 수 있다. 또한 이는 우리가 미처 알아차리지 못하는 사이에 조용히 스며들거나 혹은 한적한 바닷가 마을을 덮치는 쓰나미처럼 갑자기 닥쳐올 수 있다. 우리는 평생에 걸쳐 이 태도에 대처해야 하며 매일 어떤 식으로든 그것과 관련된 상황에 직면하게 된다. 내 마음속 교만의 실체를 깨닫고 늘 조심하며 적절하게 대처한다면 그 파괴력을 무력화시킬 수 있겠지만 그냥 무시하고 내버려 둔다면 병처럼 자랄 수 있다.

동계올림픽에서 전 세계 사람들이 가장 주목하는 경기 중 하나가 바로 여자 피겨 스케이팅 결승전이다. 2002년 동계올림픽 피겨 스케이팅 부문에서 가장 유력한 우승 후보는 그때까지 세계 챔피언이었던 미국의 미셸 콴(Michelle Kwan) 선수였다. 시합 당일 아침 유명 방송 진행자 케이티 쿠릭(Katie Couric)은 〈투데이 쇼(The Today Show)〉에서 미셸 콴과 인터뷰를 진행하면서 올림픽을 앞두고 오랫동안 함께했던 코치와 관계를 끝낸 이유를 물었다. 콴은 케이티에게 코치의 도움 없이도 혼자 해낼 수 있다는 사실을 세상에 알리고 싶었다고 했다. 그러자 케이티는 코치 대신 아버지가 동행하는 것이 아니냐고 지적했고 콴은 여기에 대해 그 말은 맞지만 다만 지도자로서가 아니라 마음을 편안하게 다독이기 위해 아버지가 함께할 뿐이라고 대답했다.

그 장면을 본 순간 나는 아내에게 "미셸 콴은 안 될 거 같아!" 하고 말했다. 아내는 내게 왜 그렇게 생각하느냐고 물었다. 내가 그렇게 생각한 건 그녀가 자존심 때문에 그런 결정을 내렸기 때문이다. 그녀는 실패를 맛보게 될 것이 틀림없어 보였다. 콴은 코치의 전략이나 지도력이 아니라 오직 혼자만의 노력으로 승리를 거둘 수 있다는 사실을 전 세계에 알리고 싶어 했다. 하지만 정말 안타깝게도 내가 예상했던 것처럼 그날 밤 그녀는 자신의 인생에서 가장 중요했던 경기 중 하나인 올림픽 결승전에서 실수를 저질렀고 결국 최고의 경력이 될 수 있었던 올림픽 금메달은 사라지고 말았다.

그날 밤 나는 사라 휴즈(Sarah Hughes)라는 16세 미국 선수가 빙판 위에서 자신의 차례를 준비하는 장면을 보았다. 그리고 휴즈와 코치가 마지막으로 몇 마디 대화를 나누는 모습도 보았는데 휴즈는 정말 열심히 코치의 눈을 들여다보며 그의 말을 귀담아듣고 있었다. 이윽고 그녀는 고개를 끄덕이고는 환하게 미소를 지으며 경기장 안으로 들어섰다. 나는 아내를 불러 저 소녀가 자기 인생 최고의 경기를 보여줄 것이라고 말했다. 아내는 이번에도 그걸 어떻게 알 수 있느냐고 물었다. 나는 그녀의 겸손한 모습을 보라고 말했다. 그녀는 그야말로 코치의 모든 가르침을 완전히 다 받아들였을뿐더러 또 자신에게는 우승할 가능성 같은 건 거의 없다고 생각할 것이기 때문에 부담도 없을 터였다. 휴즈는 그냥 스케이트를 신고 나가 가장 좋아하는 일을 하며 즐거운 시간을 보내고 전에는 한 번도 보여주지 못했던 공연을 펼칠 거라는 게 나의 설명이었다. 그리고 실제로 휴즈는 그렇게 했다. 그녀는 결코 쉽지 않은 '트리플(공중 3회전)+트리플' 점프 콤비네이션을 두 번씩이나 흠잡을 데 없이 성공시키면서 그해 동계올림픽의 이변의 주인공이 되었다. 그렇게 금메달은 휴즈의 목에 걸리게 되었다.

나는 미셸 콴을 비난하기 위해 이 이야기를 꺼낸 게 아니다. 미셸 콴은 세계 선수권 대회에서 여러 번 우승을 거둔 세계 최고의 피겨 스케이팅 선수이다. 나는 단지 미셸 콴의 사례를 통해 교만한 마음이 어떤 결과를 가져오는지를 생생하게 볼 수 있고, 또한 사라 휴즈의 행동은 겸손의 보상이 어떤지를 잘 보여준다고 생각해서 여기에 소개하는 것이다. 우리 모두는 교만한 마음 때문에 갈등을 겪는다. 나 역시 교만함과 오만함에 물들어 결국 수백만 달러를 잃고 사업은 물론 사생활에서까지 엄청난 고통을 겪어야 했다.

교만은 대단히 교묘하게 작용해서 우리는 거기에 영향을 받고 있다는 사실조차 깨닫지 못할 때가 많다. 솔로몬의 몰락 뒤에도 바로 그런 교만이 있었다. 무한에 가까웠던 권력과 재산, 심지어 지혜에도 불구하고 그는 교만 때문에 소중하게 여기던 거의 모든 것을 잃었다. 솔로몬 자신도 교만이 몰락을 가져올 수 있다는 사실을 잘 알고 있었다. 그는 "교만은 패망의 지름길이고 거만한 마음은 몰락으로 이어진다"라고 기록했다. 하지만 교만은 너무나 교활하고 강력한 적이어서 그 파괴적인 위력을 잘 알고 있으면서도 그 매혹적인 유혹에 굴복하게 된다.

솔로몬 시대로부터 2800년을 뛰어넘어, 엔론의 경영진을 설명할 때 사람들이 가장 자주 사용한 말이 "극단적인 오만함"이었다. 그 오만함으로 인해 임원 한 명은 목숨을 잃었고 다른 이들은 명성이 땅바닥에 떨어졌으며 수천 명의 직원은 일자리와 함께 모든 재산을 날려버려야 했다. 또한 투자자와 채권자, 거래업체들은 수백억 달러에 달하는 손실을 입었다. 교만함을 흔하디흔한 실수나 사소한 해악 정도로 취급하는 것은 치명적인 에볼라 바이러스를 감기로 착각하는 것만큼이나 어리석은 일이다.

이해하지 못하는 적은 이길 수 없다

솔로몬 왕이 "교만"이나 "거만"이라는 할 때는 어떤 감정을 의미한 것일까? 물론 자기 자식이 축구 경기에서 결승골을 넣었을 때 느끼는 감정은 아닐 것이다. 솔로몬은 우리 마음에서 일어나는 변화에 대해 이야기하고 있다. 여기에 해당하는 히브리어는 '부풀어 오르다' 혹은 '높아지다'를 뜻하는 단어에서 파생되었다. 교만하고 거만한 사람은 자아가 지나치게 부풀어 있다. 그런 사람은 자신이 다른 사람보다 우월하고 더 가치 있다고 생각한다. 그리고 자신이 성취한 것은 오로지 자기 노력 때문이라고 믿는 경향이 있다. 좋은 일은 자신의 공이지만 나쁜 일은 다른 사람을 탓하는 것이다.

교만은 경제적, 사회적 수준과는 아무 상관이 없다. 부자와 빈자, 교육을 받은 자와 그렇지 못한 자 모두에게서 교만함을 찾아볼 수 있는데, 그 근본 원인은 자기중심성이다. 우리는 자기 인생의 궁극적인 주인이길 바란다. 또한 다른 사람들이 자신의 모든 필요와 욕망, 기대를 충족시켜주기를 바란다. 우리는 자신의 필요와 욕망, 기대가 다른 사람의 것보다 더 중요한 것처럼 행동한다. 100명의 사람에게 "살아가면서 오만함이나 교만함에 굴복하고 있는가?" 하고 묻는다면 분명 99명은 그렇지 않다고 대답할 것이다. 자신에게는 그런 문제가 전혀 없다고 생각하면 교만이 우리 인생에 미치는 영향력을 극복하기 위해 아무것도 하지 않을 것이며, 그때야말로 비극이 시작되는 것이다.

교만의 결과들

행복이 지속되지 않는다. 솔로몬은 이렇게 썼다. "스스로 지혜롭다고 여기는 사람보다는 오히려 어리석은 사람에게 더 큰 희망이 있다"(잠언 26:12). 다시 말해 자만심에 빠져 자신이 실제보다 더 낫거나 똑똑하다고 여기는 사람보다는 어리석은 사람이 인생에서 진정 가치 있는 것을 얻을 희망이 더 크다는 것이다.

앞서 여러 차례 언급했던 나의 실패한 투자 결정에서 내가 조언자들과 나를 염려해주는 많은 이들의 이야기를 흘려들었던 건 결국 탐욕 때문이었다. 그런데 사실 그 탐욕의 밑바탕에는 오만한 마음이 있었다. 다른 사람보다 내가 더 잘 안다고 생각했기 때문에 그들의 조언이나 충고를 듣지 않았던 것이다. 그야말로 나는 교만에 흠뻑 젖어 있었다.

갈등. 만일 사람들과의 관계에서 아무것도 아닌 일로 자꾸만 갈등이 일어난다면 그건 분명 어느 한쪽의 지나친 자존심 때문일 것이다. 솔로몬에 따르면 교만한 사람은 단순히 다툼을 일으킬 뿐만 아니라 다툼과 갈등의 원인 그 자체가 될 수도 있다. "교만한 마음을 가진 사람은 다툼을 일으킨다(He that is of a proud heart stirs up strife)"(잠언 28:25). 솔로몬은 교만이 갈등의 주요 원인이라고까지 말하는 것이다. 교만에 지배당하는 사람은 다른 사람이 자신의 관점에 동의할 때만 만족스러워하며 의견의 불일치를 자신을 존중하지 않는 모욕으로 생각한다. 그래서 의견이 일치하지 않을 때마다 공격적으로 행동한다. 만일 자신이 시비를 잘 걸고 따지기 좋아하는 사람이라면 이러한 나의 태도와 행동에 교만이 어떤 역할을 하는지 진지하게 고민해야 한다.

몰락. 솔로몬은 "교만한 마음을 앞세우면 몰락이 있을 뿐이다"(잠언 18:12)라고 경고한다. 열일곱 살 무렵 나와 열한 명의 다른 민간 항공 순찰대 소속 생도들은 공군의 배려로 무동력 글라이더를 조종하는 방법을 배우게 되었다. 교육이 시작되었을 때 네 명의 교관은 누구의 생도가 가장 먼저 비행을 할 수 있을지 서로 내기를 했다고 한다. 내기에서 이기기 위해 나를 담당한 교관은 교육이 시작된 지 얼마 되지 않아 나만 혼자 글라이더에 태우고 조종석 덮개를 꽝 내린 후 견인용 비행기에 공중으로 올라가라고 신호를 보냈다. 처음 혼자 비행을 하게 된 나는 스스로 준비가 되어 있지 않다는 사실을 잘 알았기에 정말로 조심스럽고 겸손한 마음으로 실제 비행에 이르는 각 단계를 차근차근 밟아나갔다. 결국 나는 교관 없이 혼자서 글라이더를 조종하는 데 성공했고 담당 교관은 내기에서 이겼다. 그날 일정이 끝나갈 무렵 대부분의 다른 생도들도 혼자서 비행하는 데 성공했고 한 차례 더 하늘을 날 수 있는 기회가 돌아왔다. 나는 이제 무엇이든 할 수 있다고 생각하면서 서둘러 글라이더에 올라탔다. 자만심에 기분은 한껏 부풀어 올랐고 기분에 취해 눈이 멀고 말았다. 물론 처음에는 모든 것이 순조롭게 진행되었다. 나는 15분간만 이뤄졌어야 할 비행에서 상승 기류를 타고 무려 45분 가까이 비행했다. 하지만 불행하게도 오만한 마음으로 가득했던 나는 비행장에서 너무 멀리 날아가 길을 잃고 방향 감각마저 없어지고 말았다. 글라이더에는 엔진이 없기 때문에 상승 기류가 사라지고 나면 아래로 떨어지는 것밖에는 달리 할 수 있는 일이 없었다. 결국 나는 비행장에서 2킬로미터 가까이 떨어진 곳에 간신히 착륙할 수 있었고 생도들 앞에서 교관에게 호되게 모욕을 당해야 했다. 하지만 이건 교만이 내 머리를 지배할 때 일어난 수많은 실패 중 하나에 불과하다.

나는 사업을 꾸려 나가면서 보통 이쪽 계통에서 '만루 홈런'이라고 부르는 수억 달러 규모의 매출을 올리는 마케팅 캠페인을 여럿 제작했다. 그런데 그러한 성공 뒤에는 엄청난 실패가 바로 뒤따르는 경우가 많았다. 왜 그랬을까? 만루 홈런은 교만을 부추길 때가 많았고, 그렇게 해서 생겨난 교만은 주저 없이 실패를 불러왔다.

수치와 굴욕. 솔로몬은 교만이 그 머리를 세울 때 "굴욕이 찾아온다"(잠언 11:2)고 했으며 "사람이 교만하면 낮아지게 된다"(잠언 29:23)고도 했다. 우리가 존경하고 사랑하는 사람들의 조언을 듣지 않다가 큰돈을 잃었을 때 받게 될 수치와 굴욕을 상상해보라. 또한 동업자들을 몰아세워 수천 시간과 수백만 달러를 투자해야 하는 프로젝트를 진행시켰다가 허망하게 실패로 끝났을 때 어떤 기분이 들게 될까? 이것들은 나의 오만함 때문에 겪어야 했던 몇 가지 사레일 뿐이다. 나는 더 많은 것들을 이야기해 줄 수 있다. 이는 겸손이 아니라 굴욕이다. 솔로몬은 우리에게 아주 간단한 선택지를 제시한다. 어떤 상황에서든 우리는 겸손 혹은 교만 중 하나가 우리의 결정과 행동을 이끌게 할 수 있다. 교만을 따르기로 한다면 아마 대개는 고통스러운 굴욕이 뒤따를 것이다.

교만에 효과적으로 대처하는 법

교만의 존재를 감지하고 효과적으로 대처하는 방법을 배우는 일은 대단히 중요하다. 1970년대 초, 나는 어느 대형 은행에서 근무하고 있었는데, 당시 재무부의 위조지폐 전문가가 은행을 찾아온 일이 있었다. 위조지폐를 연구한 지 얼마나 됐느냐는 질문에 그는 사실 위조지폐가 아니라 진짜 지폐를 연구한다고 대답했다. 그 전문가는 가짜가 아닌 진짜 20달러, 50달러, 100달러짜리 지폐를 속속들이 연구해 철저하게 지식을 쌓으면 가짜 지폐는 보는 즉시 바로 찾아낼 수 있다고 설명했다. 교만의 문제도 마찬가지다. 교만의 존재를 알아차리는 가장 좋은 방법은 진정한 겸손의 본질을 이해하는 것이다. 겸손의 특성에 완전히 익숙해질 때 우리는 내가 지금 겸손하지 못한 상태라는 걸 빠르게 확인할 수 있다. 겸손이 사라진 자리에는 대개 교만이 주도권을 쥐게 된다.

그렇다면 진정한 겸손이란 무엇일까? 솔로몬 시대 유대인들이 그랬던 것처럼 삼베옷을 입고 재를 뒤집어쓴 채 "내 탓이오"를 외치며 스스로를 자책하는 것일까? 진정한 겸손은 다른 사람들 덕분에 우리가 인생의 소중한 것들을 누릴 수 있게 되었다는 진심 어린 믿음에서 시작된다. 진정으로 그런 사실을 믿는다면 우리는 다른 사람들의 의견과 도움을 기꺼이 소중하게 받아들이는, 겸손하게 배우려는 초심자의 진정성과 감사의 정신을 가질 수 있다. 초심자는 다른 사람의 의견과 관점, 진정한 요구를 존중한다. 사실, 진정으로 겸손한 사람의 가장 존경받는 품성은 중요한 순간에 다른 사람의 필요를 자신의 것보다 더 우선하는 모습이다.

내가 다니던 교회의 짐 보로(Jim Borror) 목사는 노스웨스트에 있는 어느 교회를 방문했다가 수천 명의 직원을 둔 백만장자 사업가인 남편을 만나 달라는 어느 부인의 부탁을 받았다. 이 남자는 막대한 재산뿐만 아니라 돈으로 살 수 있는 모든 것들을 가지고 있었지만, 삶은 불행했고 분노로 가득했으며 늘 불만을 달고 살았다. 어느 누구도 그의 주위에 가까이 가려 하지 않았고 가는 곳마다 다툼과 갈등이 따라다녔다. 회사 직원은 물론이고 자녀들까지 그를 싫어했다. 오직 아내만이 그런 남편을 겨우 참아주고 있을 뿐이었다.

보로 목사는 그 남자를 만나 그가 이룬 일들에 대한 이야기를 들으면서 교만이 이 남자의 마음과 정신을 지배하고 있다는 사실을 쉽게 알아차릴 수 있었다. 남자는 아무것도 없는 상황에서 맨손으로 자기 회사를 어떻게 일으켜 세웠는지에 대해 열변을 토했다. 부모에게서도 돈 한 푼 도움을 받지 않았으며, 대학교 또한 혼자 힘으로 졸업했다는 것이다.

보로 목사가 말했다. "그렇다면 당신은 그야말로 자수성가한 거군요." 남자가 그렇다고 대꾸했다. 보로 목사는 정말 아무에게도 도움을 받지 않았느냐고 다시 한 번 물었고 남자는 전혀 그런 일이 없다고 딱 잘라 대답했다. 그래서 보로 목사는 이렇게 물었다. "기저귀를 채워준 사람은 누구였을까요? 갓난아기일 때 밥을 먹여 준 사람은요? 누가 읽고 쓰는 법을 가르쳐 주었습니까? 대학을 다니는 동안 당신에게 일거리를 준 사람은요? 대학을 졸업하고 처음 일자리를 준 사람은 누군가요? 지금 회사의 카페테리아에서 음식을 준비하는 사람은요? 회사 화장실을 청소하는 사람도 있지 않나요?" 그러자 남자는 부끄러움에 고개를 숙였다. 잠시 후 눈물을 흘리며 이렇게 말했다. "생각해보니 나 혼자서 이룬 것은 아무것도 없었군요. 다른 사람들의 친절과 노력이 없었다면 나는 아무것도 해내지 못했을 겁니다." 보로 목사도 고개를 끄덕였다. "그들에게 감사의 마음을 가지는 게 맞지 않을까요?"

그날 밤 남자의 마음은 완전히 변했다. 그 후 그는 몇 달에 걸쳐 자신의 인생에 도움을 주었다고 생각되는 모든 사람에게 감사의 편지를 썼다. 심지어 3000명의 직원 한 사람 한 사람에게 짧은 감사의 편지를 직접 써 보낼 정도였다. 그는 깊은 감사의 마음을 느꼈을 뿐만 아니라 주변의 모든 사람을 감사와 존경의 마음으로 대하기 시작했다.

몇 년 후 보로 목사가 그를 다시 찾았을 때는 예전의 모습을 찾아 볼 수 없었다고 한다. 마음에서 분노와 자기주장이 사라지자 행복과 평화가 그 자리를 차지했다. 심지어 그는 더 젊어 보이기까지 했다. 이제 직원들은 진정한 겸손이 만들어낸 존경심으로 자신들을 대하는 사장을 진심으로 따르게 되었다.

돈으로 살 수 없는 보상

명예와 도움. 교만은 사람을 무너뜨리지만 겸손은 사람을 다시 일으킨다. 솔로몬은 "마음이 겸손한 사람은 명예를 얻는다"(잠언 29:23)고 말한다. 솔로몬이 이야기하는 겸손은 우리 존재에 온전히 스며든 겸손을 뜻한다. "마음이 겸손한" 사람은 다른 사람을 자기 자신만큼이나 중요하게 여길뿐더러 다른 사람들이 자신의 인생에 준 도움을 인정하면서 지금 가지고 있는 것을 감사하게 여긴다. 솔로몬은 겸손하게 사는 사람은 좋을 때나 나쁠 때나 명예가 그들을 든든하게 받쳐줄 거라고 말한다.

미니 에이튼(Minnie Aiton)은 불과 16세 나이에 대학에 입학해 수학을 전공했다. 천재적인 지능과 사진기 같은 기억력으로 유명했다. 그렇지만 대공황(Great Depression)이 일어나자 어쩔 수 없이 대학을 그만두고 애리조나의 어느 작은 저축 은행 설립자의 행정 비서로 일하게 된다. 그녀는 은행의 다섯 번째 직원이었다. 그렇지만 이 은행은 훗날 미국에서 가장 큰 금융 기관 중 하나로 성장했고 그 과정에서 에이튼은 자신이 맡은 업무를 훌륭하게 수행했을 뿐만 아니라 거의 모든 관리직 직원들에게 수많은 업무 기술과 원칙들을 교육했다. 에이튼은 애리조나주에서 저축 및 대출 업무에 대한 최고의 전문가로 알려졌고 무슨 문제든 해결할 수 있는 여성 은행원으로 유명해졌다. 나 역시 그 회사의 CEO에게 에이튼은 회사에서 가장 존경받고 사랑받는 직원이라는 이야기를 들었다. 미니 에이튼이 세상을 떠났을 때 어떤 사람은 이런 말을 했다. "미니의 곁에 있으면 내가 세상에서 가장 중요한 사람인 것 같은 생각이 들어요. 또한 그녀가 나를 아끼고, 나를 돕기 위해서라면 무엇이든 할 것이라는 사실을 알 수 있었죠." 은퇴할 시기가 다가올 무렵 에이튼에게 한 변호사가 접근해 지난 세월 동안 수많은 사람이 했던 것과 똑같은 말을 했다. "당신이 남자였다면 이미 오래전에 수석 부사장 정도는 충분히 됐을 겁니다." 그러면서 회사에서 받은 부당한 대우를 가지고 소송을 건다면 수백만 달러에 달하는 보상금을 받을 수 있다고 말했다. 하지만 에이튼의 반응은 예상과 전혀 달랐다. "내가 왜 그런 소송을 걸어야 하나요? 회사는 지난 40년 동안 2주에 한 번씩 꼬박꼬박 급료를 지급했고 휴가 때도 휴가비를 제공해 주었어요. 또한 가족들의 의료보험까지 책임져 주었지요." 그렇게 나의 사랑하는 어머니는 변호사의 제안을 거절했다. 어머니의 겸손함을 모르는 사람은 없었다. 어머니는 친가와 외가에서 가장 사랑받는 친척이었고 27명이 넘는 조카들이 가장 잘 따르는 이모이자 고모, 그리고 숙모였다. 86년의 삶을 사시면서 어머니는 늘 그렇게 명예로운 삶을 누렸다.

지혜. 솔로몬은 "겸손한 사람에게는 지혜가 찾아온다"(잠언 11:2)고 말한다. 다시 말해 사람은 겸손해질수록 지혜로워진다는 뜻이다. 자신이 모든 것을 다 안다고 믿는 교만한 사람과는 달리 겸손한 사람은 다른 사람에게 무엇인가를 배울 수 있다는 사실을 중요하게 여긴다. 이들은 만나는 모든 이들에게서 그들의 경험과 지혜를 배울 줄 안다.

교만을 겸손으로

교만과 겸손은 공존할 수 없다. 하나가 자리를 잡으면 다른 하나는 사라진다. 따라서 우리는 교만을 마음속에서 뿌리 뽑는 데 집중하기보다는 우리가 생각하고 세상과 소통할 때 겸손이 뿌리내릴 수 있게 할 방법을 찾는 편이 훨씬 전략적이다.

감사하는 마음. 인생에서 멋진 것들, 다른 이들의 도움으로 누리게 된 소중한 것들에 대해 더 자주 생각하라. 삶에서 소중하게 여기는 것들의 목록을 작성하자. 목록은 길수록 좋다. 예를 들어 나의 목록을 보면 맨 윗부분에 신과의 관계, 가족과 건강, 사랑하는 친구, 생각의 명료함, 생계를 위한 생활력, 그리고 동업자들과 사업의 성공 등이 자리하고 있다. 나는 이런 각 항목에서 나의 공헌도 인정하지만, 사실 어느 것 하나 다른 사람의 공헌 없이는 완성될 수 없다는 사실도 잘 알고 있다. 작성한 목록의 각 항목 옆에는 살아가면서 해당 부분에 도움을 준 사람들의 이름을 적어라. 다른 사람들이 내 인생에 얼마나 큰 도움을 주었는지 깨닫기 시작하면 감사하는 마음이 자연스럽게 싹트기 시작한다. 그와 함께 겸손함도 커져가게 된다.

다른 사람들의 필요에 더 많은 관심과 주의를. 다른 사람들의 필요에 더 많은 관심과 주의를 기울이라. 그렇게 하면 감사와 겸손의 마음도 더 자라날 것이다. 우리는 왜 테레사 수녀를 진실로 겸손했던 사람으로 기억할까? 그건 테레사 수녀가 무소유의 삶을 실천했다거나 우리가 기억할 만한 명언을 남겨서가 아니라 그녀가 자신의 평생을 다른 사람들의 필요를 채우는 데 바쳤기 때문이다. 테레사 수녀는 사람들의 필요를 돕는 일에만 삶을 집중했기에 자신에게 부족한 물질적인 것들에 대해서는 거의 관심을 기울이지 않았다. 그렇다고 우리가 모두 테레사 수녀처럼 희생적인 삶을 살아야 한다는 뜻은 아니다. 그저 살아가면서 만나는 주변의 다른 사람들의 필요에 더 주의를 기울이고 자신이 가진 것에 더 감사하면 된다.

교만에 대한 또 다른 생각들

솔로몬이 교만이라는 문제에 대해 보여준 또 다른 세 가지 통찰을 살펴보자.

오만함과 게으름. 솔로몬은 "게으른 사람은 지혜로운 사람 일곱 명보다 스스로를 더 낫다고 여긴다"고 말한다. 다시 말해 게으른 사람이 제대로 일을 하지 않은 이유는 부지런히 일을 하는 사람보다 자기가 더 낫다고 여기기 때문이다. 즉 오만하기 때문이다.

부자와 교만. 솔로몬은 부자는 자신이 부자이기 때문에 현명하다고 여기고 배우겠다는 초심자의 마음을 버린다고 말한다(잠언 28:11). 하지만 가난한 사람은 더 많은 지혜와 지식이 필요하다는 사실을 깨닫고 적극적으로 그것을 찾는다.

오만한 사람과는 함께하지 않는다. 솔로몬은 "겸손한 사람과 함께 자세를 낮추는 것이 교만한 사람과 함께 약탈물을 나누는 것보다 낫다"(잠언 16:19)고 말했다. 즉 오만한 사람과 함께하기보다는 겸손한 사람과 친구가 되어 겸손하게 지내는 게 더 낫다는 뜻이다.

솔로몬은 세상 그 누구보다도 교만에 대해 잘 알고 있었다. 그럼에도 불구하는 그는 인생의 중반에 교만에 대한 자신의 지식을 옆으로 치워버리고 교만의 희생자가 되었다. 우리에게도 그 같은 일이 일어날 수 있다. 우리는 살아가면서 교만이 마음속에서 자라나지 않도록 끊임없이 경계해야 한다. 이어지는 '지식에서 지혜까지'에서 '교만 증상 점검표'를 제공하려 한다. 다른 사람이 내 삶에 기여한 내용을 정기적으로 확인하고 추가하자. 교만이 이 세상에서 가장 지혜롭고 부유하고 강력했던 사람마저 추락시킬 수 있었다면 우리의 삶은 얼마나 큰 타격을 받을지 상상해보라.

지식에서
지혜까지

1. 앞서 본문에서 언급한 '감사 목록'을 작성하자. 매일 확인하고 내용도 추가하자.

2. 아래 점검표를 활용하자. 나의 태도와 행동을 결정하는 건 겸손함인가, 교만함인가?

교만 증상 점검표
- 평소에 다른 사람들의 필요를 무시하고 지내는가?
- 다른 사람의 생각을 이해하려는 대신 나의 관점에서만 보고 있는가?
- 내가 하고 싶은 말을 먼저 하고 동료나 친구, 혹은 가족들의 말은 흘려듣는가?
- 다른 사람의 말을 경청하지 않고, 자신이 다음에 하고 싶은 말에만 집중하는가?
- 성공의 척도를 직업과 직위, 월급, 혹은 재산에 두는가?
- 따지기를 좋아하는가?
- 문제가 생기면 곧바로 다른 사람에게 책임을 돌리는가?
- 자신이 틀렸을 때, 그 책임을 좀처럼 인정하지 않는가?
- 다른 사람의 의견이나 감정에 관심을 기울이지 않는가?
- 나는 다른 사람들을 깔보는 편인가?

15장

인생 최고의 잠언:
"황금을 얻는 것보다
지혜를 얻는 것이
얼마나 더 나은 일인지!"

황금을 얻는 것보다 지혜를 얻는 것이
얼마나 더 나은 일인지!
그리고 분별력을 얻는 것이 은을 얻는 것보다 더 낫다.

(잠언 16:16)

지혜와 지식의 결정적 차이

고대 사회에서는 기초 공사 없이 집을 짓는 경우가 많았다. 결국 건축가들은 매우 뼈아픈 본질적인 교훈을 배워야 했다. 그렇게 지은 집은 날씨가 좋을 때는 피난처로 별문제 없지만 폭풍이라도 닥치면 도저히 몸을 의탁할 수 없었다. 실제로 당시에는 폭풍이나 태풍이 불어닥쳤을 때 마을 전체가 파괴되는 경우가 많았다. 지금은 어떤 건축가도 기초 없는 건물을 설계하지 않는다. 모든 구조물은 전적으로 탄탄한 기초에 의지한다. 먼저 견고하게 다져진 기초가 있어야 그 위에 중요한 것들을 세울 수 있다.

우리의 개인 생활이나 직장생활도 마찬가지다. 하지만 사람들 대부분은 견고한 기초를 세우지 않은 채 그런 생활을 시작하려 한다. 사람들은 신중하게 세운 계획 없이 하루하루를 맞이한다. 물론 그날 해야 할 일들이 적혀 있는 다이어리 같은 걸 들고 다닐 수 있다. 그럼에도 불구하고 우리는 하루하루 끊임없이 불어오는 모든 변화의 바람에 부딪치며 살아간다. 그러다 예상치 못한 인생의 폭풍을 만나게 되면 금세 불안해하고, 자주 나쁜 결정과 선택을 하며, 때로는 치명적인 결과를 맞기도 한다.

지혜와 지능은 상관이 없다!

내 친구는 1976년에 세계 최고 성능의 대형 컴퓨터를 설계하고 만든 엔지니어링팀의 책임자였다. 그 친구는 컴퓨터 기술의 놀라운 발전을 이야기하면서 초당 10억 바이트 이상의 정보를 수신할 수 있다고 자랑스럽게 말했다. 그래서 나는 친구에게 정보를 수신하면서 동시에 처리할 수 있는 양은 얼마나 되는지 물어보았다. 그는 조금 당황한 표정을 짓더니 수신과 처리를 동시에 하는 건 무리라고 말했다. 나는 그에게 그렇다면 수백만 바이트 정도의 정보를 동시에 수신하고 처리할 수 있는 컴퓨터가 있다면 어떨지 물었다. 그는 그 역시 불가능하다고 답했다. 그래서 나는 인간의 두뇌는 각각의 눈으로부터 200만 바이트 이상의 정보를 받아들여 그 자리에서 처리한다고 말했다. 거기에 시각을 제외한 다른 네 가지 감각(청각, 후각, 미각, 촉각)과, 신체 각 기관과 세포들이 받아들이는 모든 정보를 더하면 동시에 처리되는 정보의 규모는 수천만 바이트까지 늘어난다. 친구가 개발했던 컴퓨터는 방 하나를 가득 채울 정도의 크기지만 내가 말한 컴퓨터는 고작 몇 입방인치 안에 들어갈 수 있게 소형화되어 있다.

내가 하고 싶은 말은 우리 각자에게는 세계 최고 성능을 자랑하는 컴퓨터가 있으며 이를 이용해 상상 이상의 성취를 이루어 낼 수 있다는 것이다. 그런데 그 컴퓨터의 사양을 최적화하고 최고 수준의 성공과 행복을 얻으려면 우선 제대로 된 소프트웨어부터 설치해야 한다. 솔로몬은 지금까지 나온 패키지 중 최고의 소프트웨어를 우리에게 제공하면서, 이를 '지혜'라고 불렀다.

우리의 지능지수는 타고나는 부분이 크다. 그렇지만 지혜는 지능지수가 얼마나 높은지 혹은 학문을 얼마나 깊이 연구했는지와는 아무 상관이 없다. 그 많은 천재가 저지른 어리석은 행동들을 보라. 세상에서 가장 똑똑하다는 학자들도 실상은 행복과 물질적 성공에서 우리보다 더 나을 게 없지 않은가. 에디슨, 록펠러, 헨리 포드, 클라라 바튼, 오프라 윈프리처럼 자신의 인생에서 큰 성공을 거둔 사람들 대부분도 천재나 학자가 아니었다. 하지만 이들은 인생의 중요한 시기에 그들의 업적을 평범함에서 탁월한 성취로 끌어올린 지혜로운 결정을 내렸다.

진정한 지혜를 얻게 되면 살아가는 내내 지혜로운 결정을 내릴 수 있는 견고한 기초를 확보하게 된다. 솔로몬은 지혜로운 사람이 되기 위한 구체적인 방법을 알려준다. 이 지혜는 수동적이지 않고 극도로 능동적이다. 그것은 우리가 사는 동안 놀라운 성공과 행복을 가져다줄 수 있다.

지혜는 지식과는 완전히 다른 개념이다. 지혜와 지식의 차이는 억만장자가 되는 것과 억만장자에 대한 책을 읽는 것 정도의 차이라고 볼 수 있다. 억만장자가 되고 싶은가, 억만장자에 대해 알고만 싶은가? **지식**은 단순히 정보를 얻는 것이다. 정보화 시대를 사는 우리는 조부모님 세대가 1년 동안 얻었던 것보다 더 많은 정보를 단 하루 만에 얻을 수 있다. 그렇지만 그렇게 정보를 얻는다고 해서 곧바로 성공과 기쁨, 지속적인 성취로 이어지는 것은 아니다.

분별력은 확보한 정보 중에서 실제적이고 진실한 것과 그렇지 않은 것을 구분하는 법을 배우는 것이다. 분별력은 진실하고 실제로 적용할 수 있는 정보이냐에 큰 가치를 둔다.

지혜는 거기에서 한 차원 더 올라간다. 지혜는 가장 가치 있는 진실과 진리를 취하여 주어진 각각의 상황이나 인생에 올바르게 적용할 수 있게 도와준다.

지식(knowledge): 정보를 얻는 것

분별력(understanding): 얻은 정보, 즉 지식 가운데 중요하고 실제적 가치가 있는 진실을 분별하고 평가하는 것

지혜(wisdom): 분별한 지식 중에서 가장 가치 있는 진리를 취해 주어진 각각의 상황과 인생에 올바르게 적용하는 것

지혜의 선물

솔로몬은 분별력을 얻는 것도 중요하게 여겼지만 지혜를 활용하는 것을 그보다 더 중요하게 여겼다. 이제 지혜를 바탕으로 인생을 만들어나가는 사람에게 솔로몬이 약속한 몇 가지 유익을 살펴보자.

지혜의 은행 계좌. 은행 계좌의 잔고가 아주 많아서 필요할 때마

다 얼마든지 돈을 꺼내 쓸 수 있다고 상상해보자. 솔로몬은 지혜로운 사람은 그러한 '지혜 계좌'에 지식을 미리 저장해둔다고 말한다. 그러면 어떤 결단이 요구되는 상황이나 필요에 직면할 때마다 도움이 될 만한 지식을 꺼내 사용할 수 있다. 어려운 시기에 해결책이 필요하든 아니면 어떤 기회를 활용하기 위해서든 그는 그때마다 항상 지식을 활용할 수 있다. 하지만 어리석은 사람은 그렇게 할 수 없다. 솔로몬은 "지혜로운 사람은 평소에 지식을 쌓아두지만 어리석은 사람의 입은 멸망을 불러온다"(잠언 10:14)고 썼다.

내가 왜 그런 행동을 했는지 이해하고 분별한다. 우리는 뭔가 어리석거나 납득하기 어려운 일을 저지르고는 도대체 왜 그랬는지, 무슨 생각으로 그랬는지 생각하는 경우가 많은데, 자신의 행동을 제대로 '이해하고 분별하지(understanding)' 못하면 이런 일이 반복되고 또 반복된다. 이런 식으로는 지혜를 얻을 수가 없다. 솔로몬이 말했듯이 "신중한 사람의 지혜는 자신이 나아가는 길을 '이해하고 분별하는(understand)' 것이다"(잠언 14:8). 자신의 행동과 성향을 더 분명하게 이해하기 시작하면 우리는 타고난 본성을 따르기보다는 상황에 어울리는 최선의 선택을 하기 시작한다.

생명의 샘. 미국의 역사 수업에서는 폰세 데 레온(Ponce de León, 스페인 탐험가)이 지금의 플로리다 지역에 처음 발을 디딘 유럽인이라고 가르친다. 그는 '젊음의 샘물'을 찾아 유럽에서 온 탐험가였지만 그런 것은 존재하지 않았다. 그런데 솔로몬은 정말로 존재하는 기적의 샘을 보여준다. 그는 그것을 "생명의 샘"이라고 부른다(잠언 16:22). 그가 말하는 생명의 샘은 바로 분별력이다. 샘물처럼, 분별력은 우리의 가장 깊은 필요와 욕구를 충분히 채워줄 뿐만 아니라 주변 사람들에게도 생명의 원천이 된다.

권위 있는 사람들의 호의. 어렸을 때 선생님이나 다른 누군가가 우리의 등을 두드리며 "잘했어, 훌륭하다" 하고 웃으며 말해줄 때 그보다 기분 좋은 일은 없었을 것이다. 그것은 성인이 된 후에도 마찬가지인데, 우리는 권위 있는 사람이 우리에게 화를 내는 것을 싫어한다. 솔로몬은 우리가 지혜롭게 행동할 때 호의를 얻게 될 것이라고 말한다. 그는 "지혜롭게 행동하는 신하는 왕의 호의를 입는다"(잠언 14:35), "사람은 자신의 지혜대로 칭찬을 받는다"(잠언 12:8)고 말했다. 그런 칭찬이나 호의에는 보상이 따라온다. 직장생활에서라면 보통은 금전적인 보상이 뒤따르게 된다.

가치와 명예. 게리 스몰리 박사에 따르면 남자의 가장 큰 욕망은 사람들에게 존경을 받는 것이다. 그런데 남자, 여자, 소년, 소녀 할 것 없이 우리는 모두 자신이 가치 있다고 느끼기를 원한다. 솔로몬에게 있어서 사람이 가치 있고 존경받는 존재가 될 수 있는 가장 확실한 방법은 지혜로워지는 것이었다. 그는 "지혜로운 사람은 명예를 물려받는다"(잠언 3:35)라고 말했다.

부유함. 솔로몬은 물질적, 정신적 부유함 모두에 대해 이야기하고 있다. 물질적인 부는 은행 계좌나 소유물을 보면 알 수 있고, 정신적인 부는 우리가 경험하는 사랑이나 성취감, 기쁨, 평화, 목적, 그리고 우리가 성공을 돕고 있는 이들의 필요를 통해 판단할 수 있다. 너무나 많은 사람이 물질적 부를 좇으면서 정신적인 부를 희생시키고 있다. 물질적인 부를 얻는 것보다 정신적인 부를 얻는 데 훨씬 더 큰 지혜가 필요하다고 나는 확신한다. 솔로몬은 지혜로운 사람이라면 물질적인 재산과 정신적인 재산 모두를 얻을 수 있다고 말한다. 특히 솔로몬은 "지혜로운 사람의 재물은 그의 왕관이다"(잠언 14:24)라고 말하는데, 그는 여기서 재물이 지혜로운 사람의 마음이나 영혼이 아닌 왕관이라고 말한 것에 주목하라. 지혜로운 사람의 마음은 참된 지혜와 그 지혜를 바탕으로 하는 정신적 가치와 우선순위가 핵심을 이루고 있다. 그렇기 때문에 지금까지 살았던 가장 부유한 사람은 권위를 가지고 단언한 것이다. "황금을 얻는 것보다 지혜를 얻는 것이 얼마나 더 나은 일인지! 그리고 분별력을 얻는 것이 은을 얻는 것보다 더 낫다."

보호와 안전. 솔로몬은 "신중함이 우리를 지키며 분별력이 우리를 보호한다. 지혜는 왜곡된 말을 하고 악한 길을 가는 사람들로부터 우리를 구해낸다"(잠언 2:11~12)고 말한다. 지혜는 위험한 상황뿐만 아니라 비윤리적 가치나 동기, 혹은 의도를 가지고 있는 사람으로부터 우리를 보호해준다. 또한 돈을 노리고 우리를 속이려는 사람들은 물론 비윤리적인 결정이나 관행에 눈을 감으라고 종용하는 사업 관계자들을 멀리할 수 있게 도와준다. 솔로몬은 온갖 유형의 부도덕한 사람들을 철저히 꿰뚫어 보는 안목을 얻는 방법에 대해 이야기하고 있는 것이다. 그는 이와 같은 지혜와 분별력이 불의에 타협하라고 유혹하는 사람들로부터 우리 모두를 보호해줄 것이라고 말한다.

장수. 지혜를 바탕으로 삶을 살아가는 사람들은 실제로도 더 긴 수명을 누린다. 솔로몬이 말한 것처럼 지혜를 받아들이면 "네가 살아갈 날이 더 길어지리라"(잠언 4:10). 여기서 그는 또다시 지식과 지혜의 차이점을 이야기하는데, 한 가지 예를 들어보자. 자동차를 탈 때 안전띠를 착용하지 않으면 생명을 잃을 수 있다는 사실은 거의 모두가 알고 있다. 그런데 자동차 사고로 사망하는 사람들의 절반 이상이 안전띠를 착용하지 않은 사람들이다. 흡연이 생명을 단축시킨다는 사실을 다들 알고 있지만 매년 수십만 명의 미국인이 흡연과 관련된 질병으로 사망한다. 정보를 아는 것만으로는 충분하지 않다. 솔로몬이 약속한 보상을 받으려면 지식을 지혜로 바꿔 꾸준하게 실천해야만 한다.

지혜를 얻지 못했을 때

목표, 성취, 행복이 없는 인생. 솔로몬 왕은 "명철(understanding)의

길을 떠난 사람은 사망의 길로 들어서게 된다"(잠언 21:16)고 말한다. 꽤 충격적인 이야기다. 그는 육체적으로는 살아 있지만 정신적으로 죽은 사람들, 정말 중요한 가치를 바탕으로 하지 않고 살아가는 사람들에 대해 이야기하고 있다. 이런 사람들의 희망과 꿈, 가치는 시간 앞에서 허무하게 무너지는 세속의 가치에 바탕을 두고 있기 때문에 결국 변화의 바람이 불거나 인생의 폭풍이 휘몰아칠 때 피멍이 들고 상처를 입게 된다. 물론 잠깐은 행복을 느끼거나 목표를 성취할 수 있지만 상황이 변하면 그러한 행복과 성취는 사라져 버리고 만다. 시간이 흐르고 상황이 변할 때마다 상처를 받은 사람들은 정신적, 육체적 치료를 위해 병원을 찾는다. 하지만 분별력과 지혜 위에 세워진 인생은 결코 그 목적과 기쁨, 가치가 흔들리지 않는다. 정말 '스쳐 지나갈' 인생으로 만족하는가? 이것이 진정한 지혜의 토대 위에 세워지지 않은 삶의 운명이라고 솔로몬은 말한다.

시작은 창대하였으나 그 끝은 미약하다. 살아가면서 올바른 선택이라고 생각했지만 결국 그것이 잘못된 선택으로 판명나는 경우를 자주 겪게 된다. 최근 우리 동네의 한 여성이 어린 딸을 차에 태우고 친구 집으로 가다가 차를 몰고 따라온 전 남편이 쏜 총에 맞아 사망했다. 전 남편도 자기 머리에 방아쇠를 당겨 자살했다. 수년 전, 그 여자가 이 남자를 미치도록 사랑했을 때, 그리고 그와의 결혼을 결심했을 때 그녀는 분명 올바른 선택을 하고 있다고 믿었을 것이다. 그 과정에서 이미 남자가 분노를 제대로 조절하지 못한다는 사실을 알게 되었지만 그런 분노가 자신에게 돌아올 것이라고는 절대 생각하지 못했다. 결국, 그 남자는 그녀가 자기와 함께할 때만 그녀를 사랑했던 것이다. 솔로몬은 "어떤 길은 사람이 보기에 올바르게 보여도 결국 사망으로 이르게 된다"고 경고한다. 지혜가 없다면, 이 결정이 지금 이 순간만이 아니라 인생 전체에 걸쳐서도 중요하리란 걸 결코 확신할 수 없다.

자기기만. "내가 뭘 한 거죠?" "나는 잘못한 게 없어요." "다들 그렇게 하는데 왜 나만 갖고 그래요." 어느 경찰관에 따르면 교통 법규 위반으로 차를 세울 때 사람들이 가장 많이 하는 말이 이 세 가지라고 한다. 이런 사람들은 정말로 자신이 잘못한 게 없다고 믿는다. 솔로몬은 "사람의 행위는 자기가 보기에는 모두 다 정직하다"고 말했다. 자기기만의 결과는 파멸적일 수 있다. 자기기만은 지혜를 토대로 삶을 구축하지 못한 사람들의 뒤를 몰래 스토킹한다. 개인적으로 가장 극단적인 자기기만의 사례는 아돌프 히틀러의 유서라고 생각한다. 수백만 명의 유대인을 학살하고 수도 베를린은 물론 독일 전역을 폐허로 만든 히틀러는 2차 세계대전이 끝나갈 무렵 "행복한 마음으로 죽는다"는 유서를 남기고 자살했다. 유서에는 또 자신이 시작한 일을 마무리 짓기 위해 독일은 언젠가 다시 하나로 뭉칠 것이라고 하면서, "이번 전쟁에 대한 책임은 전적으로 전 세계 유대인들에게 있다"고 썼다.

우리는 인생을 살아가면서 어떤 식으로든, 또 어떤 형태로든 자기기만을 경험한다. 이런 자기기만을 피하려면 일종의 도덕적 나침반이 필요하다. 솔로몬에 따르면 인생의 올바른 길을 분명하게 찾아 선택할 수 있는 나침반은 지혜밖에 없다. 지혜라는 나침반이 없다면 우리는 지금은 괜찮아 보여도 결국에는 실망스럽거나 더 나쁜 선택을 하게 될 것이다.

어리석은 결정. 솔로몬이 가장 경멸한 것은 그가 '어리석은 자'라고 분류한 이들이었다. 우리 또한 인생의 각 시기마다 어리석은 결정을 내린다. 하지만 그렇다고 해서 어리석은 사람이 되지는 않는다. 솔로몬이 이야기하는 어리석은 사람이란 어리석은 결정들 위에, 즉 단단한 기초가 아닌 모래 위에 집을 짓고 삶을 살아가는 사람들이다. 타이 콥(Ty Cobb)은 역사상 가장 위대한 야구 선수임에 분명하다. 그는 메이저리그에서 활약하면서 은퇴할 때까지 90개 이상의 신기록을 세웠다. 그는 야구라는 한 번의 좋은 투자로 큰 재산을 모았다. 하지만 그의 장례식에는 단 세 사람만이 참석했다. 심지어 자녀들까지 찾아오지 않았다. 그렇게나 화려한 성공을 거두었으면서도 자신의 가치를 인정받지 못하고 사랑조차 받지 못했다는 건 얼마나 슬픈 일인가. 타이 콥이 솔로몬이 생각했던 어리석은 사람의 범주에 들어가는지는 나도 잘 모르겠다. 그렇지만 어리석은 선택만으로 채워진 인생이 어떤 것인지 그는 확실하게 보여준다. 솔로몬은 "의로운 사람의 입술은 여러 사람을 먹여 살리지만 어리석은 사람은 지혜가 없어 죽는다"(잠언 10:21)고 말했다.

어리석은 사람의 참 어리석은 선택들

솔로몬은 우리가 오랫동안 어리석은 행동을 계속하면 결국 어리석은 사람이 될 수밖에 없다고 가르친다. 그리고 어리석은 행동을 하게 만드는 여러 가지 성향들을 우리에게 알려준다. 인생을 살아가면서 이러한 성향들을 깨닫게 된다면 자신의 행동과 생각을 바꾸기 위한 모든 변화를 이끌어낼 수 있기를 진심으로 소망한다. 나 또한 수없이 많은 어리석은 행동과 선택을 했다. 솔로몬이 가르쳐 준 지혜의 나침반이 없었더라면 솔로몬이 말하는 어리석은 사람 중 하나인 채로 내 삶을 끝마쳤을지 모른다.

조언을 귀담아 듣지 않는다. "나보고 지금 대사 읽는 법을 지적하는 건가?" TV 광고를 제작하고 있을 때 광고에 출연한 어느 유명한 배우가 나를 보고 한 말이다. 나는 그 말을 듣고 크게 당황했다. 지금까지 나는 찰턴 헤스턴(Charlton Heston), 미키 루니(Mickey Rooney), 셰어(Cher), 그리고 제인 폰다(Jane Fonda) 같은 아카데미상 수상자들을 포함해 70명 이상의 유명 연예인들과 함께 작업을 해왔고 모두들 나의 지적이나 조언을 귀담아들어 주었다. 나는 수백 편이 넘는 TV 광고를 제작하고 성공시켜 수십억 달러의 매출을 올린 제작자였으며 이번에도 이 특별한 광고의 대본과 연출을 함께 맡았다. 나는 소비자가 신뢰할 수 있는 광고가 되려면 대사를 어떻게 읽고 전달해야 하는지 잘 알고 있었지만 이번 출연자는 내 말을 들

지 않았고 결국 광고는 실패로 돌아가고 말았다. 나와 작업을 함께
했던 수많은 연예인들은 매출에 비례해서 수백만 달러의 추가 수
익을 거두었지만 그는 단지 수천 달러 정도만 받았을 뿐이다. 그는
자존심 때문에 눈이 멀었고 어리석은 결정을 내렸다. 솔로몬은 "어
리석은 사람은 지혜와 조언을 무시한다"(잠언 1:7)고 말했다. 나도
그런 식으로 다른 사람의 도움을 거부한 적이 여러 번 있었다. 하지
만 다행히 솔로몬의 잠언을 읽게 된 후에는 다른 사람의 조언을 대
하는 관점을 완전히 바꿀 수 있었다. 지혜로운 사람이라면 살아가
면서 마주하는 중요한 순간에 자신이 얻을 수 있는 모든 가르침을
기꺼이, 그리고 소중하게 받아들일 것이다.

생각 없이 말을 한다. 어리석은 사람은 생각 없이 경솔하게 말하
는 경향이 있다. 깊이 고민하는 일 없이 그저 느끼고 생각나는 대로
말한다. 솔로몬은 "어리석은 사람의 입은 멸망을 불러온다"(잠언
10:14)고 말한다. 사람들이 아무런 고민 없이 어리석은 말을 하기 때
문에 일자리를 잃고 경력을 망치며 결혼 생활조차 제대로 이어가
지 못한다.

어리석은 행동을 계속해서 반복한다. 아인슈타인은 늘 똑같은
행동을 반복하면서 전혀 다른 결과가 나오기를 기대하는 것이야말
로 진정한 광기라고 말했다. 솔로몬 그 말을 이렇게 표현했다. "개
가 그 토한 것을 도로 먹는 것같이 어리석은 사람은 그 어리석은 행
동을 계속해서 반복한다"(잠언 26:11).

처벌을 받아도 변하지 않는다. 솔로몬은 "어리석은 사람을 곡식처럼 절구에 넣고 공이로 찧을지라도 그 어리석음의 껍질은 벗겨지지 않는다"(잠언 27:22)라고 말했다. 우리는 살아가면서 어리석은 결정을 내리곤 한다. 그러다 삶에 의해서든, 당국에 의해서든 처벌을 받게 되면 우리는 대개 잘못된 방식을 바꾸려 한다. 그런데 어리석은 사람은 그렇게 하지 않는다. 내 상사였던 사람 중 한 명은 정말 뛰어난 머리로 사기 행각을 벌여 수백만 달러를 벌었다가 미 연방거래위원회(Federal Trade Commission, FTC)로부터 기소를 당하고 결국 감옥에 들어갔다. 그는 감옥에서 출소한 후에도 완전히 다른 분야에서 완전히 새로운 사기 계획을 세웠다. FTC에게 다시 기소를 당한 그는 또 감옥에 들어갔다. 출소 후 그는 또 새로운 사업을 시작했고, FTC에 의해 폐업을 당했다. 15년 전의 일이다. 이후로 다른 소식은 듣지 못했다. 며칠 전 나는 우연히 그 상사를 떠올리고 인터넷으로 검색을 했는데 여성 수천 명을 대상으로 은행 예금을 가로채는 전국적인 사건의 주범 중 한 사람으로 그의 이름이 올라와 있었다. 그는 변하지 않았다. 그는 의심할 여지 없이 내가 아는 가장 탁월한 능력을 지닌 사람 중 한 명이지만 솔로몬에 따르면 그는 어리석음의 껍질을 끝내 벗겨내지 못하는, 바보일 뿐이다.

바보는 항상 자신의 마음만 믿는다. "정말 그게 옳다고 느껴졌어." 우리가 결국 잘못된 결정이었다고 판명되는 일을 하게 되는 건 바로 이런 이유 때문이다. 우리는 보통 자신의 감정과 느낌에 따라 결정을 내리는데, 그러한 선택이 효과가 있을 때도 많다. 그렇지만 솔로몬에 따르면 결정을 내릴 때 자기 자신의 감정과 느낌에만 의존하는 사람은 정말 어리석은 사람이다. 그는 "자신의 마음만을 믿는 사람은 어리석다"라고 기록했다. 사실 우리의 감정은 오해에 의해 왜곡되는 경우가 많다. 그럼에도 불구하고 우리는 다른 사람의 조언을 제대로 구하지 않거나 무시하는 경향이 있다. "문제를 잘 살펴보지" 않은 채 감정에 따라 행동한다. 물론 어떤 결정을 내릴 때는 자신의 감정을 고려해야 한다. 그렇다고 모든 걸 자신의 감정과 느낌에만 의지해서는 안 되는 것이다. 그러면 결국 큰 실패를 맛보게 된다.

가정에서 불화를 일으킨다. 가정은 우리 자신과 가족에게 안전한 항구가 되어야 한다. 그런데 많은 이들에게 가정은 그런 곳이 되어주지 못한다. 대신 낙담과 비난, 다툼, 그리고 때로는 신체적, 언어적, 정서적 학대로 가득 찬 장소일 뿐이다. 솔로몬은 "지혜로운 여인은 자신의 집을 세우지만 어리석은 여인은 자기 손으로 집을 무너트린다"(잠언 14:1)고 말한다. 사람들은 가족들과 사랑스럽고 만족스러운 관계를 맺기 원한다. 그렇지만 그들은 서로를 무너뜨리고 궁극적으로 결혼 생활과 가정 자체를 망치는 어리석은 일들을 저지른다. 비난이나 분노, 혹은 불신을 통해 어리석은 사람들은 자신들의 집을 허물어 버린다. 솔로몬은 지혜로운 사람은 가족을 격려하고 사랑하기 위해 할 수 있는 최선을 다하며, 원래 의도대로 가정을 안전한 항구로 만든다고 말한다.

지혜를 얻는 다섯 가지 방법

솔로몬이 말하는 지혜는 어떻게 하면 얻을 수 있을까? 솔로몬은 우리가 할 수 있는 몇 가지 구체적인 단계를 제시한다.

숨겨진 보물을 찾듯 지혜를 구하라. 값진 보물이 눈에 잘 띄는 곳에 있을 리 있겠는가. 보물을 원한다면 모든 힘을 다해 찾아 헤매야 한다. 솔로몬은 우리에게 금광을 찾는 광부의 열정으로 지혜를 구하고 금이나 다른 보물보다 지혜를 더 소중히 여기라고 말한다. 지혜를 얻기 위해서라면 어떤 희생도 마다하지 말아야 하며, 일단 그렇게 손에 넣은 지혜는 결코 무시하고 지나쳐서는 안 된다. 그 어떤 재물보다도 지혜를 더 소중히 여겨라. 요즘 말로 표현하자면 지혜와 그 지혜를 얻기 위한 전략들을 은행 계좌나 투자 포트폴리오보다 훨씬 더 가치 있게 여기라는 뜻이다.

귀담아 들어라. 평생을 배우는 자세로 살아야 한다. 어떤 상황에서도 먼저 대답하는 대신 질문부터 하도록 하자. 솔로몬은 "지혜로운 사람은 귀 기울여 듣고 학식을 더하며 분별력 있는 사람은 지혜를 얻게 된다"(잠언 1:5)고 말한다. 우리가 필요로 하는 지혜는 우리 내면에서 자라나지 않는다. 지혜는 바깥에서 온다. 조언을 구하는 것의 유익을 기억하자.

또 솔로몬은 "아버지의 조언을 듣고 어머니의 규율을 저버리지 말라"(잠언 1:8)고 덧붙인다. 이건 그냥 평범한 교훈이 아니다. 내가 아직 고등학생이었을 때 아버지와 나는 학교에서 타자 수업을 들을 것인지를 두고 며칠 동안 논쟁을 했다. 나는 아버지에게 타자는 여자들이나 치는 것이며 그런 수업을 듣는 건 남들 보기에 부끄러운 일이라고 주장했다. 그렇지만 아버지는 타자 치는 법을 제대로 배우지 못해 항상 답답했다며 1년 동안만 수업을 들으라고 강권했다. 그러다 마침내 우리는 타협점을 찾았다. 우선 한 학기 동안 타자 수업을 듣고 학기 말에 내가 반에서 가장 빨리 타자기를 칠 수 있게 된다면 다음 학기에는 수업을 듣지 않는다는 조건이었다. 물론 그렇지 못할 경우는 계속해서 수업을 들어야 했다. 결론부터 말하자면 나는 가장 빠른 솜씨를 보이며 한 학기만 타자 수업을 들었고 그 한 학기는 내 인생 전체를 바꾸는 계기가 되었다. 타자 기술을 배우기 전에는 내 생각을 따라갈 만큼 손 글씨가 빠르지 못했고 게다가 글씨체는 (나를 포함해) 아무도 제대로 알아볼 수 없을 정도였다. 그렇다고 글자를 반듯하게 쓰기 위해 글 쓰는 속도를 늦추면 생각의 흐름을 놓쳐버리곤 했다. 하지만 타자를 배운 뒤부터 모든 것이 바뀌었다. 나는 생각이 떠오를 때마다 놓치지 않고 빠르게 글로 옮길 수 있었고 결과적으로 내 경력 전체가 타자 실력을 중심으로 진행되었다. 지난 30년 동안 나는 수백 개가 넘는 광고와 방송용 대본을 썼고 나와 동업자들은 수억 달러가 넘는 수입을 올렸다. 그뿐만 아니라 사람들이 인생에서 더 많은 성공과 성취를 이루는 데 도움을 주었다고 믿는 베스트셀러 책도 여럿 쓸 수 있었다. 타자 치는 법을 배우라는 아버지의 조언을 따르지 않았다면 나는 대본이나 책 같은 걸 쓸 엄두조차 내지 못했을 것이다. 성인이 되었더라도 부모님의 조언을 신중하게 받아들여야 한다. 이 세상에서 부모보다 우리를 더 사랑하고 우리의 안녕을 더 염려하는 사람은 없다.

〈잠언〉을 공부하라. 솔로몬은 이렇게 말한다. "내 아들아 내가 하는 말에 주의 깊게 귀를 기울여라. 그것을 눈에서 떠나게 하지 말고 마음속에 간직하라. 내 말을 듣는 사람은 생명을 얻는 것이며 온 육신이 건강하게 된다"(잠언 4:20~22). 솔로몬은 그가 〈잠언〉에서 이야기했던 지혜는 자신에게서 나온 것이 아니라 신께서 내려주신 것이라고 믿었다. 내가 이 책에서 언급한 〈잠언〉의 내용은 전체 분량의 5분의 1도 되지 않으며 그 안에 담겨 있는 지혜의 가치는 참으로 그 무엇과도 비교할 수 없다. 솔로몬 왕의 충고를 따르고 그의 이야기를 자세히 공부하기를 바란다.

진심으로 받아들여라. 물이나 음식을 맛만 봐서는 생명을 주는 어떤 유익도 얻을 수 없다. 지혜도 마찬가지다. 단순히 지식과 분별력이 무엇인지 아는 것만으로는 우리 인생의 가치를 높일 수 없다. 솔로몬은 말한다. "아들아 들으라. 내 말을 받으라"(잠언 4:10). 분별력을 지혜로 바꾸기 위해서는 분별력을 받아들이고 그것이 우리 존재를 변화시키게 해야 한다. 진심으로 받아들였다면 곧 우리의 태도와 행동에서 지혜가 드러날 것이다.

지혜의 교훈을 항상 생각과 꿈 앞에 두라. 32년 전 게리 스몰리 박사는 내게 2년 동안 매일 〈잠언〉을 한 장씩 읽으라는 과제를 제시했다. 그리고 그 결과는 말 그대로 기적이었다.

솔로몬도 똑같은 일을 하도록 우리에게 권하고 있다. 그는 이렇게 말한다. "내 아들아 올바른 판단과 분별을 지켜라. 이것들이 너의 눈앞에서 떠나지 않게 하라. 그렇게 하면 그것이 네게 생명이 되고 명예가 될 것이다. 또한 살아가면서 넘어지지 않고 안전하게 가고 싶은 길을 갈 수 있으니 잠자리에 들었을 때도 두렵지 않고 단잠을 잘 수 있을 것이다"(잠언 3:21~24). 또한 이런 말도 덧붙였다. "지혜로운 조언을 놓치지 말고 잘 지켜라. 그것이 곧 네 생명이나 마찬가지이다"(잠언 4:13).

지식에서
지혜까지

솔로몬 왕의 가르침을 행동으로 실천한다

1. 매일 하루를 시작하기 전, 〈잠언〉을 한 장씩 읽어라. 그렇게 얻은 통찰과 그것을 그날 적용하는 방법을 기록할 수 있게 필기도구와 종이를 늘 가까이 두자. 나는 〈잠언〉의 지혜를 46가지로 구분했고 이 책에서는 그중 15가지를 다루었다. 우리를 기다리고 있을 〈잠언〉의 놀라운 통찰을 기대해보라.

2. 〈잠언〉을 읽을 때는 현대어 번역본을 사용하는 것을 추천한다. 일반적으로 널리 알려져 있는 17세기 킹제임스 번역본은 사실 지금의 우리들은 쉽게 이해하기가 어렵다. 이 책에서 인용한 영어 성경은 대부분 NASB(New American Standard Bible)와 NIV(New International Version)이다.*

3. 대부분의 책의 가장 큰 단점은 독자에게 좋은 아이디어와 가치를 전해주지만, 그렇게 얻은 것들을 일상에 적용하는 법은 가르쳐주지 않는다는 것이다. 솔로몬 왕의 조언을 일상에 적용하는 법을 더 구체적으로 배우고 싶다면 우선 내가 쓴 또 다른 책인《내가 멘토에게 배운 것(Mentored by a Millionaire)》을 추천한다. 이 책들에서

는 인생에 적용할 수 있는 전략과 솔로몬의 또 다른 조언들도 다루었다. 인간관계에 대해서는 게리 스몰리 박사의 《우리, 왜 결혼했을까?(Making Love Last Forever)》와 《관계 DNA(The DNA of Relationships)》를 적극 추천한다.

* 한국어 번역 성경 중 쉬운 번역본으로는 대한성서공회에서 펴낸 '새번역본'과 '공동번역본', 생명의말씀사에서 펴낸 '현대인의 성경' 등이 있다.

DoM 004

삐뚫한 인생 되돌리기:
6년 동안 아홉 번 실직한 사람을 백만장자로 만든 새벽 습관

초판 1쇄 인쇄 2021년 6월 4일
초판 1쇄 발행 2021년 6월 24일

지은이 스티븐 K. 스콧
옮긴이 우진하
펴낸이 최만규

펴낸곳 월요일의꿈
출판등록 제25100-2020-000035호
연락처 010-3061-4655
이메일 dom@mondaydream.co.kr

ISBN 979-11-972053-6-1 (03320)

· 책값은 뒤표지에 있습니다.
· 잘못 만들어진 책은 구입하신 서점에서 교환해드립니다.
· 이 책 내용의 전부 또는 일부를 재사용하려면 반드시 저작권자와 월요일의꿈의 서면동의를 받아야 합니다.

'월요일의꿈'은 일상에 지쳐 마음의 여유를 잃은 이들에게 일상의 의미와 희망을 되새기고 싶다는 마음으로 지은 이름입니다. 월요일의꿈의 로고인 '도도한 느림보'는 세상의 속도가 아닌 나만의 속도로 하루하루를 당당하게, 도도하게 살아가는 것도 괜찮다는 뜻을 담았습니다.
"조금 느리면 어떤가요? 나에게 맞는 속도라면, 세상에 작은 행복을 선물하는 방향이라면 그게 일상의 의미이자 행복이 아닐까요?" 이런 마음을 담은 알찬 내용의 원고를 기다리고 있습니다. 기획 의도와 간단한 개요를 연락처와 함께 dom@mondaydream.co.kr로 보내주시기 바랍니다.